湖南践行国学公益基金会资助项目

国学践行文库 02

Practicing Traditional Chinese Culture

国学践行讲堂

颜爱民 主编

光明日报出版社

图书在版编目（CIP）数据

国学践行讲堂 / 颜爱民主编. -- 北京 : 光明日报出版社, 2017.9
ISBN 978-7-5194-2935-5

Ⅰ. ①国… Ⅱ. ①颜… Ⅲ. ①中华文化 – 研究 Ⅳ. ①K203

中国版本图书馆CIP数据核字(2017)第202987号

国学践行讲堂

主　　编：颜爱民

责任编辑：杨　茹　　　　责任校对：傅泉泽
封面设计：梁依宁　　　　责任印制：曹　净

出 版 方：光明日报出版社
地　　址：北京市东城区珠市口东大街5号，100062
电　　话：010-67021047（咨询），67078870（发行），67019571（邮购）
传　　真：010-67078227，67078255
网　　址：http://book.gmw.cn
E-mail：gmcbs@gmw.cn，yrranyi@126.com
法律顾问：北京德恒律师事务所龚柳方律师

印　　刷：山东临沂新华印刷物流集团有限责任公司
装　　订：山东临沂新华印刷物流集团有限责任公司
本书如有破损、缺页、装订错误，请与本社联系调换

开　　本：660 × 960　1/32
字　　数：282千字　　　　印　　张：11.5
版　　次：2017年9月第1版　　　　印　　次：2017年9月第1次印刷
书　　号：ISBN 978-7-5194-2935-5

定　　价：65.00元

丛书编委会

目录

丛书序

朱汉民[①]

在当代中国人的精神生活中，国学的地位、作用、影响正在日益提升。所以，人们也会越来越关心：国学是一门什么学问？

我们可以简要地回答：国学是一门求道的学问。但是，什么是"道"？记忆中，古代圣哲所讲过的"道"似乎是很遥远、很玄妙、很高深的。儒家的道存在于久远的唐尧虞舜的大同之世："大道之行，天下为公。"道家的道不可言说："道可道，非常道。""道不可闻，闻而非也；道不可见，见而非也；道不可言，言而非也。"佛教的道是无比超越的："问有将无对，问无将有对，问凡以圣对，问圣以凡对。二道相因，生中道义。"原来，"道"是很遥远的，是我们人类永远追求的目标；"道"是很玄妙的，是我们说不清、道不明的存在；"道"是很超越的，我们要突破思维与语言的枷锁，才能幡然领悟和直达本体。既然如此，我们为什么要消耗自己短暂的生命，去追求这么难以企及的目标……

但是，我们也会发现，中国的圣哲也很亲切地告诉我们，国学所讲的"道"是很平实、很常见、很简易的。儒家说："道也者，不可须臾离也；可离非道也。"道家在回答"所谓道，恶乎在"的疑问时，肯定道"无所不在"。佛家

---

① 作者是湖南大学岳麓书院教授、博士生导师、国学研究院院长，兼任国际儒学联合会副理事长、中国书院学会会长、中华孔子学会副会长、湖南省社会科学界联合会副主席、湖南践行国学公益基金会常务副理事长，湖南人极书院院长。

说："担水劈材，无非妙道。"原来，"道"是很平实的，它本来就是我们日用常行的规则；"道"是很常见的，它无所不在地存在于我们的身边；"道"是很简易的，我们每时每刻的生命实践就是"道"。所以，"道"是可以追求的，而且必须有"道"，我们的生命实践才获得永恒的意义与价值……

本来，国学是古代中国人创造出来的知识与价值，他们留下的国学典籍与文献，不仅仅是要告诉我们什么是道，更重要的是要告诉我们，如何在生活实践中识道、体道、遵道，最终达到与道为一的目标。所以，国学之道就是我们今天讲的"国学实践"。学习国学的过程，就是一个实践国学、以使自己与道为一的过程。古代中国人思考、信仰、体认天道，但是中国人体认的天道，并不是某种独立于人的外在实体，而是存在于我们的日用常行、喜怒哀乐的生活世界之中，是一个必须由人类"参天地、赞化育"的生生不息的过程。故而，古代中国人求道的过程，就是一个参天地、赞化育的生活实践，即生命活动过程。

由于中国的国学传统更为关注主体实践，而并不特别在意应如何论述客观世界，故而国学的最重要特点不是解释世界是什么，而是告诉我们应该怎样做。可见，中国传统国学具有鲜明的实践性的特色。《论语》记载，学生问孔子什么是"仁"，而孔子的诸多回答则不是概念和定义上的，因为他回答的目的并不是让学生学会定义"仁"的概念，而是希望身边的弟子能够在不同的社会情境中去实践仁。所以，孔子的回答包括"克己复礼为仁""爱人""能行五者于天下为仁""己所不欲，勿施于人""己欲立而立人，己欲达而达人""仁者不忧""仁者先难而后获"，等等，均是如此。那么，学生求仁的目的也不是为了获得"仁"的知识，而是如何在生活实践过程中去实现“仁”，能够在自己的家庭、社会、国家的生活中去实践和完成“仁”。可见，这种对“仁”的学习过程，就不仅仅是获得知识学意义上的“仁”的概念，而是社会实践意义上的“仁心”“仁性”的实现。广而言之，儒家的经学均不是一套概念性知识体系，而是应用性很强的实践性知识。《周易》是告知人们如何学会在不同情境下的决策和践行，《尚书》是向人们展示的先王施政治国的历史经验，《仪礼》告诉人们各种各样社会行为的准则，等等，经学其实均是后人的生活实践、社会政治实践的规范性、程序性知识。

其实，不只是儒家，其他各家各派的知识形态，均具有很浓厚的实践性知识特点。向来以探讨形而上之道著称的道家，他们在讲述许多关于“道”之不可描绘、不可言说的特点后，最后则讲了如何在实践中领悟、把握道，正如庄子以庖丁的口气所说，“臣之所好者道也，进乎技矣”。因此，尽管道家的理论十分抽象深奥，但是最终的知识仍具有浓厚的实践特色。《汉书·艺文志》说：“道家者流，盖出于史官，历记成败存亡祸福古今之道，然后知秉要执本，清虚以自守，卑弱以自持，此君人南面之术也。”这种“清虚以自守，卑弱以自持”的知识就是一种实践性知识。佛教传入中国的历史，也是一部佛教中国化的历史。隋唐佛学大盛，形成了许多不同的佛学流派，包括法相宗、华严宗、天台宗、禅宗，等等。但是，最后能够传衍下来，并且对中国文化做出重大贡献、对中国人的精神生活和社会生活产生重大影响的，却主要是禅宗。禅宗的最大优势，就是保留了中国文化重视社会实践的传统，将佛学与践行统一起来，而不是一味翻译佛学经典，研究烦琐、抽象的佛学理论。禅宗的生活化、实践化，使佛教能够在中华大地生根、开花、结果。

总而言之，中国传统学术的特色、优长，均是体现在实践方面。

国学重视知识教育，其教书与育人始终是联系在一起的，知识教育的目的是做人（内圣）、做事（外王）。所以，指导人们如何做人（内圣）、做事（外王）的实践，向来是国学的根本。由于中国传统国学具有实践性的品格，故而先哲给我们谈学习国学的方法，就是要求将国学的求知与实践统一起来。孔子最早提出了“学”“思”“行”；荀子提出“闻”“见”“知”“行”；《中庸》则系统地提出了“学”“问”“思”“辨”“行”；其实，它们最终均可以简化为求知、实践两个基本环节，将躬行实践作为国学教学过程的最重要环节，强调教学过程与生活实践过程合为一体，成为中国古代教育思想、教学过程论中最显著的特色。故而，“尽天之学，无有不行而可以言学者”。国学的求知必须落实于生活实践，因为实践方是国学知识的源泉、动力和目的。

从2012年成立湖南国学践行俱乐部，到2014年成立湖南践行国学公益基金会，俱乐部、基金会一直秉承“为天地立心，为生民立命，为往圣继绝学，为万世开太平”的宗旨，致力于国学研究、国学教育、国学推广等系列公益活动。已经举办了数十场国学研修班、讲座和论坛，在湖南的学术界、教育界、企业界产生了广泛的影响。为了保存这些有价值的国学讲座内容，特约请践行国学基金会的特聘教授，将这些演讲整理出版，名“国学践行文库”。受湖南国学践行基金会、文库编委会的委托，我为“国学践行文库”作一总序，以阐发国学践行的理念和宗旨。

最后，我要特别感谢各位基金会的特聘教授，也感谢全体国学践行俱乐部、践行国学公益基金会的同道的全力支持，终于使得这一套文库顺利地出版。

2016年7月11日于岳麓书院文昌阁

序言

颜爱民

公历2012年初夏，吾观光于宝岛台湾，幸至慈济总部。感其慈行之深广，志工200万，遍布海内外；撼其悲愿之宏彻，会员过1000万，涵盖各阶层。从工厂、学校到医院，从赈灾、扶贫到环保，慈济已成为人间善的使者、美的化身。这一切只是源于1966年，仅29岁年轻女尼的一念悲愿，自此，一副瘦弱女子身材，聚集无穷力量，以凡夫血肉躯干担当起震撼寰宇的菩萨伟业，以精卫填海的方式构筑成当世最宏伟的人心济世工程。过天命的我倍感愧疚和不安，也深感生命之紧迫和时机之难遇，初心即发：为人定当效于斯！国学践行，由是而启。

吾湘人素有“霸蛮”之说，心忧天下，敢为人先；既不乏风花雪月、闲庭信步之优雅，更不缺独立寒秋、湘江北去之胸襟。今湖南践行国学公益基金会期圣贤教化之道薪火相传，望国人性灵之方绵绵不息，以国学精粹立心，承华夏之道统，融科学之昌明，传文明之甘霖，兼容并蓄，与时俱进，返本开新。基金会自草创以来，道之所存，义之所在，高朋满座，群贤毕至。政界精英陈叔红、欧阳斌、彭崇谷等诸君，以高节公仆之心纵论发展之大计；儒学大家朱汉民、唐浩明、王守常、胡遂诸贤，以皓首穷经之志洒雨露甘霖；经济管理学家黄健柏、吴金明、颜爱民诸君，以经世致用之学析富民强国之道；丛林大德妙华、济群、净因诸法师，以明心见性之法雨开般若智慧之妙境；域外学者尹一丁、郑冰寒、石涌江及台湾吴进安诸赤子，以寰球之视野纵横中华崛起之宏图。斯等风流人物，竞相登坛论道，神风熠熠，余音绕梁，盛况胜于朱张会讲，传一时之美谈。

国学践行几近四载，由小及大，由弱至强，每期十数人至数百人，学人横跨政、商、学、文、卫，星火燎原，势不可当，总计六千五百余众参学。其中，奉献者千余人，但求付出，不问回报，彰国学古朴纯善之美德。至于践行所得，学员或以修身或以修心，或以齐家或以治企为政，知行合一，践行渐美，有成者不胜枚举。已学荐未学，未学羡已学，众口相传，争相求授，已成众善奉行之气象。

然师者各居异地，乃至海外，舟车劳顿，闻听者不过数百，堂外翘首以盼者甚众，堂内意犹未尽者尚多。聆听需咀嚼，佳音好回味。集诸大家之言付梓以飨读者，实乃功德一件。以书为媒，与大师对话，融通古今，触及心灵，美哉善哉！以书为媒，从容咀嚼，品其深意，享其味韵，可生慧心，可医愚痴，喜哉幸哉！

南方有嘉木，经冬犹绿林，岂伊地气暖，自有报春心。格物致知，学达性天，修身齐家，志在天下，致君尧舜上，再使风俗淳，庶几此生无憾。斯文、斯地、斯时，惟楚有才，于斯为盛。

丙申年乙未月中秋夜于中南大学精进轩

陈叔红｜践行国学以实现中华民族的伟大复兴①

1988年1月，在巴黎召开的全世界诺贝尔奖金获得者的科学家大会上发表的宣言指出：“如果人类要在21世纪生存下去，必须回到二千五百年前去汲取孔子的智慧。”澳大利亚学者李瑞智、黎华伦在《儒学的复兴》一书中也提到这样一点：中国圣哲思想，有可能替代西方文化成为“地球村”未来的中心。

的确如此，随着现代文明的发展，国学中的很多理念不仅没有过时，反而在不断地为人们提供智慧和启迪。国学文化对于构建和谐社会、推进社会主义先进文化建设、促进人的生命成长和建设人民精神家园都具有重大而深远的意义。

党的十八大以来，习近平在讲话和著述中，高度重视和弘扬中华优秀传统文化，并将其作为治国理政的重要思想文化资源。习近平说，文明特别是思想文化是一个国家、一个民族的灵魂。无论哪一个国家、哪一个民族，如果不珍惜自己的思想文化，丢掉了思想文化这个灵魂，这个国家、这个民族是立不起来的。本国、本民族一定要珍惜和维护自己的思想文化。他还说，优秀传统文化是一个国家、一个民族传承和发展的根本，如果丢掉了，就割断了精神命脉。

一、何谓国学

当前又掀起了一股国学热。可是，到底何谓国学呢？

① 根据陈叔红会长在第10期企业家国学践行研修班（2015年3月14日）的讲课录音整理而成。

胡适说："自从章太炎著了一本《国故论衡》之后，这'国故'的名词，于是成立。"又说："'国学'在我们心眼里，只是'国故学'的缩写。中国的一切过去的文化历史，都是我们的'国故'；研究这一切过去的历史文化的学问，就是'国故学'，省称为'国学'。"这是把国学等同于国故学。

其实，巍巍中华，文化源长，中华民族的传统文化蕴藏着深刻的智慧，我们都应该从中吸取精华。国学，就是中华民族几千年的文明结晶，是中华民族历史上各种思想文化、观念形态的总体表现，具有鲜明的民族特色，历史悠久、内涵博大精深，凝聚了修身、齐家、治国、平天下的智慧和良策，是实现生命与人格的发展和升华的精髓。

二、为何学国学

在西方"物竞天择，适者生存"文化的侵蚀下，一些国人的价值观发生了巨大的变化，道德滑坡、物欲横流、弱肉强食。在这样的背景下，开展纯公益性的企业家国学践行研修班，为企业家和儒释道三家国学大师提供一个深入交流、思想碰撞的平台，探求中国传统文化的实用化之路，让企业家实实在在地学到东西，提高境界，突破瓶颈，化解问题，可谓古为今用。

潜心研究国学、践行国学对个人、家庭、工作、社会有着深远的影响。人生是一个不断拾起和抛弃的过程，大多数人在物欲横流的都市生活中渐渐地迷失了自己的理想与信念，一味地填补物质，直到累了倦了，才在回望中想卸掉背上不必要的包袱，物质过多，会成为生命的桎梏，而精神的丰盈才是真正的财富。

三、践行国学之意义

宋代开国宰相赵普说过："半部《论语》治天下"。日本现代企业之父涩泽荣一一生创建了近五百家公司，有两家世界500强，晚年总结毕生经验只有五个字：《论语》加算盘。这是中国古代政治家和外国现代企业家对儒学文化的重视和认可。当代很多企业员工更是人手一本《弟子规》，学习儒家如何做人做事。

作为三湘儿女，有如此好的机缘，如此幸运地走进这个名家汇聚的国学课堂。国学俱乐部这个公益组织，一直用高度负责的态度进行国学理论学习和践行，坚持古为今用，是一件功在当代、利在千秋的好事。国学班开班才短短两年多，至今是第10期，起到的是引领、示范、带动、促进国学践行的作用，影响有影响的人，希望更多的企业家、社会精英，能把握时间与机遇，更深入地加入到国学践行企业家研修班里来学习。新学员可以结识很多名家教授及社会精英学友，老学员可以温故而知新，加强国学知识学习，还可以通过当奉献者在无私的付出中继续成长。希望更多的企业家和社会精英来研修国学、践行国学，为实现社会主义核心价值观、实现中华民族伟大复兴的中国梦而奋斗。

【作者简介】

- 湖南省第十一届人大常委会副主任、党组副书记
- 湖南省人力管理学会会长
- 湖南践行国学公益基金会名誉理事长
- 中南大学客座教授

欧阳斌｜现代领导与健康①

各位学员：

上午好！

很高兴应邀前来与大家交流。从黄健柏副校长的手里接过证书时，我感到心里很不平静，也增加了我的压力。他把这个证书颁发给我，显然是希望我能够跟大家交流内心中宝贵的东西。我希望能不辜负大家的期望。

据朱汉民教授、颜爱民教授介绍，我们这个班是企业家国学践行研修。国学博大精深，我们的学员来自祖国各地，大都有较好的基础和丰富的经验。事实上，我们的学员在很多方面也是我的老师。上课前，我看了课程安排，得知大家已经听过肖长江教授讲授的《黄帝内经》，懂得了一些养生之道。《黄帝内经》是一本中医原创性的古老的著作，中间有这么几句话："故阴阳四时者，万物之终始也，死生之本也。"就是说四季变化对人的健康的影响非常大。2015年，我曾经把自己对二十四节气的理解用二十四篇短文做了一些表述，听说有些读者还比较感兴趣。今年，我又按照二十四个节气为每一个节气选了一本书，谈自己的阅读体会，比如说我最新写了一篇《音乐是真正的世界语》，昨天的《湖南日报》湘江周刊转载了。文章的开头，我提到了一个近似于天籁的女声唱的《下四川》，声音非常凄美，这首歌还有另外一个版本，是由八十岁的男高音歌唱家姜家锵演唱的，他

① 根据欧阳斌主席在第17期企业家国学践行研修班（2016年5月27日）的讲课录音整理而成，由欧阳斌主席做文字修订和编辑。

唱得非常大气，一点都不像八十岁的老人唱的歌。我边听边想，八十岁的老人能这样非常美地歌唱，那一定有非常健康的身心。

再过几天就是芒种，芒种是夏天的一个标志性的节气。“芒种芒种，忙着耕种”，是我最初对这一节气的理解。事实上，它更为全面的含义应该是有芒的作物如麦类等开始灌浆或者将近成熟，即将收割，到了这个时候，最重要的是默默耕耘，最可怕的是无所事事。生命的丰饶来自耕作，耕作的过程必定繁忙，没有什么悠着闲着而白白地获得丰饶的收成。如果到了芒种还不知道该忙些什么事情，那是很悲哀的。缄默的大地永远袒露着无私的胸怀，夏日的熏风一阵接一阵地缓缓吹拂着我们，我们的生命挥汗如注，庄稼生机勃勃美丽地成长着，这是多么醉人的人生风景！在芒种，我们最为真切地体味了劳动的艰辛；在芒种，我们也最为尽情地品味了劳动的欣悦。那么，就让我们在这个忙着耕种的季节来共同探讨一下“现代领导与健康”这个话题吧。

为什么选择“现代领导与健康”这一课题

我是从1991年开始探讨“现代领导科学”这个系列课题的，二十六年以来，我先后在中共中央党校、湖南省委党校、国防科技大学、中南大学等分别讲授过现代领导与决策、现代领导与人格、现代领导与协调、现代领导与信息、现代领导与交通的专题。但我讲得最多的是现代领导与健康。之所以这么做，主要是基于两点考虑：

首先是它的内容很重要。哲人维特根斯坦曾讲过：每天早晨，人们必须掀开那些无生命的碎石，以便接触那些温暖的、生机盎然的种子。健康就是这样一颗种子。我所讲的健康，不只是生理健康，而是广义的健康。我认为，健康乃生命之基，健康是人类追求的基本目标，当然也是我们“中国梦”的应有之义。习近平总书记指出：没有全民的健康就没有全面的小康。在第一个百年里，也就是到2020年，中国要建成全面的小康社会。党的十八届五中全会正式提出了推进健康中国战略，这就是说，健康的问题已经上升到国家战略层面。到2020年，我们的寿命预期在2015年的75.8岁再提高一步，健康水平要达到中高收入国家的水平。也许大家会注意到，就在今年5月23日，国家卫生和计划生育委员会主要负责同志在世界卫生组织会议上还专门阐述了这个问题。她说健康中国助力2030年可持续发展。我们的“十三五”规划也包含了健康中国的内容。国家卫计委正在抓紧制定具体的实施规划。就总体而言，我们的社会正在朝着健康的方向发展，而不是病态发展。我们的组织也应在健康的轨道上运行，而不能带病运行。我们的领导者应该是健康地成长，而不是畸形成长。

其次是授课的对象很重要，组织方告诉我，你们大多数是来自某个企业、某所高校、某个机关、某一领域的领导者、管理者或者专家。我还注意到，我面对的面孔大多是中青年，这使我想起了毛泽东曾经有过的一个比喻，你们青年人，朝气蓬勃，好像早晨八九点钟的太阳，希望寄托在你们的身上。我因此想，健康阳光应该成为我们大家的基本面孔。如果我们自身处于不健康状态，甚至带病运行，不仅会给自己带来麻烦，还可能酿成较为严重的后果；发展得越快越顺利，酿成的后果可能越严重。有位知名企业家叫李开复，我最近看过他的一本书，叫《向死而生》。做企业的人对李开复应该非常熟悉，这本书是中信出版社出版的，他在书里面提到了自己过去的人生信念是：做最好的自己，世界因你而不同。但当他52岁罹患第四期淋巴癌被迫补修死亡学分时，他说这趟意外之旅让自己看到了过往的盲点，也就是名利的浮躁使自己不知不觉偏离了轴心，以致迷悬其中，付出了沉重的代价而不自知。李开复先生用他切身的体会告诉我们，成功的领导者应该学会及时发现病兆，清除隐患，为未来储存健康。

刚才，我引用了维特根斯坦的一句哲语。对于维特根斯坦，有些朋友可能知道，他是英国的著名哲学家，犹太人，生于维也纳，1951年逝世，享年62岁。他一生回避成为公众人物，他的著作自然、坦诚，具有深刻的原创性。他习惯在笔记本上写下他的思考，有些内容是用密码写成的，具有私人性质。他的生活非常简朴，甚至过于节俭。晚年隐居，在哲学、宗教与诗歌的交界处构筑了属于自己的体系。他生前很少发表哲学著作，我也是在一个偶然的情况下，发现了他的全集。2005年我在深圳出差，逛书店时发现了一套河北教育出版社出版的《维特根斯坦全集》，共12卷，我就把它买下了。老实说，一直到现在，我也没有把这套全集看完，其中有很多东西是看不懂的。但是书中若干个亮点，让我感到这确实是一位伟大的哲学家。他的书中有许多精彩的句子令我难忘，或者说终身受益。所以，我对今天的课也有一个小小的期待，假如我所讲的理论中有一句话，或者在操作上有一个细节对大家有益，或者说理论和操作的结合中有一个环节对大家有所帮助，那这个课就没有白讲，大家也没有浪费时间。

健康是一种动态平衡的状态

2004年，我出版了一本叫《黎明心语》的书，中间有一篇短文，叫作“生命在于平衡”。我是这样写的：如何珍惜生命，历来众说纷纭。有人说生命在于运动，是的，运动强身，一点也不错；有人说生命在于静养，比如说乌龟就很长寿，这也可以证明。但是，我跟朋友们交流所得出的结论则是：生命既在于运动，又在于静养，更在于平衡——一种动态的平衡。

我现在仍然坚持这一理念。动态就是事物是运动的、变化的，所以有人说，在这个世界上，唯一不变的就是变化。大家都知道，我们中国有一部著作，叫作《易经》，《易经》是六经之首，讲的就是简易、变易。冯友兰的《中国哲学简史》是他晚年在几乎失明的情况下靠记忆写出来的，由助手帮他记录。写完了这部书他就走了，享年95岁。在他87岁的时候，女儿陪着他到母校哥伦比亚大学去接受名誉文学博士的称号，时任校长索尔云说了一句话：荣誉与安逸是不能并存的。冯友兰先生在临终前，说的关于哲学的最后一句话：中国哲学将来一定会大放光彩，要注意《周易》中的哲学。所以我们在研究健康理念时，应该要从动态的平衡来切入。我认为在实际的运行中静态的绝对的平衡会不停地被打破，而动态相对的平衡就是要不断地打破现有的平衡，来形成更高层次的平衡。我把它称为“积极的平衡观”。

生命在于平衡，应该也是与这些宇宙间积极的平衡观相适应的一种动态的平衡。动态平衡也是宇宙间基本规律之一。比如说，宇宙中的星球每天都在运行，却不会掉下来砸到我们；比如说，地球上的生物链本身就是一个巨大的平衡系统，蛇多了老鼠会少；再比如说，大自然的执拗，有时候让我们感到它的神力。我在怀化做市委书记的时候，有一次大的洪水过后，我去视察基地的防洪工程，当地修起河堤，没有顺着原来的河道去修，而是把它改成了直道，把一个原本弯曲的河道截弯取直。第二年水又把新修的堤坝冲垮了，仍然沿着原有的河道弯弯曲曲向前走。仔细地想，不论是道路还是河流，都总是弯弯曲曲地走，没有一条是笔直的。我当交通厅厅长的时候，非常赞成这样一种理念，就是“我们的道路要修得像长出来的一样”。还有微生物，我曾经看过一本书叫《奇特的尘埃》，其实微生物也不是都要被我们消灭掉，不要把它看成十恶不赦。其存在一定有它的道理，关键是我们如何去调控它。现在的科技发展神速，由于兴趣的原因，我尽管不是学理工科的，但是我注意到爱因斯坦曾经研究了一种叫“量子纠缠”的现象，但没有完成。后来我发现我们中国，有一个安徽中国科技大学的院士叫潘建伟，他在这方面有新的进展。我还注意到瑞士心理学家荣格，他研究了“共时性原理”。我也关注到我们在“引力波”方面的研究，我认为现在处于大突破的前夜。中国科学院叫“太极计划”。这中间应该都包含对动态平衡的研究。当然，文学艺术则会从另外一个角度来研究不平衡的问题。比如“好莱坞编剧教父”罗伯特·麦基在他的著作《故事：材质结构风格和银幕剧作的原理》一书提到，任何故事的起点，都是人生失去了平衡。只有失去平衡才能激发生命把不平衡扭转过来，才有挣扎、冲突，才有其他力量的阻止，这时候的生命就有了情感，观众则感同身受，才会去追寻失去的平衡，最终回归平衡。我认为这是宇宙的动态平衡法则，大家有兴趣可以去研究。人是宇宙中的一分子，要长久健康地生存下去，必须遵循动态平衡的法则。

关于生命在于平衡这个命题，我们还可以从医学、政治、经济、哲学、社会等层面加以思考。如中医里的阴阳学说，孤阴不生，独阳不长，阴阳五行，八卦太极。中医在治疗上强调“谨察阴阳所在而调之，以平为期”。所以，整个社会健康发展，有助于个人健康发展；个人的健康发展，有助于社会保持动态平衡的状态。不平衡就会导致社会不稳定，就会出乱子。比如收入不平衡、差距过大、失业人口过多、物价上涨过快、经济过热或过冷、产业布局失衡，等等，都会导致社会动荡。所以，当我们处理重大社会问题时，一定要注重相对的平衡，不能饮鸩止渴。这也是我强调“传播正能量，改善微循环”的重要原因。

我们应该如何保持平衡

世界卫生组织WHO对人类健康的长寿原因进行系统分析后宣布，每个人的健康与长寿60%取决于自己，15%取决于遗传因素，10%取决于社会因素，8%取决于医疗条件，7%取决于气候环境等影响。当然，这个比例具体到每个人会有所不同。我特别关注如何保持健康有三个部分：心理健康、生理健康、生理和心理和谐健康运行。

先说说生理健康，这是我们健康的物质基础，我认为一是不能否认健康基因，即我们的祖辈给我们的遗传基因。遗传基因非常重要且很难改变，所以我们现在提倡优生优育。但近几年科技给我们带来的变化，比如3D打印技术不仅可以制造诸如皮肤、肌肉和血管片段等简单的活体组织，甚至肾脏、心脏这样的大型人体器官都可以。这样就大大减少遗传基因所引起的不公平。现代智能机器人的技术不断发展，未来各种智能义肢等辅助人工设备也将帮助一些先天有缺陷的人。二是后天调养。南方语系中有些词用得很有意思，比如生小孩，叫做“养崽”，生命是养出来的。首先要圈养，要养成好的习惯和性格。然后是放养，让他到外面去闯荡，哪怕跌得鼻青脸肿也不要紧，在摸爬滚打中广泛吸收社会知识和经验。最后是散养，就是文学散文的意思，形散而神不散。最有境界的当然还是这个阶段。我们要让自己活得长久一点，还要避免大喜大悲，否则会过度消耗身体能量，破坏身体功能和谐。要生活得从容一点，不要过于匆忙，更要避免“无事忙”。要给自己和别人留下空间，在绘画上这叫留白。我觉得生命在运行过程中，还要保持三性。一要感性，二要理性，三要保持一定的弹性。老子在《道德经》里讲到柔韧克刚，指的就是弹性。钢如果没有弹性就容易折断。柔韧有弹性就能够更韧。有人说乡里人比城里人要长寿，我想是因为乡里人吃得少些，但运动得却多些，在能量的摄入和消耗上保持了平衡。再加上没有那么多欲望和比较，心态容易平衡。

这里，我也想跟大家分享一点研习太极的切身体会。大家知道，太极拳是一项非常好的健康运动。连美国国家研究所都认为：太极拳几乎没有缺点，没有任何副作用，大范围推广有益无害。我学的是“杨氏太极老六路”。我把太极分为三个阶段，第一个阶段是养生太极，我们通过打太极来涵养身心；第二个阶段是乐生太极，即不但调养我的身心，还使自己处于一个健康快乐的境界；第三个阶段是太极人生，就是所谓的“无”的境界，也就是说太极所包含的理念、运动、影响对于生命来说，无时不太极，无处不太极，无事不太极。太极可以“改善微循环，传播正能量。”这两句话，既可以用于对身体的管理，也可以用于对社会的治理。

身体健康最重要的是坚持动态平衡，还因为人体健康就是温度、营养和体液的酸碱平衡。主要应坚持：饮食平衡、作息平衡、动静平衡、吸纳和排出平衡。这一个方面，我曾经和一位老人打过一个比方说，人生有点像我们去煤气站拉的煤气罐，你拿到煤气罐后，你并不知道煤气罐的气是足还是不足，这是遗传决定的，你根本不清楚。但是你拿到了那就是你的，决定了你的先天元气的多少。那么如果你只拿到半罐气的煤气罐，那么就说明你元气是较虚。但是这个生命还有没有可能长寿呢？我看是有的，途径是“节约用气”。想一想，这种人要想长寿的话，就必须尽量的少用，或者把阀门开得特别低，这就叫节约用气。如果你的煤气罐里的气非常非常足，你拿回来使劲地烧，这样的话也会短寿的。等到临终时到医院里治疗，就像被人拿着煤气罐摇晃，摇一点又醒过来一点，摇不出气来，人也就走了。

在心理健康方面要防止心理疾病。特别是在名利面前要有一种“平常心”。我不反对一个人追求上进，追求成就，但是不要钻牛角尖。其实中国历史上的大人物，有人总结起来有两个特色，一是不以职务论英雄。比如大家所熟悉的“七品芝麻官”徐九经，一句“当官不为民做主，不如回家卖红薯”让他名垂青史；二是英雄都是磨炼出来的。比如人越做越大，官越做越小的苏东坡。苏东坡这个人大家都很熟悉，至少讲究美食的人知道有个东坡肉。他是一个非常有意思的人，林语堂曾在《苏东坡传》中对他有如下评价：苏东坡是一个秉行难改的乐天派、悲天悯人的道德家、黎民百姓的好朋友、散文作家、新派的画家、伟大的书法家、酿酒的实验者、工程师、假道学的反对派、瑜伽术的修炼者、佛教徒、士大夫、皇帝的秘书、饮酒成癖者、心肠慈悲的法官、政治上的坚持己见者、月下漫步者、诗人、生性诙谐、爱开玩笑的人。苏东坡的许多美文是在其被贬的过程中创作的。有一首自嘲偈语：“心似已灰之木，身如不系之舟，问汝平生功业，黄州惠州儋州。”那时，他在海南岛被新即位的宋徽宗“赦还”，路过镇江金山寺时，李公麟为他画了一幅像，保存在金山寺。苏东坡面对自己的画像感慨万千，在画像上题了这四句六言。一个月后，他就去世了。这首偈诗是他经历许多常人难以想象的坎坷后的人生感悟，不是对自己人生抱负无法实现的哀怨，而是表达自己的“心”已经定了，已经化炭成灰，不再受任何外物的牵动，而自“身”则更是无拘无束、随遇而安。对于平生功业，他最看中的也就是自己在被贬黄州、惠州、儋州这三个地方的成就，这三个地是他找到自己“真心”，是他展现才华横溢的地方。像我们所熟悉的“前后赤壁赋”、《念奴娇·赤壁怀古》，等等，这些流传千古的诗文都是在他被贬期间所创作的。“大江东去，浪淘尽，千古风流人物。故垒西边，人道是、三国周郎赤壁。乱石穿空，惊涛拍岸，卷起千堆雪。”这是多么有气势的词句，这是多么洒脱的人生！还有他的书法，第一行书王羲之的《兰亭序》，第二行书颜真卿的《祭侄稿》，第三行书就是苏东坡的《黄州寒食帖》。所以，人格魅力真正的光芒往往能在逆境中、在磨难中迸发。

生理和心理的健康运行则应有三态，一是心态。心态一定要好。二是状态。状态来自于心态。三是常态。我们看一个人要从常态上来看，心态好、状态好、常态运行好的人，一定是健康阳光的。人在任何时候、任何地方都要快乐，要让大家感受到生活的美好。我个人认为，人活在世界上是件很美好的事情，当告别这个世界的时候更会觉得这个世界是多么的留恋。在生命运行中，人与社会都要良性调适。2006年，我在怀化当了六年的市委书记，有一天突然调我去当交通厅厅长，各种不同的眼光一下转向了我。按照常规来讲，以有些人的眼光，可能会不无“想法”。但我一直保持良好的状态，认真对待每一件事情，认真对待我们的交通事业、朝夕相处的同志们。有人问我是怎么适应的？我对他们说，首先，我在怀化任市委书记六年，管的是湖南省面积最大、县市最多、相对来说也是经济比较困难的市。这六年，我把自己最美好的东西都给了怀化，带走的只有口碑和感情。所以，我觉得，没有什么对不起怀化人民的，心里很踏实。同时，我到新的岗位，五年时间要用 1735 个亿为湖南省乃至于进入湖南省的人修路架桥。难道还有什么不满足的？人一辈子如果能达到这种份上，生命的价值就得到了重要体现。这就是一个平衡点。即使是一个亿万富翁，捐建一座桥也仅仅是一座桥，捐建一条路也仅仅是一条路。但是我们交通人要修多少座桥，多少条路呀！有多少人从我们的劳动中得到实惠呀！我们修的路都是给大家走的，我们架的桥不仅是给大家过的，更是给子孙后代造福的。这是时代给我们的机遇，应该珍惜。这是一种缘份，应该惜缘。到了2008年，我又被安排到省政协做秘书长。我认为，人在不同的时期使命是有阶段性的。不久前，我当选为省文联主席，发表就职感言时，我说我要为文艺家做好服务。在座的有不少共产党员，正在搞“两学一做”，我在支部发言时概括了四句话：感恩组织、恪守本职、任劳任怨、为民服务。我一直在想，我们都是食税者，如果不做一点对老百姓有益的事，不做一点对社会有益的事，那老百姓养着我们这些人干什么？这么想，心态、状态、常态就慢慢出来了。只有遵循良好的常态，才会有良好的心态，也才能有良好的状态，这种良好的状态有益于身心，整个社会才会生机勃勃。更具体地说，做人我认为要有情、有义、有担当，做事我认为要依法、依规、依程序，这样我们就会过得很踏实。我曾对“三感”有个排序，排第一的是安全感，排第二的是成就感，排第三的是幸福感。无论做什么事情，只有安全感才会使我们放心去做，放心放手去做了才会有成就感，一个人既安全又有成就，幸福才会随之而来。如前所说，生命在于平衡，人与人之间该如何平衡，我们处理事情的时候怎么样进行平衡，我们的事业和家庭怎样平衡，因为时间有限，这里就不展开了。

关于健康的具体小诀窍有很多，我的看法是，各有各的好，适合自己的才是最好的。欢迎在座的学员对我的讲课多提宝贵意见，也衷心地祝福我们的学员离开研修班之后，能够带着新的收获，去创造新的健康，收获自己的幸福，收获生机勃勃的未来。

谢谢大家！

【作者简介】

- 湖南省政协副主席
- 湖南省文联主席
- 历史学博士
- 湖南践行国学公益基金会专家委员会委员、特聘教授

黄健柏｜新技术革命·“互联网+”与企业发展对策[①]

当前新一轮技术革命和产业变革正在全球范围兴起。据我观察，我国各级规划部门在“十三五”规划中都把新技术革命、产业变革、互联网等作为核心内容反映到规划当中去了。可以预期，这些变革将会渗透到我们国家的方方面面，深刻地影响经济社会发展的走向。

今天借这个机会，谈一谈新技术革命、新的产业变革究竟是什么，对我们有什么影响，我们如何迎接它们的到来。

讲这么几点：三次工业革命的划分；新的产业变革，即工业革命，是由哪些因素驱动的，有些什么特征，将会给我们带来什么影响；发达国家如何应对新的产业变革，“互联网+”是什么，会带来什么影响；我们的国家和我们的企业如何来应对这场变革。

三次工业革命的划分

这一轮新的工业革命，或者说新的产业变革，是以信息技术的发展为驱动带来的一场革命，学术界也把它称为第三次工业革命。那就意味着在此之前我们已经有了两次工业革命。那么，工业革命是用什么标准来划分、怎么来划分的呢？我想先来回答这个问题。

学术界总结，区分是否发生了新的工业革命有三类标准：

第一类标准就是通用技术的突破。传统工业史研究提出的以工业“通用技术”的突破为依据来界定工业发展阶段。

---

① 根据黄健柏教授在第16期企业家国学践行研修班（2016年3月18日）的讲课录音整理而成，并呈送黄健柏教授审阅。刘慧萍老师对录音速记稿进行了文字编辑和整理。

在传统的工业研究当中，是以工业领域出现了新的通用技术，并且得到了广泛的应用来判断是否有新的工业革命发生，这是一种划分方式。以通用技术来划分，第一次工业革命的标志就是蒸汽机的发明。蒸汽机是第一次工业革命的通用技术，蒸汽机的发明解决了物质传输的问题，它给所有的产业领域都带来了革命性的变化。第二次工业革命是电和电动机的发明。第三次工业革命就是计算机的发明，计算机把我们带进了信息时代。

第二类标准是主导性动力和通信技术，也就是用工业主导性动力和通信方式的根本性变革为标准来划分不同的工业发展阶段。

这是美国未来学家里夫金在他的著作《第三次工业革命》当中提出的一个标准。第一次工业革命的主导性能源是煤炭，第二次工业革命的主导性能源是石油。煤炭和石油都是化石能源。主要的通信手段在第一次工业革命时期主要是印刷品、书信。到了第二次工业革命，在电磁技术方面有了突破，有了电话、电报；新的能源石油加上电话、电报，这是第二次工业革命的特征。

可再生清洁能源和智能电网将是第三次工业革命的特征。

什么是新能源呢？我们有很多新能源，比方说海水里有大量氢的同位素氘和氚，它们聚合会释放出巨大的能量，这是取之不尽用之不竭的新能源，但从技术上来讲离实用化还比较遥远。

可再生清洁能源有可能成为第三次工业革命的主导性能源，包括太阳能、风能、潮汐能，等等这样一些新能源。新能源的应用其实并不遥远，在欧洲，新能源在整个能源消耗当中已经占了25%。

中南大学跟湖南省江华县开展对口扶贫，他们最近做了一个规划，准备在“十三五”期间建成100万千瓦的风电系统，这让我感到很吃惊。过去觉得新能源离我们还很遥远，其实不然。像江华县，假如有100万千瓦风电，那么在可再生能源使用上就会迈出一大步。

可再生能源的大规模商业化应用取决于两大技术的突破，第一是储能技术，第二是传输技术。

储能技术预计在未来五到十年会有大的突破。

信息技术的高速发展使得人类有可能造出所谓的智能电网，即把成千上万的各种各样的小发电单元整合在一起，形成一个稳定的电网。美国未来学家里夫金所描绘的第三次工业革命就是可再生能源加智能电网。

第三类标准是工业生产中所依赖的主导性制造系统的经济技术特征。

第一次工业革命是由机械和手工操作相结合，有作坊、小工厂，等等，基本制造方式是单件、小批量机械制造。

到了第二次工业革命，就有了大规模的流水线，自动化的生产线，机器代替工人在生产线上工作，有了大规模制造。大规模制造的特点是小品种，大规模，靠规模经济带来效益，这是第二次工业革命主导性制造技术的特征。

数字制造和智能制造技术的高度发展，将会实现所谓全球个性化定制范式。在信息技术的支持下，通过发展可重构生产系统，在充分满足个性化需求的同时，解决好品种、产量、质量和生产成本之间的矛盾，它将会对第二次工业革命的制造范式形成革命性的颠覆。这也是我们划分三次工业革命的标准。

第一次工业革命解决了物质传输的问题，我们可以用机器把很笨重的东西快速地从一个地方搬到另一个地方。

第二次工业革命解决了能源传输的问题。比方说新疆有很多的煤，把它运到很需要能源的东部地区会很困难，但是你可以在有煤的地方造发电厂，通过电网把能量输送到需要能源的地方去，解决了能量传输的问题。电网把能量送到千家万户，带来了巨大的效率和效益。

信息技术的发展解决了信息传输的问题。信息的快速传输已经给人类的生活和经济社会的发展带来了巨大的变化，这个变化还在进行当中，这个变化相对于第一次工业革命和第二次工业革命，更是翻天覆地的。

新产业变革的驱动因素

新的工业革命也就是新产业变革为什么会出现？它的驱动因素是什么？

首先是外生的技术进步的结果。技术发展到一定阶段必然要推动整个工业向前发展。信息技术的发展推动了数字制造、人工智能、工业机器人以及添加制造这样一些基础性制造技术的创新和突破，这是第三次工业革命发生的根本性的驱动因素。此外，内生的制度创新也是新的产业变革发生的重要驱动因素。

1. 外生的技术驱动

从外生技术驱动来看，20世纪40年代中期美国造出了第一台电子数字计算机，开启了信息技术发展的序幕。从40年代中期到80年代中期，有将近40年的时间，是基础信息技术逐步积累的阶段，主要是解决好信息的感知、信息的储存、信息的处理和信息的传输这样一些基础性技术问题。

到了20世纪90年代以后，技术积累达到了一定的程度，就有了大规模的迅速发展。以信息的储存和传输为例，90年代初期，一兆数据的平均传输成本是222美元，到2010年下降到0.13美元。这个变化我们有深切的体会。20世纪80年代有很多老师出国学习，出去后跟家里联络就很少，通个电话，讲20分钟就要200多元人民币。那个时候我们的工资是很低的，一个电话两三百块钱对一个家庭来讲是一个很大的负担。我记得那时候我家隔壁有个老师，先生出国一年了，到回国前半个月的时候才通了一个电话，交代他要做什么做什么。现在情况就完全变了，你有家人在国外，每次饭菜做好了，想告诉他你生活怎么样，可以随心所欲地“咔嚓咔嚓”拍一堆照片，即时传过去了。多少钱？大家说一下多少钱。不要钱，是不是？现在信息传输的边际成本为零。大家知道有个摩尔定律①，描述了信息技术发展的速度。1G数据的储存成本也从90年代初期的596美元下降到了现在的0.06美元，这就是技术的积累，技术的驱动。现在一个信息处理中心可以占地几千亩，拥有几万台服务器，这样大规模的数据处理能力是新技术革命和产业变革的重要基础设施。

从制造业的角度讲，信息技术的发展推动了四个方面的基础技术突破：

第一是数字制造。所谓数字制造就是数字化制造技术。产品从设计、制造到生产、销售，整个过程都是数字化的。数字化制造既保证产品在设计阶段达到用户的要求，也能保证在制造阶段达到设计的要求，这样带来了高质量和高效率。目前美国50家最大的制造业企业已经全部使用了高效能的数字技术，设计效率、生产效率大幅度提高。

第二是人工智能。人工智能这些年有了飞速发展。大家知道最近有一个标志性的事件，机器人棋手阿尔法狗战胜了韩国最杰出的围棋手，标志着人工智能发展到了很高的水平。人工智能的发展使得我们在工业制造系统中具备了自行决策、自行维护、自行学习甚至

① 摩尔定律是由英特尔（Intel）创始人之一戈登·摩尔（Gordon Moore）提出来的。其内容为：当价格不变时，集成电路上可容纳的元器件的数目，约每隔18—24个月便会增加一倍，性能也将提升一倍。换言之，每一美元所能买到的电脑性能，将每隔18—24个月翻一倍。这一定律揭示了信息技术进步的速度。

自行组织的能力。人工智能技术以数据挖掘和智能决策为主，云计算、超级宽带这样一些信息技术的发展在工业方面的应用潜力是无限的。

第三是机器人技术。机器人技术这些年也有了很大的发展。现在讲机器人，不是讲站在生产线上做简单操作的机器人，那是第二次工业革命的标志。现在讲的机器人是智能机器人，它能干什么？前面说了能下棋是不是，世界上最优秀的棋手也下不赢它。还可以干什么呢？比方说动手术。手术机器人达到的精确度已经超过了人。我们学校几个附属医院都买了手术机器人，做了很多手术。机器人做手术有时比人做得还好一些，创面小，又能解决问题，既治病，又不会带来大的损害。所以机器人的发展也是制造技术发展的标志性成果。

第四是添加制造技术。也就是我们通常所说的3D打印。3D打印听起来很复杂，其实它的基本原理很简单，一句话就可以说清楚了。所谓3D打印，就是把一个复杂的三维物体分解成许许多多的二维平面来处理。二维平面处理起来就好办了，对不对？一个非常复杂的零部件，你把它分解成很多二维平面，然后叠加起来不就行了。过去我们的制造叫作减量制造，比如造一个零件，先要做模具，然后铸造，再车刨磨铣，最后做成你需要的零件。这样的做法很复杂，一个工厂规模要很大，要消耗很多的材料和很多的能源，当然也要耗费很多的时间。添加制造技术的出现，把很多非常复杂的零部件的制造变成一个非常简单的事情，同时它可以使制造系统微型化，实现全球范围内的分布式生产。

可以说以上四大技术的突破是推动制造业智能化、进而推动新的产业变革的技术基础。

2. 内生的国家政策

从另外一个角度来看，内生的国家政策安排也是第三次工业革命的重要推手。

我们知道2008年发生了全球性的金融危机，在金融危机过程当中，始终强调实体经济发展的德国经济表现是非常稳定的。另外，中国是全球第一的制造业大国，我们实体经济的恢复在2008年金融危机后的表现还是不错的，与许多欧美国家经济疲软形成了鲜明的对比。这样的事实促使一些主要的工业化国家反思制造技术和制造业在其国家创新体系中的重要经济意义和战略意义。

哈佛大学和MIT的Hausmann et a1.（2011）发表的一项研究显示，在过去60多年间，由工业产品复杂性所反映的一国制造业能力是所有预测性经济指标中能够最好地解释国家长期增长前景的指标，国家间的制造业能力差异能够解释国家间收入差异的至少70%。

这样一些事实促使一些重要欧美国家重振制造业，重振实体经济，客观上推动了第三次工业革命的发展。

美国在金融危机后提出了制造业行动计划，通过技术创新和智能制造实现下一代生产力，加快推出新的制造工具和技术，大规模地建设以信息技术为核心的基础设施，促进教育、工程、科学技术的快速发展。

欧洲提出了“未来工厂”计划，加大对现代制造技术的研发投资，加强政府和企业间的合作，加快发展可持续的绿色制造、ICT（信息和通信技术）制造及高效能制造技术。

新产业变革的特征

新的产业变革或者说新的工业革命的主要特征是什么？前面所讲的四大基础技术的突破，将会给我们的工业生产带来以下一些特征：

一是生产控制系统的一体化。在新的生产系统中，每台设备都会成为生产系统中的一个模块，这些模块与材料传输系统共同构成完整的生产系统，设备控制不仅是对每台设备的控制，同时提升到整个工厂，从而在工厂层次而不仅仅是单台设备上实现了系统控制。

任何新技术首先都会用在军事上面。1991年发生了第一次海湾战争，以美国为首的多国部队打败了伊拉克。打败伊拉克是没有问题的，问题在哪里？几乎实现了零伤亡，整个战争过程当中死了100多人。这100多人怎么死的？主要是由于车祸、误伤造成的。靠什么达到零伤亡的目标？主要靠的就是信息化。

信息系统把每个作战单元（每一架飞机、每一辆坦克、每一艘军舰乃至每一个士兵）连接成一个整体，对敌方的每一个行动在系统分析的基础上实施最有效的攻击。这个系统用现在的话来说就是一个物联网的概念，设备与设备之间，武器跟武器之间，武器跟人之间，人跟人之间，都通过这样的信息系统连接起来。这样战争中不再是单项武器、单个士兵之间的对抗，而是整个的军事系统之间的对抗，效率极大地提高了。第一次海湾战争的确让全世界耳目一新，之后各国都提出要进行军事变革。

物联网应用到工业生产上也是这么一个概念，一个工厂或者说一个产业，用信息系统把它连成一个整体。在产品生产过程中，设计、制造过程怎么最优化，怎样达到最高的效率、最优的质量，这就是所谓的生产控制系统一体化。我们可以看得出来这么一个过程会给整个的生产制造体系带来很高的效率。

二是制造过程的智能化。在生产过程当中可以检测出不合格的产品和部件，但是产品出了问题只是现象，反过来要诊断生产系统出了什么问题，来解决生产体系中的问题，从而使得制造阶段既是创新的阶段，也是产生高附加值的阶段，这就是制造过程的智能化。

三是制造系统的微型化。未来制造技术将能够生产具有复杂内部结构和梯度材料结构的三维拓扑优化的部件。一体化生产系统的微型化将成为制造系统设计的关键。我前面讲了3D打印，它可以用很简单的设备生产很复杂的零部件。通过这样的系统，我们就可以实现分散化的生产，用微型工厂来制造高度复杂的设备。

四是全生命周期产品的制造。大家知道人们需求的变化越来越快，所以任何产品在市场上的生命周期都会越来越短。一个产品出来了，过了一段时间用户会提出各种各样的改进要求，要启动第二代、第三代产品的生产。这样一来，作为制造工厂来说就遇到麻烦了：一个产品，一条生产线，固定投入非常高，现在你说要变，要改进、完善，又要很多的投入。这就要求制造系统能够灵活地调整自己的功能，成为可重构的生产系统，才能适应用户对产品不断变化的需求。信息化革命就有可能实现这个目标，一条生产线能够生产全生命周期的产品。德国就提出一条生产线能够生产所有品牌的汽车，生产线通过模块重组来达到生产不同类型的产品的目标。

四种制造范式的技术经济特征比较：

蒸汽机时代的生产范式是单件、小批量生产范式。有资料显示，到19世纪末期，整个欧洲的汽车产量是1000台。那时候的制造模式是用户提出要求，厂家根据要求进行设计，然后丁丁当当敲打出产品。产品完全是个性化的，但生产效率很低。

二十世纪三四十年代，第二次工业革命出现了大规模流水线，形成了大规模生产范式。特点是有限的产品种类，大批量的产品数量，生产推动型的商业模式。

二十世纪的七八十年代以后，由于信息技术和控制技术的发展，基本的零部件和元器件仍然是大规模生产，而终端产品则可以通过产品的模块化进行灵活的组装，在终端产品方面实行“定制”，满足用户多样化的需求。这就是所谓的大规模定制生产范式，是第二次工业革命发展到极致的标志。日本的柔性生产线就是典型的代表。

由于有了制造业四项关键技术的突破，我们就有可能不仅将终端产品进行模块化组合，还可以对生产系统本身进行模块化的组合，以这样一种技术的进步来满足用户无穷无尽、千差万别的需求，这样一种制造范式就是全球个性化制造范式。

单件小批量制造范式。这是第一次工业革命的标志，也是第一次工业革命通用的制造范式。关键的资源是技能工人。第一次工业革命的时候对工人的技能要求是非常高的，技术工人的水平决定了产品的质量。我记得改革开放以前，特别是六七十年代的时候，要是有人到上海去出差都会让他带很多东西，包括肥皂、鞋等日用品。为什么呢？上海工人的技术水平很高，造的东西质量比其他地方要好。

大规模生产范式。这是第二次工业革命的主导性生产范式，典型的标志是大规模流水线生产。比方说福特T型车的大规模流水线。其技术基础是可更换的高质量的零部件。第二次工业革命对工人的技术水平要求最低。大规模生产，自动化，关键岗位上有人做简单重复的工作可以了，这是大规模生产范式的特征。

大规模定制范式。这种生产范式的技术基础是计算机和信息技术的广泛应用，终端产品的模块化设计可以灵活地适应用户的不同需求。

全球化个性化制造范式。它的核心是可重构的生产系统，是对生产系统本身而不是对终端产品的模块化组合。要求不仅在设计阶段而且在制造阶段都要有很强的创新能力。对工人的技术水平和创新能力要求更高。

我们现在可以总结一下，所谓新产业革命的实质可以用这么几句话来概括：**以智能化、数字化、信息化技术的发展为基础，以现代基础制造技术对大规模生产流水线和柔性制造系统的改造为主要内容，以基于可重构生产系统的个性化制造和快速市场反应为特点，将从根本上解决传统制造系统下新产品开发周期、产能利用率、生产成本、产品质量、个性化需求等主要产业竞争要素之间的冲突。**

想要在传统的生产范式下更多地满足个性化需求，生产成本肯定要提高；要高质量的产品，成本肯定提高，开发周期要更长——不同的产业竞争要素是相互冲突的、矛盾的。新的技术革命推动的产业变革将通过技术水平的革命性提升，最大限度地解决这样一些竞争要素之间的冲突，从而带来更高的效率、更高的质量、更加丰富多彩的产品，这就是新产业变革的实质。

新产业变革带来的影响

新产业变革会给我们带来什么样的影响？

第一个影响是生产方式发生根本性的转变。一是要从大规模生产逐步向全球个性化制造转变，要求我们大力发展快速成型技术、新材料技术，工业机器人技术和网络服务技术。二是适应大规模生产的刚性生产系统向可重构制造系统转变，可重构制造系统将适应大规模定制生产范式，这类制造系统以重排、重复利用和更新系统组态或子系统的方式，实现快速调试和制造，具有很强的包容性、灵活性以及突出的生产能力。三是从自动化向智能化制造转变，用基于信息物理系统的智能装备、智能工厂等智能制造引领制造范式的变革。这些转变要求我们有坚实的信息基础设施、大批杰出人才以及一流的国家创新体系。

第二个影响是将重塑国家间的比较优势。发展新的生产系统的过程就是新的机械、新的制造系统和技术性员工对传统机械和简单重复劳动的替代过程，不仅提高了劳动生产率，更在于现代制造体系下诞生的产品具有更加丰富的功能和更短的开发周期。现代制造降低了工业对简单劳动的依赖，同时赋予产品更加丰富的竞争要素。因为这些新型制造装备都属于技术密集型和资本密集型产品，它更符合发达国家的比较优势。发达国家教育水平、科研水平及产业发展水平比较高，他们有这方面的比较优势；而发展中国家过去的发展模式主要是通过低要素成本和大规模生产同质产品这样一种比较优势。新的技术革命和产业变革对低要素的需求会减弱，因此，发展中国家过去的比较优势在新的工业革命当中可能会丧失，至少会被削弱，这有利于发达国家形成新的竞争优势。产业转移的雁阵理论可能要发生变化。新的制造系统无论是设计阶段还是制造阶段都有更高的创新要求，这对发展中国家是不利的，传统产业转移的模式肯定会发生变化。

第三个影响是将会重塑二、三产业间的关系。新的产业变革使得制造业的生产制造主要是由高效率、高智能的新型设备来完成，与制造业相关的服务业将会成为制造业的主要业态，二、三产业高度融合，它们之间的界限会变得模糊。这就使得二、三产业的就业结构要朝服务业就业比重增加的方向发展，它对人的技能的要求会更高，高技能的专业服务人才的重要性会有所增加。由于现代制造系统与服务业的深度融合，发达国家在高端服务业已经形成的领先优势会进一步强化。这对各国的教育、人才培养、就业结构都会发生深刻的影响，对我们这样的发展中国家会形成严峻的挑战。

第四个影响是可能重塑世界经济地理。发达国家加大对制造业的投入，具有比较优势的如汽车制造、装备制造、电子信息，等等这样一些行业有可能复苏。美国提出重振制造业，将来新一代的产品，可能无论研发设计阶段还是制造阶段都可以在美国国内进行。这样一来，对发展中国家来说，过去为了寻求低成本要素而从发达国家转移出来的生产活动将会大大减少，或者重新回到发达国家。发达国家有可能成为未来高附加值终端产品的生产地，从而夺回其在全球产业分工体系中的强势地位，使得世界经济地理发生有利于发达国家的重大变化。

第五个影响是可能重塑国家间利益分配机制。前面分析了不同的国家在产业链、价值链的位置发生了变化，利益分配机制当然也会发生变化。很重要的一点，一个产品的设计、生产和销售，过去利润在两端，在设计和销售环节，中间的制造过程的利润率是最低的，这就是我们所说的微笑曲线。现在发展中国家可以利用其低成本的劳动力来从事装配制造业，比如说富士康，它装配制造的收益是非常低的。有资料显示一台iPhone手机的纯利润是200美元，但富士康在生产装配过程当中能够分到的利润是多少呢？ 2美元。所以说，它是靠大规模的生产和装配去赚取微薄的利润。如果制造过程也是一个高附加值的阶段，可能就不会再转移到发展中国家生产了。

发达国家的应对策略和应对路径

接下来我们看看发达国家是怎么做的。

发达国家出台了很多的应对策略。从宏观层面看，发达国家提出从过去的“去工业化”转向“再工业化”，重振制造业。从产业层面来讲，开展全新的工业基础设施的建设。现在来看，最重要的工业基础设施就是信息技术，互联网；从微观层面来讲，构建智能的生产网络，快速更新制造技术，促进员工终生学习，这都是发达国家正在实施的一些大的举措。同时，不同国家也根据各自的实际情况提出了差异化的应对策略。像德国提出工业4.0，美国提出工业互联网，日本提出机器人发展计划，从而形成了差异化的发展模式。

美国模式：美国的优势是自上而下的软实力。信息技术领域的核心技术基本上都在它手里，互联网、大数据、系统思维，等等。当然美国也有它的问题，前些年过度地发展了虚拟经济，导致制造业空心化，优势明显削弱，所以提出再工业化战略，抢占高端制造的优势地位。美国发展先进制造，重点聚焦到先进传感、控制和平台系统，可视化、信息化、数字制造，还有先进材料制造，发展工业互联网。美国通用电气公司在2012年提出工业互联网的概念，在它的工厂体系中发展工业互联网。

德国模式：我们再来看德国，德国的优势在哪里呢？它是自下而上的硬实力，它的精益制造、智能生产的水平是非常高的。最近有个热词叫**"工匠精神"**，德国人有很强的工匠精神，它的制造质量是非常高的。我在学校读书时，一些20世纪30年代德国造的仪器，到现在还能用，这是它的优势。当然德国有德国的问题，德国在软件方面，操作系统、软件包括平台这方面是弱势，这方面核心技术基本上都在美国。因此德国在工业4.0当中提出了要建设**信息物理系统**，也就是**物联网**。通过将设计、开发、生产等全流程的数据传感器采集分析，形成可自主操作的智能生产系统。工业4.0描绘了三个基本特征，提出在八个关键领域进行改进。德国的西门子工厂是智能工厂的典范。最新的数据显示，西门子工厂有员工1150名，近几年产能力提高了8倍，是智能工厂的典范。

日本模式：日本的优势在于制造业，堪称其立国之本，它的精益生产及柔性制造系统在第二次工业革命时打败了美国。日本的问题是经济长期低迷，人口老龄化非常严重，所以日本提出特色工业4.0，它把人工智能作为突破口，实现工业智能化，重点发展机器人。同时发展再生能源以及3D打印技术，这是结合日本资源不多、国土面积不大的特点来发展它的制造业。

日本的机器人新战略有三大核心战略，它要建设世界机器人创新基地，世界第一的机器人应用社会，迈向领先世界的机器人新时代，也就是物联网时代。

“互联网＋”及其影响

在谈我们国家的对策之前，谈谈“互联网＋”及其影响，这也是大家感兴趣的话题。

1. “互联网＋”的概念及内涵

“互联网＋”内涵是什么？我们用一句话来说，**“互联网＋”的本质就是传统产业经过互联网改造以后的在线化和数据化。**也可以说“互联网＋”是以互联网平台为基础，利用信息通信技术与各个行业的跨界融合，把互联网技术融入到各个产业当中去，融入到经济社会的各个方面去，这就是“互联网＋”的内涵。

“互联网＋”凭什么有这么大的本事？它的动力是什么？有三点：一是新的基础设施，云网端，云计算，智能终端；二是新的生产要素——数据资源；三是新的分工体系——大规模社会化协同。这些东西是“互联网＋”的动力支撑。

2. 互联网的发展

互联网的发展是新技术革命的一个标志。信息技术发展前期的基础技术研发期是新技术革命的导入期，在这个时期，大量的新技术不断取得突破，到了互联网的迅速发展阶段就是新技术革命的拓展期。到现在互联网在我国的发展经过了三个阶段，第一个阶段就是所谓的Web1.0，从1994年到2002年，第二个阶段Web2.0是从2002年到2009

年，2009年以后是Web3.0，进入互联网大发展的新时代。

第一阶段：1994年至2002年。1994年我们国家正式全功能地联入了国际互联网，成为国际上第77个正式拥有全功能Internet的国家。1998年马云创办了阿里巴巴，启动了中国电商的发展。1999年有了博客和QQ，开启了所谓UGC&IM时代，用户自己产生和即时传输信息。在这之前信息的产生和传输是单向的，1999年以后人们之间可以双向通讯。2000年百度成立，新浪、网易、搜狐这样一些网络公司到纳斯达克上市。2000年到2002年是一个低谷，当时大家都有印象，网络泡沫，大量的信息公司、网络企业都倒闭了，这是第一个阶段。

第二个阶段是2002年至2009年。这个时候网络技术又有了新的突破，主要是大规模的信息感知、储存、处理和传输这样一些关键技术的突破。2003年淘宝诞生，逐渐成为国内最大的电商平台，2004年支付宝诞生，奠定了第三方移动支付的基础。2007年第一款iPhone发布，谷歌开始改良安卓系统。2009年是个标志，3G牌照发放，全民进入微博时代。2009年以后移动互联网出现，开启了一个新的信息时代。

第三阶段：2009年至今。到了2014年，移动互联网百家争鸣，这一年全世界范围的互联网行业以不可思议的速度发展，经过前面几十年的导入期以后，有了大规模的储存和传输技术，有了各种移动智能终端设备，信息技术的应用到了一个爆发发展的阶段，对整个经济社会产生深远的影响。

3.“互联网+”行动计划

在这样一个背景下，我们国家提出了“互联网+”行动计划，什么是“互联网+”行动计划？

官方的解释是这样的，“互联网＋”代表一种新的经济形态，也就是说充分发挥互联网在生产要素配置中的优化和集成作用，将互联网的创新成果深入融合于经济社会各个领域，提升实体经济的创新力和生产力，形成更加广泛地以互联网为基础设施和实现工具的经济社会发展新形态。

“互联网＋”行动计划将重点促进云计算、物联网、大数据为代表的新一代信息技术与现代制造业和服务业，促进互联网与这样一些产业融合，发展壮大新兴业态，打造新的产业增长点，为“大众创业，万众创新”提供环境，为产业的智能化提供支撑，增强新的经济发展动力，促进国民经济增效升级。这是比较全面的解释。

4. 互联网的影响

我们怎么来认识互联网对我们经济社会的影响？它会带来什么样的变化？互联网是一项通用技术，所谓通用技术，是可以应用到各行各业、社会生活的各个领域的技术。通用技术的突破将会对整个经济社会发生深刻的影响。

第一次技术革命出现了水车、蒸汽机、纺织机、轮船这样一些新的通用技术，关键生产要素（棉花）得到了广泛应用，机器生产代替了手工劳动，工厂代替了传统的手工作坊，新的分工协作体系逐渐形成。由于海运的发展，商业模式发生了变化，最终形成了一个完全不同于农耕文明时代以手工劳动、自给自足为特征的生产生活模式，初步解决了大规模、机械化和生产过程控制等问题，形成了具有现代文明特征的技术经济范式。

现在互联网作为一种通用技术，它的普及给工业社会所形成的经济社会的运行模式带来颠覆性的冲击，互联网技术正渗透到经济社会运行的几乎每一个环节，各种新模式、新业态不断涌现。而新模式、新业态的出现都是借助于互联网平台有效解决各种信息不对称的问题，极大地提高运行的效率，新的技术经济范式正在形成：信息技术的高度发展，使得数据信息生成处理的边际成本为零，协助新的关键要素（数据信息）以及新技术的共同作用实现了新的技术经济范式。我们今后会越来越深刻地看到互联网作为一种通用技术对经济社会带来怎么样的影响。

5. 互联网发展与经济长周期

互联网进化经历了三个阶段。互联网对传统企业的影响正逐步从传播、渠道层面过渡到供应链和整个价值链，从把互联网作为工具到以互联网思维设计产品乃至运营企业。

通过对经济历史的分析，技术革命和经济的长周期会有这样一种相关的关系，就是新技术革命的标志性事件，会在上一轮经济长周期的下降期出现，比新一轮的经济长周期的形成提早十到二十年。什么意思呢？通过对经济史的分析发现全球的经济运行是周期性的，这个周期的长短跟技术发展是有关系的。第一次工业革命的时候这个周期比较长。到了20世纪的40年代以后，大体上经济的长周期是40年左右；也就是说随着技术的进步，它从上一个周期的最低谷上升到最高点再到新的低谷，这个周期大体上是40年，在这40年当中，下一轮核心技术的出现，即下一轮通用技术的出现大体上是在前一个经济周期的下降阶段，比新一轮经济的上升期大概早十到二十年。

我们如果把2009年移动互联网以及云计算、大数据这样一些核心技术的出现作为下一代新技术的标志性事件的话，按照经济史研究的规律来看，2020年有可能是下一个长周期的起点。如果这个分析正确的话，到2020年或者2025年，从全球来看会有一个新的周期，那就看我们能不能抓住这个机遇。

6.“互联网+”的前生今世

关于“互联网+”，看看一些具体的内容。“互联网+”的跨界发展已经让我们看到了很多新的变化，传统的集市加互联网叫淘宝；传统的百货商场加互联网有了京东；传统的红娘，农村叫做媒的，加上互联网等于相亲网站——我们学校有一个相亲网站叫做“缘来有你”，已经促成了很多美好的姻缘；传统的银行加互联网叫支付宝；传统的交通模式加上互联网叫滴滴打车；有了移动互联网，每个人都可以是新闻记者，每个人都可以随时发布信息；你现在要跟全球任何人通信都很方便。可见互联网加上这样一些产业以后会带来许许多多的变化。我要说的是当前这些变化主要还分布在商业模式和终端产品方面，对实体经济的影响应该说还没有充分显现出来。互联网要创新商业模式相对比较简单，社会上也有很多批评，包括批评阿里巴巴、批评马云，等等。互联网和其他产业的深度融合会带来更多更深刻的变化，这就是我们国家为什么要大力发展“互联网+”，不赶上这一波的话，我们未来几十年就会落后，所以我们的国家和政府看到了这一点，及时地提出了“互联网+”行动计划。

7. 关于互联网思维

所谓的互联网的九大思维：

一是用户思维。顾客主导，客户主导，这是互联网思维最核心的一个理念。二是大数据思维。在产业层面跨界思维，互联网深度的发展会模糊许多产业，会产生很多新的产业，新的业态，就看你能不能够准确地预见它的变化，能够准确预见就能够抓住机遇。在产品的研发、生产和服务环节，迭代思维、极致思维、简约思维都是互联网大数据背景下的一些思想。在战略和商业模式方面有平台思维；在销售和服务环节，所谓的社会化思维、流量思维，互联网的发展给人们的思维方式带来深刻的变化，这个我不详细讲了。

互联网思维有一个5F法则，碎片化思维，粉丝思维，焦点思维，快一步思维，第一思维，这五个思维用一句话来说就是移动互联网思维要求企业充分利用碎片化时间接触消费者，让他们变成品牌的忠实粉丝，来强化自己的焦点性优势，永远快人一步，争做行业的第一。做了这些东西，就能够在移动互联网时代长久地生存下去。

我国的应对策略

随着互联网的高速发展，我们会发现很多东西是值得我们去研究的，会发现一些“悖论”和现象也是很有意思的，值得认真思考。

1. 自由市场与保护垄断并存

自由市场与保护垄断是两个极端，在互联网时代这两个现象似乎是共存的。一方面以互联网为基础的各类平台减少了信息的不对称，信息充分供给，降低了交易成本，优化了资源配置，这些东西提供了前所未有的契机，在这样一种情况下，现在订单式生产、市场出清、供需平衡，随着技术的发展是可以做到的。但是另一方面，互联网领域的保护垄断格局也在逐步形成，比如BAT、百度、阿里巴巴、腾讯，还有像美国的苹果、微软、谷歌、Facebook、亚马逊，都成了各自领域规则的制定者甚至是垄断者，这些现象是值得去探讨的。

2. 渐进升级与激进颠覆

激进的模式创新往往能给传统产业组织方式带来颠覆性变化，但是就产品来说，它的实质性的质量提升不可能一夜之间做好。现在商业模式创新发展非常快，但是从实体方面，产品质量能不能上得去，技术水平能不能上得去，看来还是无法保证，两者之间存在冲突。我们中国经济发展最迫切的正是转型升级，产业转型升级主要是通过渐进式创新，就是说产品质量提升是不可能一蹴而就的。德国提出工业

4.0，我们有些方面可能可以跟上4.0的方向和步伐，但我们有许多地方，2.0完成了没有？3.0完成了没有？还没有。因此，模式创新的快速发展与产业转型升级的渐进性怎么平衡？这个矛盾目前还没完全显现出来。今年“3·15”的时候中央电视台曝光了一些现象，当然这里面有一些黑心肠的人，像那个叫“饿了么”的网站，是一个商业模式的创新，但很多生产点是非法的黑窝点，提供的东西是非常低劣的产品。因此在互联网商业模式快速发展的过程当中，产品和服务质量的提升是十分重要的。

3. 跨界融合与深耕细作

“互联网+”的一个主要内容是跨界融合。传统产业加互联网，跨界到跟主业没有很大关系的其他领域，这个时候怎么来做好企业，如何弘扬工匠精神？跨界融合的东西怎么做到深耕细作，这对每一个企业来说都是要加以思考的。

4. 门槛降低与竞争残酷

互联网时代，进入门槛是很低的，买个电脑，有一间房子，办个网店，基本上就可以做起来。但是实际上竞争也许是非常残酷的。大家都知道，一些互联网产业，往往是老大和老二之间的竞争，老三都不行。它这种竞争是非常残酷的，所以低门槛跟高度竞争之间的矛盾，如何在互联网时代适应这种变化，也是值得我们思考的问题。

（一）机遇与挑战

我们从国家层面来看看新技术革命和产业变革给我们带来了什么样的挑战和机遇。

至少有三个方面的挑战：

第一，发达国家纷纷实行“再工业化”，导致高端制造业回流。同时，在人力成本和其他要素上有更强比较优势的一些后发国家，也在积极承接产业转移，拓展国际发展的空间，这就使我们面临双向挤压。

第二，我们的比较优势集中在劳动密集的制造环节，而这个环节正好是新一轮产业变革所要改变的状态。另外我们的人力资源现状又无法很快地适应高技术、高知识人才日趋紧迫的需求，因此有可能存在经济增长点断档的风险。

第三，在新产业变革背景下，中国产业不仅面临既有比较优势丧失的可能，而且因为产业竞争力弱而难以快速占据高技能、高技术、高附加值这样一些领域，劣势可能会更加明显。

当然我们也会有一些机遇：

第一，有利于催生新的产业集群和新的经济增长点。在这次产业变革中，新材料、数控机床、工业机器人是最活跃的行业，二、三产业的边界会趋于模糊，它们的融合会创造出一些新的业态，很有可能给我们带来一些机遇。

第二，有利于加快传统产业的创新驱动和转型发展。因为传统产业是我们国家经济部门中比重最高的部门，换句话说，我们大部分的产业是传统产业。新技术革命和产业变革的出现，有可能给传统产业的发展转型带来新的动力，如果我们能抓住机遇，及时引进新技术、新工艺来改造传统产业，对传统产业的转型升级将是一个极大的促进。

第三，有利于缓解日益趋紧的要素约束。新的产业变革会带来一大批新兴制造业，这些新的制造业对资源的依赖会更少，对人员的依赖也会更少，这恰恰是我们经济转型所要解决的问题。所以这些新产业、新业态的出现也可能给我们的发展带来新机遇。

因此，可以说新技术革命和产业变革对我们来说是机遇和挑战并存，关键是看我们能不能扬长避短，迎接好这场挑战。

（二）经济发展战略调整

1. 转型升级战略调整

我们过去转型升级的基本战略就是承接制造加上产品创新，比方说电视机、洗衣机，还有很多其他的这样一些产品，我们先是承接过来生产，然后不断地去改进，不断地去提高质量，做大做强，甚至做到全球第一，这是我们的一种基本模式。问题在于**原始创新**比较少。转型升级战略应该过渡到产品创新加上过程创新，再到全面自主创新。产品创新强调的是研发阶段、实验室阶段，强调科学家和工程师等少数技术精英的作用。过程创新则涉及**所有劳动者集体素质的提升，我们要将工厂的工人由简单的劳动者转化为技能和知识型工人**，迎接第三次工业革命的挑战。生产设备可以买过来，但是制造能力的形成要靠技术工人，所以我们创新应该是要贯穿整个过程，**要形成一种全面自主创新的态势**。

2. 全球竞争战略调整

同时，我们要调整全球竞争战略。我们过去强调个别要素的竞争优势，但实际一个国家的竞争优势不仅仅是一些个别要素的优势。我们过去主要强调低劳动力成本，对环境的约束也比较弱，实际上竞争优势既包括劳动力优势，也包括税收、管制、贸易条件、知识产权保护、土地、资本、能源、交通，等等方面构成的全面竞争优势。不能一味地抑制传统低价位要素成本上涨，实际上我们现在也不可能再这么做。我们现在劳动力成本比较高，一定要通过降低制度性的成本形成综合成本优势。过去十年美国对外投资的最大经济体不是中国，而是劳动力成本相对更高但综合成本更低的欧洲国家，这说明综合竞争优势不光是劳动力成本。因此，在这样一个背景下面如何形成新的竞争优势，我们要在很多方面去加以思考。

3. 技术创新战略调整

根据国情，我们的技术创新战略不能够一味强调前沿制造技术的全面突破，因为那不是一下子能做到的。比如信息技术，在核心技术上我们基本上没有优势，不可能一夜之间赶上发达国家，所以我们要更加注重实用性先进制造技术的攻关、应用和扩展，发挥稳定的比较优势。比如说20世纪80年代，美国是全球的老大，当时发展柔性制造系统，美国提出非常高的设计标准，由于提出的标准过高，成本就很高，最后没有赶上日本，在柔性制造这个领域日本走到前面去了。所以根据国情我们也不要一味强调新技术的使用，在相当长的时间里，我们还不能够放弃目前主导的大规模生产方式，只能逐步发展高度信息化、自动化、数字化的新型制造系统。一些适用的、多技术路径的、持续改进的制造技术创新和发展模式对中国的制造能力提升更有意义。

（三）认识误区

对于新技术革命和产业变革社会上还存在一些认识上的误区，主要有以下几点：

认识误区一：乐观估计新工业革命的发展阶段。我们既要看到新的技术革命洪流滚滚、排山倒海的发展趋势，同时也要看到新的工业革命是一个长期过程。德国提出工业4.0，它实际上计划用30年左右的时间完成工业4.0。而我们跟德国相比在技术上有代差，我前面讲了2.0、3.0我们还没有全面完成，因此我们不能过于乐观地估计工业革命的发展阶段。现在网络上宣传的很多是概念性的产品，是在人们头脑的设想当中，不要认为是马上就可以做得到的，我们一定要认识到，新的工业革命是一个很长的过程。

认识误区二：混淆先导产业的发展阶段与重点。这方面我们已经有了一些教训。前面我讲机器人的发展是新技术革命的标志性技术之一，但这里指的是智能机器人，放在生产线上从事简单操作的第一代机器人人家已经发展了几十年。我们许多企业都去投资第一代机器人，造成了新的产能过剩。大家觉得只要一说是机器人就是代表了新的生产力，就代表了新的发展方向，结果错了，因为这是混淆了发展阶段，人家已经不是前面那个初级阶段的机器人而是智能化的机器人了，你再去大量投资前面的东西，当然会造成严重的产能过剩。

认识误区三：重“硬”装备轻“软”系统。制造业的智能化是新工业革命的突出特征，制造业智能化的实现要求智能装备的大规模推广使用，这个就要严重依靠智能系统的协同，这样软件就非常非常重要。我们不能只重“硬”装备，而轻“软”系统。

认识误区四：盲目照搬国外新工业革命发展模式。虽然新工业革命中孕育的新型生产关系具有通用性和一般性，但是并不代表示未来各国工业发展方式和实现路径也是整齐划一的。我们一定要根据中国的特点和中国的国情来走我们自己的发展道路。

认识误区五：互联网思维在各行各业备受追捧，以至于一些论者将“互联网思维”等价于新工业革命。互联网思维是随着互联网革命产生的，很多新的思维是非常管用的。从目前来看，互联网更适合于终端产品和商业模式的创新。互联网怎么跟制造业和其他产业深度融合？大量技术层面的问题不是一夜之间就能做到的，商业模式创新了，销售系统非常发达，但没有东西，东西不好，东西是假的，照样发展不下去。所以实体经济的企业怎么样把产品做好，才是最重要的。

（四）对策建议

谈一点对策建议，不一定是对的，但是我们可以讨论。

对策建议一：首先要明确新工业革命是一个长期的过程。

避免滥用新工业革命的概念，通过明确政策解读和理性的舆论引导，在全社会形成工业革命作为长期事业的预期，避免短期化、投机化倾向。在全社会重视实体经济，尊重制造业人才，营造保护知识产权的社会环境。按照但不局限于《中国制造2025》的战略部署，引导社会资源向新工业的先导部门和新型基础设施升级上积聚。

对策建议二：明确将强化制造业作为应对新工业革命的重中之重。

大力发展互联网，同时做强制造业是重中之重，这是基础。

强化能力：针对核心基础零部件、先进基础工艺、关键基础材料和产业技术基础等“卡脖子”问题，以及全流程数字化解决方案与国外先进水平差距大的现状，加大攻关力度，强化工业基础能力和集成能力。

发挥市场机制：针对当前在新工业革命相关产业低端环节已出现盲目和低价竞争的局面，产业与投资主管部门应及时预警，发布行业发展报告，调整不当的产业刺激政策，发挥市场机制在产业发展中的决定性作用。

对策建议三：明确“以我为主”的新工业革命实施方针。

一是要摒弃工业发展的“拿来主义”，借鉴而不是简单地跟随发达工业国家的战略部署和政策措施。

二是“点对点”引进消化吸收的产业模式已经难以为继，要根据经济社会发展的需求动态变化，选择适合国情和发展目标的新工业革命实现的路径。

对策建议四：坚持制造业智能化是引领国民经济体系进步的主线不动摇。

一是重视制造环节信息化。新一代信息技术与制造业深度融合才是新工业革命的本质要求与根本任务，引导广大企业在拥抱“互联网思维”的同时，更加重视制造环节的信息化。

二是创新“两化融合”模式。引导互联网企业将在商业领域内成功积累的资本、数据、品牌技术和人才优势导入制造业领域，创新“两化”融合模式，切实服务制造业企业的自动化和信息化改造，为新一轮工业革命需要的制造业智能化奠定坚实基础。

对策建议五：企业走出去。在新技术革命和产业变革的背景下要提高我们的竞争力，必须鼓励企业走出去。核心技术是买不来的。我们这些年开放汽车市场，大街上跑的车基本上是国外的品牌，但有多少核心技术在我们手上？所以引进来当然可以发展经济，但核心技术是买不来的。企业走出去，融入当地的创新网络，去学人家的技术可能会带来更高的效益。我想在这个新的发展阶段，我们当然还是要引进国外资本，但走出去是不是也很重要，我们的企业家们可以思考。

对策建议六：人才引进来。我们的高端人才是非常紧缺的，而且高端人才要引进来也是不容易的。我们国家有了很多的计划，最高层次是千人计划，下面是长江学者计划、杰出青年计划，等等，我们也确实引进了一些优秀的人才。但是真正最顶尖的科学家、最顶尖的工程师要引进来还是不容易，要大批引进更是非常非常难的。这需要我们做工作，这些年我们创造出了一些好的经验，我们的千人计划引进了一些优秀的人才，很多企业也引进了很多优秀的人才，在这方面还要下更大的力气。

总而言之，新的技术革命和产业变革将会给我们经济社会的发展带来长远的深刻的变化。在座都是非常年轻的企业家、国家工作人员以及各个行业的工作人员，你们有更多的机会。我希望大家在这个过程当中学习新的知识，注意观察新的变化，在新一轮技术革命和产业变革当中，你们都成为主人翁，都能够在市场经济的大潮当中成就事业。谢谢大家！

【作者简介】

- 中南大学常务副校长、党委常委、教授、博士生导师
- 中国工业经济学会副会长
- 享受国务院政府特殊津贴专家
- 湖南践行国学公益基金会专家委员会主席

张国骥｜领导之道——主要从中国传统文化视角[①]

各位同学，下午好！

今天我跟大家一起交流“领导之道”。我看了一下大家的名单，大部分都在领导岗位、在管理岗位上，还有一些不在领导岗位上，但也是在重要的岗位上，所以我今天就和大家谈一谈“领导之道”。

我们讲“领导之道”可以从各个方面来讲，可以从政治学的角度，从文化的角度，也可以从哲学的角度来讲。我今天是从中国传统文化视角来谈“领导之道”，这是第一。第二，我们搞管理，当领导，首先是要做人，人做不好，领导也当不好，但领导比一般“做人”要求要高。这个道理非常清楚，领导要高于一般“做人”的标准。第三，我们讲“领导之道”或是“管理之道”，实际上就是两个方面，一个是道，一个是术。道就是你的价值观，什么样的价值观。术就是技巧，方法。我们当领导搞管理离不开两个字，一个道，一个术。我今天讲的主要侧重在“道”，也会谈到一些“术”。

当然，大家一定要清楚，中国传统文化里面有精华，也有糟粕，今天是从我认为的优秀传统文化角度来谈的。

今天讲七个问题：

一、领导务必洞察人性。

---

① 根据张国骥校长在第17期企业家国学践行研修班（2016年5月28日）的讲课录音整理而成，由张国骥校长做文字修订和审校。王德民教授、陈智慧对录音速记稿进行文字编辑和整理。

二、领导是一种思维。

三、领导是一种境界。

四、领导务必重视人才。

五、领导与人文精神。

六、领导是一种艺术。

七、大道至简。

这七个主题是围绕一个问题来讲的，就是我的题目“领导之道”。

领导务必洞察人性

我们做领导，搞管理，天天跟人打交道。人太复杂了，人性也是非常复杂的，古今中外对人、对人性一直没有研究透，现在还争论不休。哲学、宗教界，还有不少思想家，一直在探讨这个问题。我们从领导管理的角度来研究我们古人是怎么看待这个问题的。要知道，如果不了解一点人性，那么搞管理就没有依据，可能会抓不住重点。

第一，人性善。从中国古代来看，中国古人有四种人性观：第一种认为人性无所谓善恶；第二种认为人性可以从善，也可以从恶；第三种认为有的人性善，有的人性恶；第四种认为人性善。这些观点在先秦就比较成熟了。大家可能会问我，你主张哪一种？我个人主张人性可以从善，也可以从恶，这有大量的经验事实来证明这一点。但是中国古代几千年来是儒家学说占主流，儒家学说主张人性善，如《三字经》上说“人之初，性本善”，就是儒家的思想。

儒家主张人性善，孟子说得最彻底。孟子有两段话说得很清楚。

第一段：“恻隐之心，人皆有之；羞恶之心，人皆有之；恭敬之心，人皆有之；是非之心，人皆有之。恻隐之心，仁也；羞恶之心，义也；恭敬之心，礼也；是非之心，智也。仁义礼智，非由外铄我也，我固有之也。”

孟子认为仁义礼智不是后天培养的，是人生来就有的。

第二段话：“人皆有不忍人之心。……无恻隐之心，非人也；无羞恶之心，非人也；无辞让之心，非人也；无是非之心，非人也。恻隐之心，仁之端也；羞恶之心，义之端也；辞让之心，礼之端也；是非之心，智之端也。人之有是四端也，犹其有四体也。”

这与上一段话意思大体相同，但更进一步说明了一个观点，就是人如果没有仁义礼智就不是人，与动物没有什么区别，仁义礼智是人与动物之间的一个分水岭。这是儒家学说中的人性善。这个学说一直延续几千年，现在还在产生影响。西方的文化和中国的文化有点不一样，比如西方文化信仰基督宗教，基督宗教认为人有原罪，生来就有罪。

第二，人性好利。司马迁在《史记·货殖列传》里有一句话：“天下熙熙，皆为利来；天下攘攘，皆为利往。”这就是成语“熙熙攘攘”的来历。司马迁是西汉时期著名的历史学家、文学家、思想家，官的级别也不小。他的观点认为，每个人忙忙碌碌，是为了什么呢？是为了一个“利”字。

司马迁还讲过一段话：

“至若《诗》《书》所述虞夏以来，耳目欲极声色之好，口欲穷刍豢之味，身安逸乐，而心夸矜埶能之荣。使俗之渐民久矣，虽户说以眇论，终不能化。故善者因之，其次利道之，其次教诲之，其次整齐之，最下者与之争。”

这是很有名的一段话，它是什么意思呢？司马迁认为，人们贪图享受、过好日子是人的本性，作为政府，作为国家管理者，要善者因之，不要去阻拦他；其次利道之，要因势利导，再次教诲之，最后整齐之，最不好的是与之争，就是与民争利。这段话是主张老百姓对利益的追求，对生活的享受的追求应该因势利导，而不是去阻拦它、遏制它。政府与民争利，司马迁认为这个最不好。

儒家的观点并不反对利，你追利可以，但君子爱财，取之有道。有两段话很有名。

一段是孔子讲的："不义而富且贵，于我如浮云。"

富贵如果来得不道义，对我来说就是浮云。这个思想影响了中国几千年。儒家学说不反对利，但是反对不择手段谋取利，这叫做"君子爱财，取之有道"。

一段是孟子讲的："生亦我所欲也，义亦我所欲也；二者不可得兼，舍生而取义者也。"

这就是"舍生取义"成语的由来。在生命和道义发生矛盾的时候，孟子主张舍生取义。这种精神影响了中国几千年的士大夫，影响了几千年的官场，在关键时刻，特别是在中华民族面临危难的时刻，总有一批舍生取义的民族的脊梁挺身而出。

我在湖南师范大学当了十年党委书记，校园里面有忠烈祠，再往上面有陆军七十三军抗战阵亡将士公墓，在抗日战争时候那个地方是个战场，在岳麓山上，现在还有战壕，石头上有子弹打的弹痕。我了解过去那段历史，抗日战争湖南人死了30万。当时的情况是，将士们明天要奔赴前线作战，今天晚上跟自己的妻子、父母写信说，我明天奔赴战场可能就回不来了，我赴国难是舍生取义，为国而死，死得其所。这种视死如归的动力就来自儒家精神。

思想达到一定高度之后，很多看法是相同的。比如亚当·斯密的《国富论》，这本书的观点，就是从人类利己心出发，以经济自由为中心思想，以国民财富为研究对象，是西方经济学的开山之作，奠定了西方古典经济学的基础。下面有一段话：

“在这种场合，像在其他许多场合一样，他受着一只看不见的手的指导，去尽力达到一个并非他本意想要达到的目的。也并不因为事非出于本意，就对社会有害。他追求自己的利益，往往使他能比在真正出于本意的情况下更有效地促进社会的利益。”

这种思想是破天荒的，在他之前认为追求利益就会导致人的不择手段，人不可能利己而又利他。亚当·斯密从经济学的角度阐述了这样一个道理：人是利己的，但是在利己当中，无意当中促进了他人的幸福，这就是市场经济。市场经济中的主体企业，它开始的本意并不是要利他，但由于发展了经济，进行交换，受着一只看不见的手的指导，在满足自己的同时，无意当中也对他人有利，也促进了整个社会的利益。

亚当·斯密写《国富论》，他怕引起别人的误会，说主张人们不择手段追求利益，因此，又写了一本《道德情操论》。他告诉大家，主张自由的市场经济，不是要不择手段，要有道德情操，道德底线。这些思想家不是一般的思想家，他考虑是很周全的。这些思想和我们中国古人的思想是一致的，就是:“君子爱财，取之有道。”

认识了这一点，对我们搞管理有好处。比如，我在领导岗位上，在制定政策时，我始终在考虑老百姓的合法利益。人追求利益没有错，关键是要防止人们不择手段。我在任何一个单位的改革都是成功的，为什么成功？我只做加法不做减法，我会多少给人们带来一定的利益，而不是减少他们的利益，如果一旦减少他们的利益，你的改革就不可能成功。中国改革几十年来，基本是做加法，你看有些地方做减法就出大事了。这是满足人对利益的追求。

第三，是人性好赏识。我们搞管理还要知道，人性还有一个很重要的特点，就是渴望被赏识，不爱被批评。人们要你提出批评，可能其实要你提出表扬。人是爱表扬的，任何人都爱表扬，不管男、女、老人、小孩，领导还是非领导，都是一样的。人是性情中人，爱赏识是人之常情。但我们搞管理，当领导，你不可能不批评人。如何批评人，如何表扬人，要有技巧。

曾国藩讲过一句话，批评人要“规过于私室”，表扬人要“扬善于公堂”。这就是批评人和表扬人的技巧。批评人最好是在私室面对面只有两个人时批评他，表扬人要在大庭广众之下表扬他。中国人爱面子，“规过于私室”就是给人留面子，“扬善于公堂”就是给人面子。我以为只有中国人是这样，我到国外去学习过三次，外国人一样的，只不过程度不同而已。

前不久，我到益阳参观胡林翼的纪念馆，他也讲过这么一句话：**“长官之于僚属，须扬善公庭，规过私室。”**意思与曾国藩讲的是一样的。我估计他们两个人经常在一起聊天，讨论过这个问题，觉得有道理，各自写在了自己的日记里。这是他们政治管理、带兵打仗的经验总结。我从他们的经验中体会到，搞管理，要以表扬为主，表扬的效果比骂人的效果好多了，我从经验中体会到，除了极个别“朽木不可雕也”者之外，绝大多数人都能做到点到为止，他就清楚了，不必去骂人的。这就是符合人性的一种做法，即人都是渴望赏识的。

我把以上三点再归纳一下，人性是“趋善避恶，趋利避害，渴望赏识”的。当然这是古人或近人的看法，你可以有不同的看法，这也是可以的。

当然，人性问题很复杂，不是三言两语说得清楚的，古今中外的思想家、哲学家、文学家都在不断地思考和探讨，到今天还没有停止。我抽出以上三点，值得我们搞管理、当领导的人参考，大家从这里可以悟出很多管理工作和领导工作的道理，也可以悟出很多管理和领导工作方面的技巧。

我们搞管理、当领导一定要了解一点人性，要顺人性，因势利导，就是柳宗元在《种树郭橐驼传》中的思想：顺天致性。不然的话，我们对于管理工作和领导工作，就有点盲人摸象，抓不到全局，或者说有点舍本逐末，抓不到根本。

领导是一种思维

我认为，有什么样的思维水平，就会有什么样的领导水平，思维水平在一定程度上决定一个领导人的水平。我这里主要谈谈领导要具备的战略思维。

谈到领导人的战略思维，我举两个案例来分析战略思维：一是《孙子兵法》中的战略思维；二是诸葛亮《隆中对》中的战略思维。

（一）《孙子兵法》中的战略思维

《孙子兵法》自诞生以来，一直产生着巨大的影响，不但在国内，而且在国外都产生了巨大的影响。《孙子兵法》是值得我们感到骄傲的中华文化的瑰宝。我去年写了一本书，叫《权力向善——我读〈孙子兵法〉》，我从权力向善的角度，重新解读了《孙子兵法》，反响很好。

我们必须清楚，思维水平的高低决定领导水平的高低。没有思维水平的高度，就没有领导水平的高度。作为领导，关键是战略思维。孙子在《孙子兵法》中提出了哪些战略思维呢？

我们对《孙子兵法》做点分析，我认为孙子提出的五大战略思维，值得我们学习。

第一，全局思维。

孙子说："故经之以五事，校之以计而索其情：一曰道，二曰天，三曰地，四曰将，五曰法。道者，令民与上同意，可与之死，可与之生，而不畏危。天者，阴阳、寒暑、时制也。地者，远近、险易、广狭、死生也。将者，智、信、仁、勇、严也。法者，曲制、官道、主用也。凡此五者，将莫不闻，知之者胜，不知之者不胜。故校之以计而索其情，曰：主孰有道？将孰有能？天地孰得？法令孰行？兵众孰强？士卒孰练？赏罚孰明？吾以此知胜负矣。”（《孙子兵法·始计篇》）

认真体会孙子这一段话，其中包含了丰富的全局战略思维，这就是“五事”“七计”。“五事”就是道、天、地、将、法；“七计”就是“主孰有道？将孰有能？天地孰得？法令孰行？兵众孰强？士卒孰练？赏罚孰明？”。孙子认为，作为国君和将帅，了解了这五事、七计，就能了解战争的胜负情况。

第二，全胜思维。

孙子说：“凡用兵之法，全国为上，破国次之；全军为上，破军次之；全旅为上，破旅次之；全卒为上，破卒次之；全伍为上，破伍次之。是故百战百胜，非善之善者也；不战而屈人之兵，善之善者也。”（《孙子兵法·谋攻篇》）

孙子这一段话，最重要的思想是“不战而屈人之兵”的战略思维，这是一种全胜思维。

第三，先胜思维。

“胜兵先胜而后求战，败兵先战而后求胜。”（《孙子兵法·军形篇》）

孙子极力主张打有准备之仗，绝不打无准备之仗，这是一种先胜思维。

第四，任势思维。

孙子兵法中的任势思想很多，也很精深。比如说《孙子兵法·兵势篇》就是一篇集中谈势的精彩篇章。

孙子说："激水之疾，至于漂石者，势也；鸷鸟之疾，至于毁折者，节也。是故善战者，其势险，其节短。势如彍弩，节如发机。"

又说："故善战者，求之于势，不责于人，故能择人而任势。任势者，其战人也，如转木石。木石之性，安则静，危则动，方则止，圆则行。故善战人之势，如转圆石于千仞之山者，势也。"

认真琢磨这两段话的深刻含义，什么是"势"，如何"任势"，奥妙无穷。

任势就是创造利用态势，细分起来，任势有三：一是度势，二是借势，三是造势。度势，就是审时度势；借势就是利用态势；造势就是创造态势。

这种任势思维，是非常重要的战略思维。不管是军事领域，还是政治和经济领域，要成就一番事业，都要具备这种战略思维。

第五，全争思维。

"善用兵者，屈人之兵而非战也，拔人之城而非攻也，毁人之国而非久也，必以全争于天下，故兵不顿而利可全。此谋攻之法也。"（《孙子兵法·谋攻篇》）

取胜可以利用军事的，政治的，外交的，心理的，经济的，等等手段。孙子认为，两军交战是迫不得已而为之。这是孙子的慎战思想，而《孙子兵法·谋攻篇》就是集中反映了孙子这一杰出思想。

以上是孙子的主要战略思维，我们要好好学习和运用之。当然，孙子阐述的战略思维还远不止这些。

（二）诸葛亮《隆中对》中的战略思维

我们可以举出很多中国历史上的伟大战略家，他们的战略思维是很高超的，值得我们认真学习。诸葛亮的《隆中对》，就是一篇战略思维的经典之作。

“自董卓已来，豪杰并起，跨州连郡者不可胜数。曹操比于袁绍，则名微而众寡。然操遂能克绍，以弱为强者，非惟天时，抑亦人谋也。今操已拥百万之众，挟天子而令诸侯，此诚不可与争锋。孙权据有江东，已历三世，国险而民附，贤能为之用，此可以为援而不可图也。荆州北据汉、沔，利尽南海，东连吴会，西通巴蜀，此用武之国，而其主不能守，此殆天所以资将军，将军岂有意乎？益州险塞，沃野千里，天府之土，高祖因之以成帝业。刘璋暗弱，张鲁在北，民殷国富而不知存恤，智能之士思得明君。将军既帝室之胄，信义著于四海，总揽英雄，思贤如渴，若跨有荆、益，保其岩阻，西和诸戎，南抚夷越，外结好孙权，内修政理；天下有变，则命一上将将荆州之军以向宛、洛，将军身率益州之众出于秦川，百姓孰敢不箪食壶浆以迎将军者乎？诚如是，则霸业可成，汉室可兴矣。”（节选自《三国志・蜀书・诸葛亮传》，中华书局，1982年版）

我们可以对这篇《隆中对》做点分析。

《隆中对》又名《草庐对》。文章是诸葛亮对当时政治、经济、军事、地理环境等方面的分析，为刘备制定了一整套争天下的政策和策略，充分体现了诸葛亮的卓越见识和政治军事才干。

诸葛亮这番对话，体现了他的哪些战略思想呢？

第一是形胜战略。从地理形胜方面进行了分析，诸葛亮建议刘备占据益州，建立自己争天下的根据地。

第二是交胜战略。在外交上，诸葛亮建议联吴抗曹，西和诸戎，南抚夷越。

第三是全胜战略。除了军事外，诸葛亮还主张从政治、外交、经济、地理环境等方面争天下。

第四是道胜战略。内修政理，进行内部整顿和改革，做到政通人和。

诸葛亮出山以后，一生中的一切重大的政治军事活动，都是以这个《隆中对》的战略思想为根据而进行的。

诸葛亮还没有出山，就已知天下三分。诸葛亮是一流的战略家。而刘备也不是等闲之辈，他知道自己要打天下，只有将才不行，还必须要有帅才，帅才就是战略家，诸葛亮就是帅才、战略家。而刘备的两个结拜弟弟关羽和张飞都是将才，他们就不如刘备。关、张两人刚开始看不起诸葛亮，而刘备却深知诸葛亮是他需要的帅才、战略家和政治家。

战略思维不同于逻辑思维，战略思维的关键在于把握全局中的重点，而逻辑思维的关键在于把握事物之间的联系。在决策中，先把全局中的重点找出来，再根据事物的轻重缓急和事物间的联系逐步加以解决，这就是高明的领导人。

领导是一种境界

做人要有境界，当领导更要有境界。著名哲学家冯友兰先生说人的境界从低到高有四个等级：第一是一本天然的“**自然境界**”；第二是讲究实际利害的“**功利境界**”；第三是“正其义、不谋其利”的“**道德境界**”；第四是超越世俗、自同于大全的“**大地境界**”。

第一个境界是讲人要生活，要穿衣，要吃饭，是生理方面的要求，这与动物没有多大区别。第二个是讲究实际利害的功利境界。这个境界是讲，对自己有利的就做，对自己不利的就不做，是以利害作为行动的准则。这个境界是人之常情，很多人如此。我们不过要注意的是，人追求利益是可以的，但要符合道义。第三个是层次较高的

"正其义、不谋其利"的道德境界，那就是做我该做的，不是以利害作为标准来做事。如果一个社会、一个国家，有几种人都到达了道德境界，这个国家、这个社会不会出大问题。哪几种人？一是医生，医务工作者，应该有这种境界，关乎到救死扶伤。二是教育工作者，是培养人的，要有这种境界。三是法律工作者，法律是追求公平正义的，必须达到道德境界。四是干部、官员，他们是管理国家的，要达到道德境界。如果这四种人能达到道德境界，这个社会、这个国家不会出什么大事。天地境界就很高了，很多人达不到，但是也有人达到的，有些传教士有这种境界。一生传教，不畏艰险，那种精神让人佩服。他们能够坚持自己的信仰，他有什么信仰呢？上帝要他做事，再艰难他也要做，这种人达到了天地境界。人很少，但是有。

我们从中华文化里面是能够吸取一些有关精神境界方面的营养的，比如说：

第一是探索精神。中华文化是有一种求索和变革精神的。屈原在《离骚》中说"**路漫漫其修远兮，吾将上下而求索**"，一种求索变革的思想。

中国传统文化的灵魂是中国哲学，**中国哲学有三个特点：天人之学，变易之学，会通之学。**司马迁在《报任安书》有这么几句话，说出了他写《史记》要达到的目的。他说：

"**究天人之际，通古今之变，成一家之言。**"

这正好符合中国哲学的思想，就是天人之学、变易之学、会通之学。司马迁的志向很高，他写《史记》，就是要探究天人之际的关系，要通古今之变，要成一家之言。他全部做到了，非常符合中国传统的哲学精神。

第二是有容乃大。中华文化是一种包容文化。我这里举出曹操的一首诗《观沧海》和他论英雄的观点。曹操是一位有争议的人，作为文学家是没有争议的。

“东临碣石，以观沧海。水何澹澹，山岛竦峙。树木丛生，百草丰茂。秋风萧瑟，洪波涌起。日月之行，若出其中；星汉灿烂，若出其里。幸甚至哉，歌以咏志。”

曹操的大气和包容，在这首诗中表现得比较充分。天地日月星辰大海与人融为一体。我们当领导，要有包容之心。基本上可以断定，没有包容之心绝对当不了大领导，即使当上了，也是不合格的。这是基本规律。

什么叫英雄？在《三国演义》有一回煮酒论英雄。曹操把刘备请来喝酒，刘备当时寄人篱下，也没有什么大名气。曹操问刘备，当今天下谁是英雄？刘备善于韬光养晦，他不说，生怕说自己是英雄，怕招来杀身之祸。刘备说我不知道，我哪里知道天下英雄呢？搞不清。问了一次又一次，没有办法，刘备说袁绍是英雄，刘表是英雄……曹操说这些都不是英雄，刘备说哪个是英雄呢？曹操用手指指自己，又指指刘备，说我和你才是英雄。曹操说：“夫英雄者，胸怀大志，腹有良谋，有包藏宇宙之机，吞吐天地之志者也。”

这就是英雄，英雄是包容的，包天地，包宇宙。

中华文化是包容的文化，《周易》里面讲：“地势坤，君子以厚德载物。”讲的是包容，大地很包容，包容万物。

第三是浩然之气。我们中华文化里面有一种浩然之气，特别是儒家精神。孟子讲什么叫浩然之气，他说：

“其为气也，至大至刚，以直养而无害，则塞于天地之间。”

这浩然之气是“至大至刚”的，如果你很好地去养育它，不去伤害它，它就会充斥于天地之间。孟子就是一位充满浩然之气的思想家，他游说诸侯国，充满了自信，他藐视一切。

他还讲过什么叫大丈夫：

“富贵不能淫，贫贱不能移，威武不能屈，此之谓大丈夫。”

这三句话激励了中华民族几千年以来的一大批士大夫，乃至在中华文化中，形成了一种士大夫精神。每当中华民族危难时刻，就有一批仁人志士挺身而出，成为中华民族的脊梁。这种精神动力在哪里？是儒家文化，是孟子说的这种精神动力。

这种浩然之气，这种精神也影响了中国的文学。柳宗元有一首诗叫《江雪》：

“千山鸟飞绝，万径人踪灭。孤舟蓑笠翁，独钓寒江雪。”

柳宗元是个高官，文学家，忧国忧民，也不得志。这首诗的蓑笠翁就是写自己。在一个大雪纷飞的日子，没有鸟飞，没有人迹，一个穿着蓑衣、戴着斗笠的老翁，在寒江中钓鱼，这是谁？是自己。清高孤傲，不与人同流合污，我再受打击，我的人格是独立的，是孤傲的。

这种作品在唐诗宋词里面特别多。宋代陆游的《卜算子·咏梅》也是这样的作品：

“驿外断桥边，寂寞开无主。已是黄昏独自愁，更著风和雨。无意苦争春，一任群芳妒。零落成泥碾作尘，只有香如故。”

陆游的一生政治上不得志，一心想恢复北方的失地。“咏梅”就是咏自己。虽然自己不得志，受尽了打击排挤，但是他还是像梅花一样，哪怕“零落成泥碾作尘”，梅花的香还是如故的。这都是受到儒家精神的影响。

第四是超然之心。佛家有一种精神叫：**“以出世之心，做入世之事。”**在20多年前，我到南岳大庙去参观的时候，看到墙壁上有这两句话，我突然恍然大悟，觉得人生就应该这样。佛家讲空，跳出三界外，不在五行中，但佛家不可能完全空，他还要做善事，如果完全空，做好事也就没有必要了。怀着一颗出世之心，去做入世之事，你一切就想开了，洒脱了，快乐了。

领导务必重视人才

当领导的都知道要重视人才，没有人说人才不重要，但是我们过细分析一下，有的领导讲重视人才是真心的，有的领导讲重视人才，不一定是真心，可能只是说说而已。人才肯定很重要，这一点不必怀疑。问题是我们怎样认识人才，怎样重视人才，如何使用人才？就不一定都清楚。这里我选出六段话给大家参考。

第一句话，叫“**知人善任，扬长避短**”。

我认为这八个字太重要了，做到了这八个字，那用人就出不了大问题。当然，这个很难，这里面知人也难，善任也难。现在都说自己是人才，但从狭义的人才观来看，真正的人才比例并不大。扬长避短，在实践中做好也很难。

搞管理、当领导就是搞平衡，你不要以为平衡不对，政治就是平衡，不平衡就会出问题，但是**我主张积极的平衡**，而不是消极的平衡，消极的平衡肯定会有害事业，有害自己。既要把事业搞好，又要平衡各种关系，保证和谐团结，那就是一门高超的艺术。在积极的用人问题上，我总结了两句话，供大家参考：

关键岗位用能人，一般岗位搞平衡。

关键岗位不用能人，你就是给自己找麻烦，给事业添乱；你完全不搞点平衡，也不行，也达不到和谐团结的局面。关键是这个度如何把握，拿捏得恰到好处，就是你的领导水平。

第二句话，“**吾任天下之智力，以道御之，无所不可。**”《三国演义》第三十三回，有一个情节是很令人回味的。当时曹操已打败袁绍，平定冀州，当时袁绍已死。袁绍与曹操年轻时是朋友，两位青年都有远大抱负，后来共同起兵反董卓。他们俩早年有过一段对话：

“操既定冀州，亲往袁绍墓下设祭，再拜而哭甚哀，顾谓众官曰：‘昔日吾与本初共起兵时，本初问吾曰：“若事不辑，方面何所可据？”吾问之曰：“足下意欲若何？”本初曰：“吾南据河，北阻燕、代，兼沙漠之众，南向以争天下，庶可以济乎？”吾答曰：“吾任天下之智力，以道御之，无所不可。”此言如昨，而今本初已丧，吾不能不为流涕也！’众皆叹息。”

看《三国演义》的人，很多人未必注意到这段对话。这段对话，反映了曹操与袁绍两人不同思想和战略：**袁绍打天下，重视地利；曹操打天下，重视人才。**

记住曹操说的话：“吾任天下之智力，以道御之，无所不可。”

这话有两层意思：一是网罗天下人才到自己身边；二是用一种好的方法，驾驭人才，使用人才。

爱才而不用才，等于没有人才。用才而不得法，没有一套好的御才之道，也会一盘散沙，各自为政，内耗严重，也等于无才。

这就是袁绍之所以败，而曹操之所以胜的根本原因。

这个思想，曹操其实是吸取了孟子的思想，孟子说：“天时不如地利，地利不如人和。”表明人和比地利重要。

第三就是韩愈的《马说》。《马说》就是说马，说马就是说人才。这篇文章很短。韩愈是唐宋八大家之一，也是高官，他为人为官太率直了，敢于直接批评皇帝，人是爱表扬的，皇帝更爱表扬，一批评就把他贬了，即便受贬了，他还讲真话。

百岁老人周有光先生说韩愈是人才学的鼻祖，从《马说》一文中，韩愈发现了如下的人才学定律。

定律一，识则有。你要识人才才有人才，你不识人才，就不会有人才。

定律二，辱则无。人才要尊敬他，你要是侮辱他就没人才了。

定律三，食不饱，才不见。人才要条件，你要给他条件。

定律四，意不通，才无用。人才你要懂他，你不懂他，又怎么有人才呢？“鸣之而不能通其意，执策而临之”，曰：“天下无马！”你要懂，人才有他的个性，有他的原则。

这是《马说》里面包含的一些人才学的定律，对我们很有启发意义。

第四句话，司马光说的：

“才者，德之资也；德者，才之帅也。”

“君子挟才以为善，小人挟才以为恶。挟才以为善者，善无不至矣；挟才以为恶者，恶亦无不至矣。

司马光是大历史学家，也是高官，当过宰相，宰相相当于现在的总理，他写了一部《资治通鉴》，流传千古。这两段话，就出自《资治通鉴》。这两句话，主要有两层意思：

第一句说明了才与德的关系。德才兼备，以德为先。

这是我们今天常用的一句话。但我们要问，为什么要以德为先呢？

第二句话就说清楚了。如果一个人有道德，他会借助自己的才能干好事；一个人有才能但是没有道德，他会借助自己的才能干坏事。还有一层意思，那些为善的领导，身边都会聚集一些为善的人；那些为恶的领导，身边会聚集一些为恶的人。这一点，古今中外的官场得到了充分地证明。孟子讲的更简单、明了、到位，他说：**“不仁而在高位，是播其恶于众也。”**领导人如果不道义，他就会把他的恶传播于大众。

第五句，中国历史上，要成为良史之才，须具备史才、史学、史识、史德。这是唐代史论家刘知幾和清代史学家章学诚说的。

我们中国人喜欢修史，但要成为一个优秀的历史学家很不容易。唐代的史学家刘知幾认为良史之才要具备史才、史学、史识，清代的章学诚再加上史德，这样就形成了我们中国历史上的一个史学理论：要成为一个优秀的历史学家，必须具备史才、史学、史识、史德。

我们用人，选人标准，可以参考刘知幾和章学诚的观点，即我们现代化的领导人，需要具备才、学、识、德。才、德好理解，"学"指学养，你要有很好很深厚的学养，"识"就是有见识，远见卓识，不管是党政领导人，还是企业领导人，或是其他方面的领导人，要带领大家往前走，没有见识，没有远见，你带领大家走向何方呢？没有远见卓识的领导人，就如同盲人骑瞎马，夜半临深池。领导者的远见卓识太重要了。

第六句话是国学大师南怀瑾讲的，他说：**人有三个错误是不能犯的：一是德薄而位尊；二是智小而谋大；三是力小而任重。**

其实，这是孔子说的。这讲的是德才要称其位。

道德水平不高，但位尊，这很危险；你的智慧小，但是你要做的事业大，危险；你的力量小，但是你负担的任务很重，危险。为什么危险？才德不称其位啊。

领导与人文精神

领导要有人文精神，现代化的领导，不具备人文精神，就是不合格的领导人。

什么叫人文精神？一种主张以人为本，重视人的价值，尊重人的尊严和权利，关怀人的现实生活，追求人的自由、平等和解放的思想和行为。

这就是人文精神。

有一年，我到柏林大学访问，一位副校长讲到，柏林大学从二战以后就开始重视人文精神的培养。为什么？这是他们从“二战”中吸取的教训。“二战”时，希特勒杀害了600万犹太人。柏林大学是一所著名大学，这里培养出了不少诺贝尔奖的科学家，但当时，有一些科学家帮助希特勒杀人。“二战”后，他们总结柏林大学办教育出了什么问题？最后，得出了结论：人文精神培养不够。一个人不管是科学家或者高级领导人，仅仅有学术水平和领导能力还是不够的，还要有社会良知，还必须具备人文精神和人文素养。人文精神是教育之魂，大学之魂。

在以色列国际义人园区有一个纪念碑，依照国家的排列，展示全世界帮助过犹太人的义人们。中国有两位，其中一位是中国驻奥地利总领馆总领事何凤山，是我们湖南益阳人。希特勒在欧洲迫害犹太人的时候，何凤山冒着生命危险，给数千犹太人发放“生命签证”，让他们逃出来，有一部分逃到上海。一批犹太人保住了生命，后来以色列建国，这批犹太人回去了。所以，以色列到现在跟中国关系友好，这是有渊源的。在犹太人的文化传统里，人的生命是神圣的、至高无上的，他们有句名言：救人一命就像拯救了一个世界。以色列政府授予何凤山“国际义人”荣誉称号。以色列修建了纪念碑，认为何凤山是他们“永远不能忘记的中国人”。

曾任以色列驻华大使的海逸达先生，访问过师大，我接待了他。他说，中国人、上海人还有湖南人，特别是益阳人到以色列，吃饭是不要钱的，住宿也是不要钱的。这说明了什么呢？在关键时刻要有良心，人文精神太重要了。

中国的文化传统中，重视人、以人为本的人文精神是很突出的，可以说中华传统文化的核心是人文精神。孔子的中心思想是“仁”。

孟子说“仁者爱人。”墨家的哲学重要思想是“兼爱”。东汉的大学者、文字学家许慎在《说文解字》中，解释什么叫人：“人，天地之性最贵者也。”

人文精神对一个人来说，内化于心，外化与形，就可以造就文质彬彬的气质，内心则自信、强大和包容。如果当领导，他会时刻把人放在第一位。培养人的人文精神，追求真善美，人文精神是人的灵魂。

领导是一门艺术

领导是一门科学，更是一门需要高超智慧的艺术。这是个很博大的问题。

中国传统文化中，讲究天人合一，道法自然。《道德经》上讲：

“故道大，天大，地大，人亦大。域中有四大，而人居其一焉。人法地，地法天，天法道，道法自然。”

天人合一，道法自然，这是我们中华文化中的精华。

中国古代哲人非常重视从大自然中吸取智慧，特别是从水当中吸取智慧，从水中体悟领导之道和领导艺术。比如，《孙子兵法·虚实篇》中讲：

“夫兵形象水，水之行避高而趋下，兵之形避实而击虚；水因地而制流，兵因敌而制胜。故兵无常势，水无常形。能因敌变化而取胜者，谓之神。”

用兵打仗的方法，没有一成不变的东西，是随机应变的，就像水，兵无常势，水无常形。

老子讲上善若水。

我们当领导，搞管理，处理具体问题的方法不会一成不变，具体问题具体分析，一件事有一件事的处理方法。

孙子讲，“无穷如天地，不竭如江河”。

大自然特别是水，可以给我们无穷的智慧和启迪。

如果我们进一步体悟水，我们可以发现水有以下品质，值得我们学习：

一曰不争。没有水，就没有生命，但水善利万物而不争。

二曰守拙。水乃万物之源，保持一种平常心，不张扬，哪儿低就往哪儿流，越深越静，宁静而达观。

三曰齐心。水有极强的凝聚力，一旦融为一体，荣辱与共，生死相依。

四曰坚韧。水至柔，柔而有骨，浪击礁石，一波一浪前赴后继，决不退缩；日复一日，年复一年，咬定目标，水滴石穿。

五曰博大。海纳百川，有容乃大，有包容心，渗透力和亲和力，水利万物，而不图回报。

六曰灵活。水有形而无形，不拘束，不呆板，不僵化，有时细腻，有时粗犷，有时妩媚，有时奔放，因时而变，因势而变。

七曰透明。水无颜色，晶莹剔透，光明磊落，无欲无求。

八曰公平。水对万物一视同仁，器歪水不歪，物歪水不歪，是谓水平。

九曰强大，水既可细水长流，也能汹涌澎湃，水可无坚不摧，无攻不克，摧枯拉朽。

这些都给予我们无穷的启发。大自然在默默地、无私地教育我们，启迪我们。我们从中可以学到领导艺术。

大道至简

我们当领导，搞管理，甚至生活，要做到大道至简。生活的艺术就是把复杂的生活简单化，工作的艺术就是把复杂的工作简单化。简单就好。现在太复杂了，工作复杂，生活也复杂，我们要使之简化。

老子讲："为学日益，为道日损，损之又损，以至于无为。无为而无不为。"

大自然是简单的，没那么复杂，人类社会太复杂了，老子要求我们学习大自然。无为不是不做事，是做你应该做的事情，不应该做的事情你不要去做，这是"无为而无不为"。儒家思想也是这样的，朱熹解释什么叫"简"："事不烦而民不扰 。"这是对政府讲的。老子讲"道法自然"，"道常无为而无不为"，"是以圣人处无为之事，行不言之教。"大自然从来不说话，很简单，但是她从来都是守信任的，从来都是遵循规律的，而且也是有为的。

我曾经问过一些专家，公共管理与工商管理有何区别，他们讲了不少道理，但我觉得没有讲到点子上。我那年到美国学习工商管理和公共管理，美国的教授是这么说的：公共管理就像神鹰，工商管理就像大自然之鹰。神鹰，大自然中没有这种鸟，就像我们中国的凤凰。神鹰蹲在高处，在那里一动也一动，两个眼睛敏锐地盯住下面，一旦发现下面有问题，违反了规则，马上飞过去纠正。如果下面没有问题、没有违规，神鹰是不动的。公共管理就是神鹰。政府就应该是神鹰。大自然之鹰不一样，大自然之鹰是在高空当中飞翔，搏击长空，要不断地去发现猎物，一旦发现猎物就俯冲下去，抓住这个猎物，这种自然之鹰就是工商管理。企业就是自然之鹰，要在高空中盘旋，不断地发现商机，要开拓市场，不能蹲在那里不动，不动怎么发现商机、开拓市场呢？我们现在是有些问题的，企业往往不动，可是政府特别喜欢动。企业不动，市场如何拓展呢？政府动得太多，过分了，就会抑制企业的发展，甚至导致滥作为，乱作为。

我们读过柳宗元的《种树郭橐驼传》，这篇文章中，柳宗元从郭橐驼的善于种树，悟出了一个深刻的政府治理的道理，就是：顺天致性。你不要做那些破坏自然的事、破坏本性的事，违反人性的事。柳宗元受了儒家思想的熏陶，也吸收了道家思想，并从自己的政治生涯中，悟出了这个深刻道理。

《庄子·应帝王》讲了一个寓言故事：

南海之帝为儵，北海之帝为忽，中央之帝为浑沌。儵与忽时相与遇于浑沌之地，浑沌待之甚善。儵与忽谋报浑沌之德，曰："人皆有七窍以视听食息，此独无有，尝试凿之。"日凿一窍，七日而浑沌死。

这个故事是说，南海有一个帝王叫儵，北海有一个帝王叫忽，中央有一个帝王叫混沌。儵和忽经常到混沌那里去做客，混沌对儵和忽特别好，特别周到热情。儵和忽商量，要很好地感谢混沌。混沌什么都有，怎么感谢呢？他们发现，他们有七窍，两只眼睛，两个耳朵，两个鼻孔，一个嘴巴，可混沌没有。他们感谢混沌，要帮助他凿七窍。于是他们一天给混沌凿一个窍，到了第七天，七窍凿成了，但混沌也死了。

这个寓言故事寓意很深刻，反映了庄子的思想。混沌就是混沌，没有七窍就是混沌的自然状态，七窍对于混沌来说就是多余而有害的。为什么做多余而有害的事呢？儵和忽帮倒忙，好心做了坏事，害死了混沌。我们很好地体会一下庄子的这一思想，再反思我们是不是做了很多不该做事，是出于好心、但做了坏事呢？

最后，我想送给大家两段话，一段是清代张潮在他的《幽梦影》中说的话：

"凡事不宜刻，若读书不可不刻；凡事不宜贪，若买书不可不贪；凡事不宜痴，若行善不可不痴。"

张潮觉得读书、买书和行善是可以达到痴的程度的，我们要多读书，多行善。

再就是岳麓书院的一副讲堂对联，很有名：

“是非审之于己，毁誉听之于人，得失安之于数，陟岳麓峰头，朗月清风，太极悠然可会”；

“君亲恩何以酬，民物命何以立，圣贤道何以传，登赫曦台上，衡云湘水，斯文定有攸归。”

上联讲的是个人的修为，下联讲的是人要尽社会责任。我们当领导，搞管理，还是做人，无非就是这两个方面：修炼自己，尽社会责任。

今天是从中国传统文化这个角度来讲领导之道。大家都是具有丰富的人生经验和社会阅历的，而且都是有成就的人。大家有鉴别能力。讲得对的，供大家参考，讲得不对的，请大家批评指正。谢谢大家！

【作者简介】

- 湖南省委党校常务副校长
- 湖南行政学院常务副院长
- 湖南践行国学公益基金会专家委员会委员、特聘教授

吴金明 | 适应、引领新常态：中国成长从躺着走向站立[①]

中国经济通过三十多年的改革发展，当前处在什么发展阶段？这个阶段存在一些什么问题与困难？“十三五”期间怎样去发展？如何破解目前所面临的难点与困难？

背景：未来十五年的工业化任务非常艰巨

从新中国成立到1984年，我国处于农业经济时代，也是工业化的初期阶段。在工业化初期阶段，经过三十年的努力，建立起了独立完整的国民经济体系和民族工业体系。其中，民族工业体系包含民用工业体系和国防工业体系。

从1985年到2015年，中国处在工业化的中期阶段。工业化中期阶段要完成三项任务：工业1.0，工业2.0，工业3.0。工业1.0的主要任务是发展规模经济，采用大规模的生产方式，推进自动化、标准化、规模化，这一任务中国通过三十年的努力基本完成，现在中国有很多企业进入到世界500强，很多产业产能排世界第一位。工业2.0的核心是解决产品质量问题，发展质量经济，该任务中国远未完成。工业3.0的主要任务是推进品牌建设，发展品牌经济，实现附加价值，这项任务中国更是没有完成。

党的十八届五中全会明确提出，从2016年开始，中国已整体进入工业化后期阶段。所以，从今年开始到2030年的十五年，必须大力发

① 根据吴金明教授在第14期企业家国学践行研修班（2015年11月29日）的讲课录音整理而成，并呈送吴金明教授审阅。刘慧萍老师对录音速记稿进行了文字编辑和整理。

展现代服务业。然而，尽管中国到了工业化的后期阶段，但工业化中期阶段的任务远未完成。正如前面所述，工业化中期阶段要完成三步走，第一步规模经济，第二步质量经济，第三步品牌经济。中国用了三十年的时间只走完了第一步，推进了产业上规模，而质量经济和品牌经济的建设任务远未完成。所以，在2016—2030年的十五年里，我国还必须补上发展“质量经济”和“品牌经济”的“关键两课”，大力推进先进装备制造业的发展，与此同时，推进工业向4.0迈进。因此，2016—2030年，我国新型工业化的历史任务必须锁定“质量经济”“品牌经济”和“智慧经济”三大关键，在工业2.0、工业3.0和工业4.0上获得重大突破。

这里有个典型案例：2015年11月11日，阿里巴巴实现了912亿的营业额。但是，从12日开始，到12月31日，五十天，全世界的退货超过500亿，占到整个交易量的60%。退货的主要原因是什么？假冒伪劣商品。现在，大家在网上买的东西有相当一部分是假冒伪劣，不仅国家工商总局局长约谈马云，而且欧洲一些国家也正在准备材料试图起诉阿里巴巴。

当然，产品质量问题不能完全怪马云，马云只是在服务的过程中从事了交易，真正决定着质量生命的是制造环节。这一案例表明，中国工业2.0——解决产品质量的问题远没有完成。所以，国人到日本去买“马桶盖”，到德国去买“双立人”，也无可厚非。事实上，市场经济条件下，从工业领域来分析，有三样东西是没有国界的：一是产品的功能，二是产品的质量，三是产品的品牌。只要产品质量好，具有品牌价值，功能又好，所有的人都想要。所以不能因为中国人买了日本的马桶盖，买了德国的双立人，就说这些人不爱国。而应该去好好地反省，反省我们的工农业生产端、供给侧，产品质量解决好了没有？显然，这个任务还需要我们在工业化后期阶段来补课。

工业3.0的任务主要是解决品牌问题，发展品牌经济。这也要求在工业化中期阶段完成。在这里，品牌与品牌经济涉及两个关键视角:

第一个视角是针对整机、整车等终端消费产品来说的。终端消费产品主要是耐用消费品和日常生活消费产品、农产品等。对于整机、整车等终端消费品而言，终端消费者（而非生产者）最直接的衡量标准是讲求性价比、讲求功能与价值、讲求品牌，特别是富人，更讲究品牌和品牌价值。从这个视角看，我国解决了部分问题，形成了系列品牌，但是成为全球著名品牌的不多，产品的附加价值难以广泛地得到实现。

第二个视角，是质量和品牌形成的战略支撑点，它决定着质量的水平与品牌的级次，决定着一国工业的素质与核心竞争力。这一战略支撑点包括“5+1”：“5”是指核心关键材料、关键零部件、核心元器件、高档数控机床和高端检验检测设备这五个方面；“1”是指“工匠精神”。三十多年来，全球的产业分工“锁定”和我国长时期的“消极引进”与“拿来主义”，这六大支撑点在我国都没有得到创新突破和国产化，目前，已经严重制约了我国由制造大国迈向制造强国的步伐。

关键核心材料—工业之“母”

材料是人类赖以生存和发展的物质基础。20世纪70年代，人们把信息、材料和能源誉为当代文明的三大支柱。80年代，以高技术群为代表的新技术革命，又把新材料、信息技术和生物技术并列为新技术革命的重要标志。总之，材料是工业之母。今年（2015年）1月4日，李克强总理在山西太原主持召开钢铁煤炭行业化解过剩产能、实现脱困发展座谈会，他透露了一个“秘密”：“去年，我们在钢铁产量严重过剩的情况下，仍然进口了一些特殊品类的高质量钢材。我们还不具备生产模具钢的能力，包括圆珠笔头上的‘圆珠’，目前仍然需要进口。这都需要调整结构。”我国三千多家制笔企业、二十余万从业人口、年产圆珠笔四百多亿支……中国已经成为当之无愧的制笔大国，但一连串值得骄傲的数字背后，却是核心技术和材料高度依赖进口、劣质假冒产品泛滥的尴尬局面，大量的圆珠笔笔头的“球珠”却需要进口。中国作为世界制造业大国，为何却无法实现一个小小零件的完全自主研发和生产？“圆珠笔之问”更是“中国制造业之问”。

关键零部件—工业之“骨”

中国的关键零部件，按道理也要在工业中期阶段的三十年里完成，但是没有做到。比如中联、三一重工，这些湖南引以为豪的工程机械产品，关键零部件没有突破。中联、“三一”的关键零部件是底盘，75%的底盘用的是奔驰，25%的底盘用的是陕西重卡。就整个中国来说，关键零部件大约83%依赖于进口。时间花费了三十年，关键零部件没有得到创新突破与国产化，这不能不说是一种悲哀。

核心元器件——工业之“心”

中联、三一重工的核心元器件是什么？高端液压件。不光是中联、三一重工，包括柳工、厦工、徐工，高端液压件的品种基本上都靠进口。不仅仅是工程机械的高端液压件，还有正在大力发展的智能机器人领域中的核心元器件，全部靠进口。中国是全球最大的计算机生产基地，但芯片生产在美国。高端一点的手机，芯片也来自国外。三十多年过去了，核心元器件没有得到创新突破与国产化，全国的核心元器件大约85%依赖于进口，这又是我国工业发展和制造强国建设的第二个“硬伤”。

数控机床—工业之“脊”

工业制造有两种逻辑：**其一是现代工业制造逻辑，叫增材制造[①]逻辑**。增材制造主要是3D打印，就是把所有的材料变成粉末材料，然后通过激光烧结技术把它变成零件部件产品。中国最高的3D打印水平在麓谷，就是华曙科技，水平基本上和美国接近，代表了中国在增材制造中的水平。但是现在，增材制造工业产品还没有达到广覆盖、大批量的商业化推广程度。**其二是传统制造业普遍采用的逻辑，是减材制造**。所谓减材制造，是从锻造开始，然后车、铣、刨、磨，等等，材料一步一步损耗，所以称之为减材制造。中国的工业逻辑，除了最近五年有一点增材制造，绝大多数都是减材制造逻辑。减材制造领域中涉及的锻床、车床、刨床、铣床、磨床，统称为机床。信息技术应用之后，就升级为数控机床。中国的数控机床，大约87%依赖于进口，三十多年没有得到重大的创新突破与国产化。这是制约我国工业与制造强国建设的第四个“硬伤”。

高端检测检验设备——工业之“眼”

工业之母是材料，工业的眼睛是高端检测检验设备。中国的高端检测检验设备大约93%依赖于进口。稍好的企业用于做检验检测的仪器和材料，基本上是进口产品；尤其在医疗领域中，医院的彩超机、CT扫描机、伽马射线刀、核磁共振等100%依赖于进口。

工匠精神——工业之“魂”

今年两会中，“工匠精神”首次出现在政府工作报告中，让人耳目一新。总理在政府工作报告中提到，鼓励企业开展个性化定制、柔性化生产，培育精益求精的工匠精神，增品种、提品质、创品牌。总

① 增材制造（Additive Manufacturing，AM）技术是采用材料逐渐累加的方法制造实体零件的技术，相对于传统的材料去除－切削加工技术，是一种“自下而上”的制造方法。近二十年来，AM技术取得了快速的发展，“快速原型制造”（Rapid Prototyping）“三维打印”（3D Printing）“实体自由制造”（Solid Free-form Fabrication）之类各异的叫法分别从不同侧面表达了这一技术的特点。

理为何要提工匠精神？因为这是我们的差距。我国不缺产业，但缺“工匠精神”。工匠精神是指工匠对自己的产品精雕细琢，精益求精的精神理念。工匠们喜欢不断雕琢自己的产品，不断改善自己的工艺，享受着产品在双手中升华的过程。工匠们对细节有很高要求，追求完美和极致，对精品有着执着的坚持和追求，把品质从99%提高到99.99%，其利虽微，却长久造福于世。很多人认为工匠是一种机械重复的工作者，其实工匠有着更深远的意思。它代表着一个时代的气质，坚定、踏实、精益求精。工匠不一定都能成为企业家，但大多数成功企业家身上都有这种工匠精神。由于我国普遍缺乏“工匠精神”，所以，高质量的品牌产品难以打造。

总之，过去的三十多年，中国一直在走引进技术的道路，没有把上述六个战略支撑点作为重点来抓。这六个点不突破，工业产品的质量就没办法突破，品牌就很难建立。因此，中国的全球知名品牌很少，这就是中国工业3.0的现状。过去的三十多年，虽然我们走在工业化的中期阶段，应该能够突破的六个支撑点却一个都没有突破，所以说，我国工业化中期阶段的历史任务远未完成。因此，“十三五”期间必须补课，补上工业2.0、工业3.0这两课，要大力发展先进装备制造业，要在上述六大领域获得根本性突破。显然，这个任务相当繁重。2016年到2030年，中国处于工业化后期阶段。2030年将是中国发展史上的一个重要时间节点，在2030年，我国预计工业化完成，城镇化结束（城镇化率65%—70%）。从现在到2030年只有十五年时间，十五年时间要使13.7亿人中的9亿人变成城镇人口，中国工业经济发展完成2.0和3.0，迈入工业4.0时代。

工业4.0是什么？是建立在大数据和智能制造基础上的智慧经济与智能化社会。目前，德国开始进入工业4.0阶段，开启智能制造新时代，中国还要补上2.0和3.0，同时做智能制造。所以，从2016年开始的“十三五”期间，我国工业发展的任务非常繁重。过去三十多年，中国工业一直走的是粗放式的拼资源、拼消耗、拼规模的“躺着式”成长道路，讲求高速度，追求大规模，结果，GDP上去了，规模上去了，而质量没有解决，效益没有提升，这就是中国工业化中期阶段把我国带入的现实实践——虽然已经进入工业化的后期阶段，但是工业化中期阶段的任务远未完成，工业2.0、工业3.0，以及国际上正在轰轰烈烈开展的4.0，中国要用这十五年将其叠加在一起来完成，所以，未来的十五年，中国的任务非常艰巨，这是我对我国工业发展所处的历史方位的基本判断。

前提：四大拐点标志传统发展模式走向终结

通过三十多年的发展，我们的确取得了巨大的成就，尤其是传统的“躺着式成长”走到了巅峰，现在已经出现“臃肿”与“虚胖”，高库存、高过剩产能、高杠杆“三高经济”叠加出现，整个中国开始进入重大转型期——开始探索由“躺着式成长”转入“站立式成长”，以“去僵尸”“消三高”为突破口的“供给侧结构性改革”①成为我国经济发展的重大战略选择！

2008年，美国次贷危机②爆发后，出口导向型经济发展特征十分显著的我国经济开始进入下行通道，我国著名经济学家贺铿教授就开始不断呼吁：要用萨伊定律——供给自动创造需求从供给管理探索解决中国经济所面临的困难和问题。这一持久的呼吁在2015年10月10日得到了刘鹤先生的认同，2015年11月10日，习近平总书记在第11次中央

① 供给侧结构性改革，就是从提高供给质量出发，用改革的办法推进结构调整，矫正要素配置扭曲，扩大有效供给，提高供给结构对需求变化的适应性和灵活性，提高全要素生产率，更好地满足广大人民群众的需要，促进经济社会持续健康发展。

② 次贷危机是指由美国次级房屋信贷行业违约剧增、信用紧缩问题而于2007年夏季开始引发的国际金融市场上的震荡、恐慌和危机。

财经工作改革小组会议上正式提出了“供给侧结构性改革”，立足供给侧，重在结构性改革[①]，目的锁定提高供给质量，提高全要素生产率。

为什么要推进供给侧结构性改革？是因为中国传统的经济发展路径和发展模式已经走向终结——其标志性特征有二：一是传统的发展路径或模式已经出现“四大拐点”；二是积累的六大问题正深深地影响和困扰着我国“十三五”时期的发展。如果不把经济发展的重点与支持政策从需求侧转向供给端，不从凯恩斯的“有效需求不足”与“国家干预理论”转向萨伊、拉弗的“有效供给不足”和“减少国家干预政策”，中国经济发展将不可避免地跌入“中等收入陷阱”而出现难以想象的困难和问题。

传统的发展路径与模式，从党的十一届三中全会走到2015年的年底，前后三十七年，发展到今天已经出现了四大拐点。

第一个拐点，GDP增速由两位数的高速增长降到了现在的中高速（长期来看将跌入5%左右）增长。

国家公布的GDP数据增长，2014年为7.4%，2015年为6.9%，2016年大概是6.5%，去掉水分可能是5%。增长速度的高低划分，全球通行的标准是：8%以上属于高速增长，6%到8%之间属于中高速，3%到6%称为中速增长，3%以下称为低速增长。从两位数的高速增长，转为5%的中速增长（按照官方公布的7%左右，那么就称之为中高速增长）。如果按照8%以上的增长率来衡量，中国的高速增长一直维持到2012年，实现了三十四年的高速增长，一直到2013年才跌破8%。2013年、2014

---

① 结构性改革包含了两层含义。一方面，深化改革本身涉及很多领域，需要明确改革思路，对“先改什么、后改什么”做出结构性安排，确保改革平稳有序推进。另一方面，当前中国经济社会发展面临很多问题。这些问题又并不是单一的问题，而是多个矛盾交织叠加形成的结构性问题。要解决这些问题，需要有针对性地进行结构性改革。

年、2015年这三年，按照国家公布的数据，就叫作中高速增长。

追赶型国家和地区的高速、中高速追赶期及其相关增长率

		德国	日本	韩国	中国台湾	平均	中国
高速追赶期	持续期（年）	1951-1965年共15年	1951-1973年共23年	1961-1996年共36年	1951-1989年共39年	28	1978-2013年共36年
	增速（%）	6.6	9.3	8.5	8.8	8.3	9.8
	期末人均GDP（1990国际元）	9186	11434	12860	9538	10754	9802
	期末人均GDP相对于美国水平（%）	68.5	68.5	51.0	41.4	57	30.1
中速追赶期	持续期（年）	1966-1972年7年	1974-1991年18年	2001-2010年10年	1990-2010年21年	14	2014-2033年20年
	增速（%）	4.0	3.7	4.9	5.1	4.5	5.3
	降幅（%）	61.0	40.0	58.2	58.1	54	54
	期末人均GDP（1990国际元）	11966	19355	21701	23292	19078	27284
	期末人均GDP相对于美国水平（%）	71.7	84.7	71.2	76.4	76	56.5
人口（万人）		8176	12777	5000	2324		136072
面积（万平方公里）		35.7	37.8	10.0	3.6		960
GDP规模（2013年，万亿美元）		3.6	4.9	1.3	0.5		9.2

这种状态不是中国独有的，所有采用后发赶超这种成长路径和模式的国家和地区都有。例如日本，在1951年到1973年，二十三年高速增长，年均增长率9.3%。然后，1974年到1991年，年均增长率降到3.7%。1992年到2014年，二十二年，年均增长率降到0.86%。所以，日本在发展之初的确迈上了一个大台阶，然后进入中速增长期，最近二十多年日本经济陷入停滞不前。从经济角度来分析，日本1971年就跨越了中等收入陷阱[①]，但最近二十多年的情况表明，日本跌入了“非典型性高收入陷阱”。由于日本中产阶层的比重达到65%左右，由于他们的强有力支撑，加上经济的全球化，所以日本并没有出现社会动乱，只是出现了中等收入陷阱所拥有的经济停滞不前的特征。

① 当一个国家的人均收入达到中等水平后，由于不能顺利实现经济发展方式的转变，导致经济增长动力不足，最终出现经济停滞的一种状态。

还有一个例子是拉丁美洲。拉丁美洲不仅GDP增速跌到低谷，还出现严重的社会不稳定。军人和警察公开抢劫游客——全世界唯独拉丁美洲如此，因为拉丁美洲是陷入中等收入陷阱的典型地区。

再看台湾地区。从1951年到1989年，台湾地区实现了三十九年的高速增长，比大陆还要长，平均增长率8.8%。从1990年到2010年，这个二十年增长下滑一半，平均数5.1%。还有韩国，1961—1996年实现了三十六年年均8.5%的高速增长，最近十年（2001—2010年）跌到4.9%。

所以，中国出现这个状况并不可怕，这是采用这种成长路径或模式的国家和地区的一种共性，一种常态，不要因为经济下滑而对前途失去信心。只是对于中国来说，持续了三十多年的高速增长，突然跌到6.5%左右，感觉经济下滑太快，出现了一个新情况。从国际规律看是常态，从国内看是新状况，这正是习近平总书记之所以把它概括为新常态的原因。所以增速下滑一半并不可怕，我们必须对中国的前途充满信心。但是，我们决不能掉以轻心，必须严肃认真地对待我国发展中所面临的困难与问题。

第二个拐点：出口增速回落为负。

一个不争的事实是，“三驾马车”同期不振。进入90年代一直到2015年这二十六年的中国经济增长，都是基于需求侧的角度抓“三驾马车”，按照凯恩斯的理论和凯恩斯的经济学分析框架，中国主要立足出口、投资、国内消费三驾马车来促进和刺激经济发展。中国过去三十多年出口增长很快，投资增幅很大，国内的消费已经连续出现了三次升级，中国的经济发展出现了三个增长中周期，一个比一个周期规模要大，速度要快。但是，现在三驾马车都不行了，从需求侧的角度已经难以有效地破解中国发展的难题。

从1978年到2008年，三十年间中国的出口年均增长30%以上。2007年美国的次贷危机（即金融危机），2010年欧元区的主权债务危机（即财政危机），2012年新兴市场经济国家的市场放量难的危机（市场低迷），前后不到五年时间三个危机叠加，中国的出口量迅速下滑。2009年开始，中国对美国和加拿大的出口减少；2010年对欧元区的出口大幅减少；2012年起，对新兴市场经济国家的出口又相应减少。到2013年，中国的出口增长率跌破6%；6%是出口增长率的拐点，低于6%之后，很快就会转变为负增长——2014年只有4.9%，2015年就出现负增长：2015年8月到12月每个月都是负增长，全年中国的出口都是负增长。根据我的预测，2016年、2017年、2018年这三年都将是负增长。中国的出口短期之内很难再有一个爆发性增长的区间。预计2020年之后，中国"一带一路"的战略大规模地实施推进落地，才能够迎来出口的大幅度增长。自2013年起，出口——第一驾马车跌到了拐点以下，2015年，出口对中国经济增长的贡献率为负。"十三五"期间，中国的出口将依然会是负增长。

第三个拐点：投资下滑。

投资历来是中国经济增长的重头戏，中国一直是高投资、高积累，投资增长率每年都在20%以上。但是从2014年第二个季度开始，中国的投资开始大幅度下滑。投资领域主要有三个支柱性投向：第一房地产，第二基础设施建设，第三工业投资。这三大投资占了全中国投资的85%。

首先看房地产。房地产投资有两个拐点，第一个拐点称为长周期拐点，即投资增长率10%；第二个拐点叫作深度拐点，是6%。高于长周期拐点即10%的投资增长率，房地产行业上升；低于10%，高于

6%，房地产行业处于下降通道，但是市场比较稳定；

2002年以来，我国把房地产和汽车产业作为国家战略性支柱产业，所以，从2002年开始到2012年是中国房地产行业迅速且爆发增长的时期，房地产的年均投资增长率都在20%以上。2014年第二个季度，中国房地产的增长率跌破了长周期拐点，房地产投资的增长率跌破6%，房地产行业开始进入萎缩通道。

2015年的第二个季度跌破6%；中国的房地产从2015年的7月开始全面进入萎缩阶段，从8月到12月，每个月房地产投资增长率都是负增长，全年只有1%的投资增长率。

到目前为止，我国的房产存量究竟是多少，难以得到准确数据。有31亿平方米、61亿平方米和97亿平方米的不同数据，我国房地产高峰年年可销8亿—9亿平方米的量，2014、2015年开始进入不景气销售时期，年销5亿—6亿平方米，如果选择中间估值估算，中国存量房①可以净销8到10年。有些房地产行业领域中的经济学家说一线城市的存量房只有12个月的量，三、四线城市的存量房只有24个月的量。如果真的是这样，中国不存在要大力化解存量房问题。所以说，这些经济学家被利益绑架了，不讲真话。目前，全国做房地产投资生意的，亦即投机用房，全国已经超过了5千万套，现有城乡居民已经买下但没投入使用的空置房，加上没有实现交易的存量房，三者的复合空置率②达到全世界最高。在这种背景下，加上劳动年龄人口绝对数的下降和少子化时代的影响，以及更重要的是在“十三五”期间，中国有包括不动产登记制度、金融实名制度、信用保证号码制度等一系列制度的实施

① 存量房指已被购买或自建并取得所有权证书的房屋，是相对于增量房而言的概念。增量房是指房地产开发商投资新建造的商品房，存量房一般是指未居住过的二手房，即通常所讲的房地产开发楼盘“库存待售”的房产。

② 空置率是指某一时刻空置房屋面积占房屋总面积的比率。

和房产税、不动产税的开征，将会使房地产行业雪上加霜。2020年之后，中国的房价有可能迅速下滑，房产可能大幅贬值，房地产将会进入不景气时代和萎缩通道。当然，不排除局部区域、某个时段的房地产价格上涨和交易集聚的个别情形的出现。

受房地产行业不景气的影响，我国基础设施建设领域的投资也出现了明显放缓，因为地方财政来自土地出让金的收入占比很高。从2004年到2012年，全国31个省市自治区，省市县三级地方财政来自土地出让金的收入占比达到四成，不少年份占比达到六七成。2015年，来自土地出让金占财政收入的比重迅速下降，不少地方政府来自土地出让金的收入占比降到一成左右，土地财政开始坍塌。

随着土地财政的坍塌，政府的投资能力开始萎缩。现在全国土地招拍挂[①]流拍[②]的占到一半以上，地卖不出去了，土地价格也逐步下降了。更重要的是，土地财政坍塌，新的经济增长点没有形成，税收的增量不够，导致政府税外征费，企业的负担越来越重。最近这三年，中国中西部地区的投资环境急剧恶化。

随着投资环境的恶化，企业不盈利，导致工业投资也开始下滑。民间资本看不到方向，找不到好项目，很少投。所以，现在全国的工业投资大幅度下滑。2001年到2014年，中国的工业投资增长率基本上保持在15%以上。但是从2015年开始，除了重庆以外，全国30个省市自治区的工业投资增长率几乎都跌破了10%。

所以，现阶段我国的投资状况是，房地产投资严重萎缩，基础设施建设投资明显放缓，工业投资大幅下滑。中国经济之所以不断下行，

① 土地招拍挂制度是指我国土地使用权的出让方式有四种，即招标、拍卖、挂牌和协议方式。相关部门规章规定，经营性用地必须通过招标、拍卖或挂牌等方式向社会公开出让国有土地，统称为招拍挂制度。比协议出让有着明显优势，让土地以更公平、合理的价格出让，减少人为干扰因素，遏制腐败产生。

② “流拍”是指在拍卖中，由于起拍价格过高造成的拍卖交易失败。

个重要的原因是投资拉动作用明显减弱，投资的边际报酬大幅度萎缩。

第四个拐点：国内消费已变。

十八大之后，中国把促进经济增长的主引擎放在消费上。这三年时间，中国的国内消费，从绝对数的角度上来说并没有明显增长，基本上维持原来的规模，上下波动。但是相对数上去了，消费对GDP增长的贡献比率上去了，为什么呢？因为这几年我们出口对经济增长的贡献率是负数，总量100%减去出口对经济增长的贡献率。再减去投资对GDP的增长贡献率，投资大幅度下滑，对经济增长的贡献率也明显下降。所以，消费对GDP的增长贡献率猛升。

中国最近三年消费不旺，预计“十三五”期间中国的消费不旺的情况难以明显改观，因此，要靠这驾马车来支撑中国发展，拉动中国这艘经济大船，压力很大。

导致消费不旺的原因是什么呢？有人说2013年群众路线教育，三公消费[①]的治理，直到现在的反腐倡廉，三严三实的教育，把官员治得不在外面消费。官员回家了，商人也回家了。官商一回家，全国老百姓都回家了，都不在外面消费，因此消费不旺了。这个解释对不对？不对。无论怎么消费，吃所占的国民经济比重并不大，包含烟、酒、茶、饮料等在内，全国人民吃的消费，所占GDP比重小。实际上，烟草、酒类是特殊性的嗜好性产品消费，对于有烟瘾、酒瘾的人来说，别人不买，自己也要买，一样地消费，还是会形成GDP。家里消费和外面消费一样要花钱，只是在外面消费，单价高一点，但最基本的消费是稳定的。

那么，导致中国长期消费不旺的原因究竟是什么？我认为，是周期性原因。从十一届三中全会到2015年，在这三十八年间中国出现了

---

① 三公消费指政府部门人员因公出国（境）经费、公务车购置及运行费、公务招待费产生的消费。

三次消费升级，形成了三个经济中周期。

第一次升级是1978年，单车、手表、缝纫机“小三件”的普及，支撑了中国1978年到1988年十年的经济高速增长，形成了改革开放以来我国第一个经济高速成长中周期。缝纫机到第五年销路就开始不行了，收录机来了，后来称之为单车、手表、收录机，20世纪的80年代主要靠这三件推动中国发展。小平同志当时提出的小康社会，就是针对能够消费得起单车、手表、收录机“小三件”的家庭——即针对所谓的“万元户”的消费水平提出来的。在那个时候，一个村里难得看到几台单车、几块手表和收音机。

受国内动乱的影响，1989年和1990年，中国经济下滑。1989年中国的经济增长率3.21%，1990年2.97%。1991年开始，中国出现了第二次消费升级，以家用电器——冰箱、彩电、洗衣机“中三件”为代表的消费在城乡的普及推广，带来了1991年到2000年我国第二个十年的高速增长中周期。中国家用电器行业发展得最快、最好的时期就是90年代，海尔、海信、长虹、TCL等，还有长沙的LG曙光等，都得到了迅速发展；不仅如此，连日本的索尼公司、松下公司以及韩国的三星公司等许多发达国家和地区的家用电器行业，都在吃中国家用电器市场这碗饭。

2001年开始中国经济出现了第三次消费升级，以汽车、住房、计算机为代表的“大三件”迅速在广大城乡普及。进入21世纪之后，国家调整产业发展政策与战略，将汽车产业、房地产业调整为国家战略性支柱产业，在政策的密集刺激之下，我国房地产业和汽车产业得到了迅猛发展。从国际经验看，房地产和汽车产业产能出现过剩，一般发生在城镇化结束、工业化完成之时。我国大致在2030年完成城镇化和工业化，也就是说，我国房地产和汽车产业产能出现过剩应该是在

2030年左右。但是，由于人为的“拔苗助长”，高强度的“GDP”与“速度嗜好”，导致我国在2012年就开始明显出现房地产和汽车产业产能过剩，而且是典型的“结构性过剩”，即产能数量过剩了，而质量上不来。

第三次消费升级不仅支撑了我国2001年到2010年十年的高速增长，而且还支撑了2011年到2015年“十二五”期间我国的中高速增长，亦即这一波升级已经支撑了中国十五年的经济增长，目前，市场全部饱和了，过剩了。三大件的市场空间都已经达到了天花板。

中国的汽车产业，在2013年以前，每年都是15%以上的高速增长。2015年，中国传统的汽油柴油车，产量和销量的复合增长负增长26%。到2015年年底，全国可以产出汽车6600万台，但是汽车需求量只有1800万台，产能已经三倍于需求过剩；2016—2018年，全国一批二期、三期汽车项目还正在投资扩能之中，例如湖南，长沙县的大众汽车项目，株洲北汽的二、三期项目，吉利在湘潭九华工业园的二、三期项目正在建设之中。到2018年年底，中国的汽车产能将达到1亿辆，而那时全国的汽车销量将降到年1400万辆左右，产能七倍于需求过剩。现在，做汽车零部件领域的企业家们要高度关注这个问题。不过，新能源汽车，包括纯电动大巴、纯电动轿车以及油电混合动力车，2015年全国的产量和销量复合增长率达到了90%以上。一个负增长26%，一个正增长90%以上，汽车行业冰火两重天。最近我和长株潭地区的部分分管领导和汽车企业交流，建议他们把传统的汽车制造转为新能源汽车制造，大规模地进行结构调整。

再看计算机。按理说计算机是高新技术产业，不应该过剩。但是2015年，全球的PC和移动PC的产量、销量的复合增长率负增长26%，移动PC，就是手提电脑，过去十五年每年的产量和销量全球都在2.2亿台，2015年降到1.8亿台，一年就减少了4千万台，原因是什么？智能手机对移动PC的替代。未来还有很多新的移动智能终端，会对传统的PC产品产生显著的替代。

房地产产能过剩在前面已有论述。总之，支撑了中国十五年的当家行业、产业，例如房地产、汽车、计算机终端等，现在都在走下坡路。尽管如此，但在“十三五”期间，还要靠它，因为新的消费热点还在培育之中，还没有形成完全可以替代这些产业的新产业。房地产、汽车、钢铁、石化、建材、有色等产业对经济发展的支撑作用虽然明显减弱与衰退，文化创意、康养、大数据、智能制造等新动力正在发育成长之中，但尚未对旧动力形成明显的替代效应。所以，**新旧动力并存将是新常态的基本特征**。

关于新的消费热点，我的观点是，中国的第四次升级消费将从2020年开始，我国全面小康社会建成之时就是我国第四次消费升级之始！首先，我反对某些经济学家提出来的，中国的第四次消费升级定位为低空飞行器、游艇、房车“新三件”。因为，真正能变成消费热点的，也就是能被绝大多数中国人消费得起的。目前，我国的房地产开发中，哪个地下车库能停得进房车？游艇，要有水体资源和旅游资源相配套才能搞游艇。低空飞行器怎么普及，中国要有多少个机场？2012年我国就说要开放低空，但到今天还没有完全开放，因为低空领域涉及不少安全问题，不是所有的人都能够上天。现在美国3亿多人，真正能够驾驶民用飞机的才60万人。全中国能够驾驶飞机的不到8万人。这个“新三件”观点，根本站不住脚，不符合中国的国情。

难点：六大问题困扰“十三五”时期

“十三五”期间中国的问题在哪里？归结起来主要是六个问题。如果“十三五”期间能够有效破解这六个问题，中国就能跨越中等收入陷阱，进入一个崭新的发展通道。如果这六个问题我们不能破解，就会跌入中等收入的陷阱，而陷入长时期的经济低迷甚至引发严重的社会动乱。对中国来说，这六个问题必须破解，由不得我们不去破解，也就是说没有别的选择，只许成功不许失败。

第一个问题：刘易斯拐点的问题。

威廉阿瑟·刘易斯是一个非常有影响的经济学家，诺贝尔奖获得者，他在二十世纪五六十年代写了两本书，第一本《二元结构论》，现在很多人所讲的城乡二元结构这个概念就来自这本书；第二本就是《发展计划》。在这两本书里他揭示了一个很重要的定律，叫刘易斯定律——在人口众多的国家里可以充分利用劳动力无限和廉价的供给，实现低成本扩张，从而使一个落后的农业国转变为发达的工业国。中国三十多年的发展完全符合他这个假定，中国人多，劳动力很廉价，尤其是民营企业，员工“调皮”、不听话就被开除，因为劳动力多，有无限供给。所以，在八九十年代，农民工有将近十五年没涨过工资，某种意义上说，沿海地区的发展是靠剥削中西部的农民资源起家的。2008年和2012年，先后出现了两个“刘易斯拐点”。2008年中国出现了第一个“刘易斯拐点”，当美国出现“次贷危机”、我国经济面临困难时，我国正式实施《新劳动合同法》和“五险一金制度”，中国劳动力出现全面涨价，结果经济发展“雪上加霜”。中国改革开放以来劳动力有两次较大涨价，一次是2008年到2012年，再一次是2016年到2020年。第一次涨价翻了一番，涨了两倍；到2018年到2020年，按照国民收入倍增的计划，劳动力价格再翻一番，到2020年，地级以上城市的劳工月均价将达到1万元左右（含五险一金），县城及其以下农村将接近8千元左右。因此，2020年以后，劳动力廉价供给的时代结束了。目前，印度、越南的劳动力价格只有中国的五分之一，非洲只有中国的八分之一到十分之一。因此，几十年支撑我国经济高速增长的劳动力和资源、环境、政策红利比较优势正在不断减弱甚至失去，发展劳动密集型和资源密集型产业的优势正在丧失！因此，目前仍然在继续推进实施的大规模建标准厂房的政策应该警醒了，不然就会带来新的剩余和浪费！

2012年，我国出现了第二个“刘易斯拐点”——中国的劳动力绝对数开始减少。2012年80后的劳动力比70后的全国减少351万；2013年90后的劳动力比80后的全国减少361万；2014年2000后的劳动力比90后的劳动力全国减少379万；2015年，不分年龄段，全国劳动力减少了487万人。所以，十八届五中全会决定我国全面放开二胎。但是，这个政策虽好却来得太迟，而且这项政策只能解决十九年后中国劳动力短缺的问题。而从现在开始的这个十九年内劳动力短缺问题如何解决？因此，国家的破解之策必然有两个选项：一是大力发展智能机器人，用智能机器人替代产业工人。所以，今后若干年，中国智能机器人这个行业将会得到飞速发展。二是大规模地推进劳务国际化，引进国际劳工，尤其在服务行业。因而从今年开始，我国实施了几十年的鼓励劳务输出政策将会调整为鼓励劳务输入的政策，也许十年，中国大地上将会涌现大量国际劳工。当然，这必然会带来全球劳工价格的上涨！

第二个问题：救房市和建诚信体系的“两难选择”问题。

救房市，去房地产库存，是中央政府必须采取的措施。因为，其一，房地产及其相关的几十个行业带来的GDP占了全国半壁江山，如果“始乱终弃”，不加以有效疏导处置，将会带来严重的后果：要么引发更加巨大的“泡沫”，要么诱发极其严重的“房灾”！都会影响国民经济的“稳增长”和民生事业的国民满意度。其二，中央政府要救房地产，是为了救地方政府的钱袋子。综合国土资源部、国家统计局、财政部数据，自2004年至2013年十年间，中国土地出让金收入占地方财政收入的比重普遍超过40%。各年比重：2010年占69.4%，2011年占59.3%，2012年占43.6%，2013年占59.8%，2014年房地产业即便形势严峻，全国卖地收入仍然高达4.29万亿元。但是，要救房地产，就必须稳定房地产市场预期，并有效化解存量房。

但是，按照十八届五中全会的精神，特别是对我国“十三五”期间发展的第二个目标要求——国民素质和社会文明程度得以显著提高，如果要达到这一要求，我们就必须在“十三五”时期，让社会主义核心价值观和中国梦深入人心，就必须重构我国的诚信体系！以前，我们寄希望于政治思想工作和人们的自觉，但这只能解决部分问题，不能全面、持久地解决全部问题，尤其在对待像社会诚信体系建设这样的涉及市场经济制度基础的问题，还得靠制度来解决!

根据发达国家和地区的成功经验，要构建社会诚信体系必须依赖几项最基础、最重要的制度及其推进，主要有“不动产登记制度”“金融实名制”“信用保证号码制度”“不动产税”“遗产税”，等等。发达国家和地区的成功实践证明，这些制度对于市场经济的制度基础——社会诚信体系的确立非常重要而有效！因此，按照党的十八大和十八届三中、四中、五中全会的精神要求和“四个全面战略布局”“五大发展理念”和“五位一体建设”的要求，我国在“十三五”时期，必然要推进实施“不动产登记制度”“金融实名制”“信用保证号码制度”“不动产税”“三制一税”，而这必然对房地产的未来预期产生重大影响。对于开展不动产登记制度，2015年就开始在党政领导干部中实施，明年有可能面向全体中国城市居民推开，2018年下半年到2019年有可能面向全体中国农民推开，到2019年年底，13.7亿人的不动产登记全部完成，2020年全国开征不动产税。金融实名制有望从今年开始推行。除了实名以外，更重要的是每次的交易量，不管是机构之间、法人之间、自然人之间以及自然人与法人之间，每次现金支付将被控制在999.99元以下，1000元（含）以上将通过银行转账。实施金融实名制的要求和目的是要让每一笔千元以上的交易都在可控的范围之内。信用保证号码制度也将在不久就会推行，国家在每个实体人的基础上再建一个数字化的人。从你出生到离开这个世界的一生，你的学习经历、工作经历、成长经历、社会关系、财产状况，以及和银行、其他的法人机构、自然人之间的信用关系，有些什么样的业务往来，有些什么样的债务关系，所受的奖励、违法乱纪的情况，全部登记在册，并且和每个人的养老保险和年金实施捆绑。上述三项制度、一项税收实施后，每个国民就变成了“透明人”。因此，可以这样说，随着三项制度一项税收的开征，我国的诚信体系将得以重构，清正廉洁的中国将得以建成，我国的反腐将从“精英反腐”转入到“平民反腐”，国家治理将从“治标”转向“治本”。

但是，根据我的预测，随着上述“三制一税”的开征，我国房地产价格将会迅速下降，房产可能会迅速贬值，因为绝大多数国民是以房地产形式持有不动产。不动产登记是为下一步不动产税的开征做准备，也为下一步反腐倡廉做准备；要建立一个没有贪污的清正廉洁世界，同时要通过这些制度的确立使中国的诚信体系得以完善和重构。没有诚信体系，就建立不了真正的市场经济；同样，没有诚信体系，也建立不起真正的法治经济。

随着数量增长型人口红利的结束，老龄化趋势加快，房地产刚需已于2013年达到顶点（年销售13亿平方米，9万亿元销售额），结束了过去十几年一路向上的行业增长趋势，2014—2020年进入高位波动期，2020年之后将有可能出现“断崖式下跌”，如果要使其缓慢回落，就必须出台相关政策支撑！所以目前，我国最大的难题是，一方面要化解存量房，保持房地产行业稳定；另一方面，要推进“三制一税”，重构社会诚信体系，就必然打压购房预期，导致房地产贬值。这对于国家来说就是一个“鱼”与“熊掌”的博弈选择难题，如何去拿捏，准度如何把握，都是个难点。从现在国家的政策与措施推进看，选择的是“鱼”与“熊掌”兼得的策略，即先化解存量房，再逐步推进制度实施，建设诚信体系。

当然，化解存量房的关键还是在推进新型城镇化。但如果把眼睛过于聚焦到农民身上，寄希望于农民进城买房，可能会不太现实。因为，农民进城买房目前已经进入理性时代。其一般的购房理由排序为：一为子女读书进城买房，二为就业或务工进城买房，三为子女结婚成家进城，四为农民医疗养老进城买房。除此之外，农民进城买房的理由不多。所以，真正农民自己进城买房的少之又少，而且慎之又慎。因此，中国不应该想方设法把农民搬迁到城里来，应该把城市建到乡下去，大力发展小城镇。小城镇，大战略，小城镇大有作为。

第三个问题：出口负增长与应对失业潮问题。

改革开放以来，特别是1994年1月1日我国汇率制度改革后，我国出口年均保持30%以上的出口增速，一直维持到2008年。此后，我国出口不断下降，2013年，出口增长率跌破6%，2015年我国出口出现了三十多年以来的第一次负增长，到目前，出口增长对我国经济增长的贡献率出现负值。那么，究竟是什么导致我国出口保持较长时期的高速增长，又是什么导致目前的贡献为负呢？前者最主要原因是，我国加入了世界《关税及贸易总协定》。2001年12月11日，中国正式签订了《中国入世议定书》，从此，我国开启了制度内的民族工业保护政策：一方面，按照规定，我们可以在受保护的十五年内对国内民族工业实施优惠政策即保护政策的支持；另一方面，可以动用高额关税——国门政策将海外高质量低价格的产品锁在国门——海关之外。所以，高强度的保护政策及其劳动力、资源、政策和环保的“四大红利”，使我国出口保持了显著的竞争优势，从而实现了连续几十年的出口高速增长。但是今天，我国的国际贸易条件正在急剧恶化。长时期的全球危机影响和人民币升值，加上到今年的12月11日，中国已经实施了将近十五年的民族工业保护政策到期，所有经济技术开发区、高新技术产业开发区、工业园区、工业集中区的全部优惠政策都将“清零”，我国民族工业发展将面临极其严重的竞争压力。始于十五年前的中国民族工业保护政策主要是两项：第一项是对国内的民族工业企业实施优惠政策支持，第二项是把海外高质量低价格的产品用高额的关税锁在国门之外，不让它进来。正是这“哼哈二将”加上“四大红利”，让我国民族工业产品保持着较长时期的“低成本优势”，因此，我国民族工业得以快速高速增长，规模也越来越大，但由于较长时期的保护和“躺着式成长”，结果质量和品牌都没有明显的改善。假如中国一次性地放开，虽然对国内的工业冲击比较大，但是质量问题肯定解决了。中国企业在和国际产品展开竞争的过程中，自然要想办法向好的质量看齐。如果十五年前往这个方向走，肯定不会出现今天这样的结果。但现实是，中国的国门打开得很慢，一年一年、一点一点地打开，结果开了十五年，才把这个门全部打开。原来很多专家学者都说，2001年狼就来了，结果等了漫长的十五年，狼才姗姗而来，2016年年底，狼真正跨入了门槛，所有关税减让基本完成，结果将出现“三波挑战”——

第一波：优惠政策清零。

从2016年12月12号开始，所有的经开区、高开区、工业园区、工业集中区的优惠政策全部清零。例如，年底之后，湖南唯独可以享受的优惠政策，就是长株潭自主创新示范区的优惠政策——这一政策符合WTO的“绿盒子政策”精神与要求。在过去十五年期间，各类优惠政策的支持使整个中国工业——民族工业的综合营销成本平均下降了不少百分点。现在优惠政策清零，成本必然反弹，再加上劳动力涨价的因素和非常严厉的生态环境保护措施，中国的工业综合营销成本将会显著上升。现在85%的行业基本上是产能，面临较为严重的亏损，如果成本再继续上升，加上没有新的支持与刺激政策来弥补，2017年上半年中国工业85%的行业转入全面亏损，由此将引发三分之一左右的实体企业关门倒闭，将会出现几千万人的新增失业。

第二波：关税下降、国门大开。

中国十四年来不断地打开国门，关税不断地下降，目前农产品的关税15.1%，十几万个品类的工业产品关税为8.9%。到2015年12月12日以后关税降到多少？大致全部工业产品中的70%降到零关税，30%降到5%以下的低关税，这会进一步恶化我国的贸易条件；尤其是关税下降以后，海外高质量低价位产品再不受国家政策制约，可以长驱直入，从而诱发国内竞争国际化。所以，从2017年开始，中国人去日本不用再买他们的“马桶盖”和摄像、照相机，去德国也不用再去买他们的“双立人”，去韩国也不用大把大把地买他们的化妆品和整容服务。因为国门大开，在国内买这些东西和在国外购买价格已差距不大。国内市场竞争国际化，必然会带来一定规模的企业关闭，又将增加上千万人的失业队伍。

第三波：海外产品进入中国的直销模式。

欧美的工业产品90%通过直销模式实现销售，10%左右通过批发零售实体店出来；而我国工业产品的97%是通过批发零售实体店出来，通过直销模式销售的只有3%。2017年开始，海外产品进入中国主要采用直销模式，国内的电商模式加上国际的直销模式“双重模式”叠加的结果，中国的实体门面店至少三分之一关门。中国在商贸流通行业就业的人数达到1.8亿，如果三分之一的实体关门店关门，就有将近6000万人的失业队伍出现。

如果没有新的政策与措施出台，我国将面临极其严重的失业问题，受此影响，我国经济下滑的底部在2017年。所以，中国经济最艰难的时候大概是2017年；2016年、2017年、2018年，这三年也将是我国发展最艰难的时期。为了解决这个问题，党中央、国务院早在2015年3月就提出了十分重大的“大众创业，万众创新”战略——“双创”战略，提早两年做好舆论准备、组织准备和政策准备，目的就是为了破解2017年、2018年中国经济滑向底部而出现的困难。因此，全国上下必须团结一心，共渡难关！

我们这个国学公益基金会，怎样来支持和践行“双创”战略，如何去促进创业就业，将是一个十分重要的、值得大家深入思考的问题。特别是企业家，如何把你的企业稳住，为更多的人创造就业机会，这本身就是“道布施”或“法布施”，就是在行大善、积大德。因此，特别希望，在这三年，中国的企业抱团取暖，联合起来攻坚克难，全国人民必须万众一心，突破这个难关。

第四个问题：金融与实体经济的“裂口”过大问题。

例如，2015年，我国广义货币M2的发行量大致为173万亿元人民币，而同期我国形成的GDP只有不到68万亿，有100多万亿的人民币没有形成相应的产值或GDP，没有产生任何效益。货币发行量太大，

GDP的力量规模太小，两者不对称，这就是经济运行中被撕开的“裂口”，金融和实体经济之间撕开的裂口，达到二十年来少见的程度。理论上说，这个“裂口”越大，经济运行的风险就越大。

第五个问题：“三只僵尸”的破解问题。

2015年，我国100多万亿的钱没有形成GDP，去哪儿了？经济学家普遍认为，中国出现三只巨大的僵尸把这个100万亿元的人民币发行给吞食了：**第一只僵尸，地方政府的投融资平台**。全国省市县三级的城建投、交建投、经建投所形成的不良资产有专家估算在31万亿元，尽管主要是投入基础设施建设，有一半左右形成了实物资产，但偿还的债务不会改变。**第二只僵尸是存量房**。目前，在存量房的数据上不统一，有30万亿平方米、60万亿平方米和90万亿平方米三个近似数据，选择中间数据，按平均每平方米5500元的造价计算，就会占用人民币发行34万亿元左右。**第三只僵尸是产能过剩**。产能过剩变成产成品和库存积压商品滞销一年期以上的，全国就有将近35万亿人民币的发行占用。所以，“三只僵尸”加起来占用人民币发行将近100万亿元。

第六个问题：7千万人脱贫，全部贫困县摘帽。

勿容赘言，这一问题全国有目共睹。

如何破解这些难题？只有靠供给侧结构性改革。

出路：推进供给侧结构性改革

我国的供给侧结构性改革始于需求的改变，而终于需求的满足！

我认为，2020年开始的新一轮消费升级将出现“新的三件”——**即文化、健康、大数据**。事实上，发达国家和地区的经验告诉我们，当吃饭、穿衣、单车、手表、收录机、家用电器、汽车、住房、计算机等都得到了消费之后，人们的物欲形态消费就快接近顶点，一般不会花更多的时间精力于这些物欲，而开始转换到精神状态的追求，把自己变成有文化的人，把自己的身心弄得更健康，更舒适。实际上，第四次消费升级将会引发一个巨大的改变，就是由物本时代——物欲横行的时代转变到人本时代，这是一个重大的改变。这就是马克思在《资本论》里面所揭示的一个重要规律，人的个性的彻底解放与自由靠什么来满足？靠文化、靠健康、靠大数据。而这个东西可以变成中国人人可以享受的，谁不想活得命更长一些，身心更舒畅一些？谁不想把自己变成有文化的人？一个民族，一个国家，如果不去追求价值观，世界观，不去传承“经、史、子、集”，不懂得“诗辞歌赋”“琴棋书画”，不去运用现代“新媒体”，文化一旦断代就很危险。因为，要征服一个世界，靠枪炮弹药是短暂的，靠GDP也是短期的，终极地征服这个世界靠什么？靠价值观，靠文化，这才是最有力量、最为长久的。以前，英国新工党领袖布莱尔曾说过这样一段话，中国可以向全世界输出冰箱、彩电，但是中国永远无法向全世界输出价值观，所以中国没法征服这个世界。其实，谁都懂中国的历史，真正影响世界文化最深的底蕴在哪里？我认为，在中国。美国的文明不到两百年，中国是五千年，如果从耕种文明开始，中国几万年前就有了，而不仅仅是五千年的概念，五千年是有国家以来的历史。有些东西要重新来思考定位，一定要把中国的价值观、中国的文化输出到全世界。

今天，文化将会变成全体中国人民共同追求的消费热点，文化创意产业[①]将会得到极大的发展。健康将成为全体中国人共同的追求，包括良好的生态环境、简朴和善的社会关系以及个人的身心健康、家庭

---

① 文化创意产业（Cultural and Creative Industries）是一种在经济全球化背景下产生的以创造力为核心的新兴产业，强调一种主体文化或文化因素依靠个人（团队）通过技术、创意和产业化的方式开发、营销知识产权的行业。文化创意产业主要包括广播影视、动漫、音像、传媒、视觉艺术、表演艺术、工艺与设计、雕塑、环境艺术、广告装潢、服装设计、软件和计算机服务等方面。

的和睦健康。现代科学技术的成果我们都要充分地利用，把新一代信息技术、物联网技术、云计算技术、北斗导航技术等，全部实施集成变成大数据产业。新的消费热点，就是这个“新三件”。

随着2020年“新三件”的普及，中国的产业结构将会发生深度改变。根据预测，目前中国的当家产业有八个，钢铁、汽车、石油、房地产、资源采掘和冶炼、农产品及其深层加工、现代金融、现代物流。2025年，这八个产业有三个保留，另外五个完全被替代了。到2025年，中国的新八个当家产业将可能出现如下排序：首位的是康养产业，健康养老产业排第一，之后依次是文化创意产业、大数据产业、再生资源与环卫产业、智能制造也称为先进装备制造产业，第六、农产品及其精加工，第七、现代金融，第八、现代物流。目前中国的当家产业中有六个是工业，二个是服务业。2025年之后，中国的八个当家产业中将有六个是服务业，二个是工业。随之，我国经济将由工业经济时代迈向服务经济时代，由物本消费时代转向到人本消费的时代，中国的经济和社会将发生重大的转型升级。

通过三十多年的发展，传统的经济发展之路中国已经走不下去了。“十三五”期间，无论怎么刺激出口、刺激消费都很难，从需求侧[①]已经很难解决中国的困难和问题。因此，刚刚结束的中央经济工作会议的主题，就由需求侧转到了供给侧[②]，而供给侧这个结构性改革，重点在哪里？需求侧有投资、消费、出口三驾马车，三驾马车决定短期经济增长率；而供给侧则有劳动力、土地、资本、技术创新、制度五大要素，五大要素在充分配置条件下所实现的增长率即中长期潜在

---

① 需求侧是相对于供给侧的概念，简而言之就是关于需求那一方面的诸多问题。

② 供给侧，即供给方面。国民经济的平稳发展取决于经济中需求和供给的相对平衡。供给侧，相对于需求侧。若是要比较清晰地弄清供给侧应先了解供给。供给，经济学中的供给是指生产者在某一特定时期内，在每一价格水平上愿意并且能够提供的一定数量的商品或劳务。

经济增长率。供给侧结构性改革，着力点在供给侧，核心是结构性，关键是改革。工作重点是创新体制机制，扶持实体经济，增加有效供给；基本要求是提高供给质量和效率，使供给体系更好地适应需求结构的变化；特别是通过创新提供新的功能产品，开辟新的市场来覆盖和替换原来的老市场。只能用这种办法来破解中国发展的难题。

“十三五”期间，国家的治理之策由需求侧转到供给侧，完全符合中国发展的国情。目前，我国经济发展的动力从原来的投资转到了现在的创新驱动，创新驱动战略非常重要。创新驱动战略本质上就是供给侧创新！供给侧创新有着特殊的意义，对于中国来说尤为重要。

厉以宁教授走遍全国经常讲的一个观点，也说明了供给侧创新的意义。他经常讲的是这四句话：让产品更个性化，让服务更人性化，把品牌打到国外，把顾客留在国内。这四句话很朴实，但是对中国很有效，厉以宁教授不仅讲这四句话，还讲了一个故事：20世纪90年代，日本有一个创新，就是专门从供给侧的角度创新。现在我们的小孩，包括幼儿园、小学生到初中生，书包越背越重。书包这个产品基本上达到了饱和顶点，要刺激它很难。日本在20世纪90年代初就开始供给侧创新改革，在书包这个基本的功能基础上通过创新给它再附加四个功能：第一，全球定位，只要小孩背了书包，打开监视就知道他在哪里。第二，小孩特别是男孩喜欢打架，打架容易伤，怎么办？给书包创造第二个功能，变成头盔，具有保护脑袋的功能。第三，日本是一个海洋性气候的岛国，经常下雨，给书包设计了第三个功能，变成雨伞。第四，日本到处都是水，小孩很容易跌到水里，书包又增加第四个功能，有变成救生圈的救生功能。当一个书包增加了这四个功能以后，变成一个具备综合功能的物品。本来书包这个市场是个红海，通过创新提供新的功能，开辟了一个完全的蓝海出来，用它替代全部原有的市场，又使市场得到升级。而且是基于人性化的需要，为了保护小孩，这就是供给侧改革创新，中国现在最需要的就是这种方式的创新！

湖南省新来的常务副省长陈向群，说湖南的产能过剩，首先表现在低端产品过剩，高端产品供不应求；传统行业领域中的产能过剩，高科技行业领域中严重供不应求；材料型中间型产品产能过剩，而高质量的终端产品供不应求。把湖南的三种类型的过剩总结得淋漓尽致，实际上，全国的过剩也大致如此。仔细分析，我们发现：中国虽然经济总量已经达到世界第二了，但是整个经济发展战略模式和政策必须转型，经济增长必须由原来的基于“需求侧”的投资、出口和需求“三驾马车”拉动，转到基于“供给侧结构性改革”的制度变革、技术创新、资本、土地和劳动力的“五要素”创新驱动。尽管我国仍然处于增速换挡期、结构调整的阵痛期和前期刺激政策的消化期“三期叠加”的阶段，经济依然处于发展的重要战略机遇期，但是机遇期的内涵变了，由原来的追求GDP数量和增长速度的粗放型增长机遇期，转变为追求发展质量和效益的“五位一体”、协调型增长机遇期。在这个机遇期，尽管我国已经迈入工业化的后期阶段，但工业化中期阶段的历史任务远未完成，因此，我国不仅要适应步入工业化后期阶段的需要，大力发展现代服务业；而且还必须继续完成工业化中期阶段的历史任务，大力发展先进装备制造业，要努力补上“工业2.0”和“工业3.0”两“课”。为此，推进供给侧结构性改革刻不容缓！

按照党的十八大所提出的“两个百年”奋斗目标的第二个目标要求，**我国将在2050年实现中华民族伟大复兴的中国梦**。从历史发展的角度看，1949—2050年，我国社会经济发展历史可以划分为农业经济时代（1949—1984年）、工业经济时代（1985—2030年）和服务经济时代（2031—2050年）三个重要的历史时期，其中，农业经济时代以解决温饱问题——粮食问题为主，当然这一时期也是我国工业化的初期阶段，要解决我国工业体系和国民经济体系的构建问题，这一时期，党和国家提出了“以粮为纲”和“以钢为纲”的战略思路。到1984年，经过三十五年的努力，我国不仅构建起了独立、完整的国民经济体系和民族工业体系，取得了“两弹一星”的重要创新成果；而且，在1984年，全国第一次全面解决了粮食短缺问题，为全国广大农民“离土离乡”、进城务工奠定了坚实的经济基础；加上“农村联产承包责任制”的普遍推行，农民从土地的依附关系中解放出来，为广大农民“离土离乡”、进城务工奠定了坚实的制度基础。在这一时期，我国处于显著的“短缺经济”时代，所以，我国在这三十五年时间里，尽管没有提出“供给侧改革”的概念，但事实上的确是在“制度、技术创新、土地、资本、劳动力”五大要素的供给管理上做文章，所以说，新中国成立的头三十五年，经济社会发展是基于“供给侧改革”而演进的。

由于1984年我国全面解决了粮食短缺问题，从而为启动城市改革、推进城镇化和工业化奠定了极其重要的经济基础，所以，从1985年开始，我国将经济发展和社会建设的主战场抑或重心转移到了城市，我国开始步入工业化的中期阶段，这也必然带动产业发展和社会进步的最重要载体——城镇的兴旺和发展，我国的城镇化因此伴随着工业化的迅速发展而推进。按照党的十八届五中全会的公报精神，到2014年年底，我国经济总量稳居世界第二位，13亿多人口的人均国内生产总值增至7800美元左右。第三产业增加值占国内生产总值比重超过第二产业，基础设施水平全面跃升，农业持续增产，常住人口城镇化率达到55%，一批重大科技成果达到世界先进水平。我国从2016年开始正式进入工业化的后期阶段。据此判断，1985—2015年，我国处于工业化的中期阶段。结合国际经验和我国追赶型发展战略选择，在这一阶段，我国的新型工业化要完成的历史任务有三个：第一个是工业1.0——完成发展规模经济的任务；第二个是工业2.0——完成发展质量经济的任务；第三个是工业3.0——完成发展品牌经济的任务。但是，我国的现实实际是，时间花了三十年，工业化中期阶段的历史任务只完成了一个——工业1.0，发展质量经济与品牌经济的历史任务远未完成。目前，我国工农业产品质量问题堪忧：不仅农产品质量面临着来自土壤（重金属污染）、大气、灌溉水、化肥、农药残留和各类激素的风险与挑战，而且还面临着转基因品种和转基因食物的巨大风险与挑战；工业产品主要面临着“假冒伪劣商品”和“山寨版”的威胁——2015年11月11日的“光棍节”，阿里巴巴一天的交易达到912.17亿元交易额，但从11月12日到12月31日50天时间的“退货量”也达到500亿元以上，退货量超过60%。分析原因发现，问题主要是“商品假冒伪劣”，即问题主要出现在工农业产品质量本身。显然，这不能完全怪马云，问题虽然在流通端即需求侧反映出来，但主要形成于生产体系端即供给侧。因此在我国，实施“农产品健康生产工程”“工业品质量保障工程”和“服务品质量升级工程”已经刻不容缓！这也应该成为我国实施供给侧结构性改革的战略重点与关键路径。由于工农业产品质量上不去，我国工业2.0——质量经济的任务远未完成，所以，自然影响到工业3.0——品牌经济的形成与发展。品牌的根本是质量，品牌的表象是市场占有率，品牌的实质是高附加价值。由于质量上不来，市场占有率不可能长期稳居高位，附加价值不可能形成与实现。或者说，质量经济是品牌经济的基础，没有工业2.0

就不可能有工业3.0。

那么，导致我国工业2.0和工业3.0任务远未完成的根本原因是什么呢?我认为:是长期“躺着式成长”的经济逻辑和缺乏“站立式成长”的能力造成的！“躺着式成长”是典型的追求数量式增长的“翻版”——产业、企业追求大规模、大而全，业主、经理人追逐“大集团”“大老板”，连高等学府都普遍赶着“大合并”、追做“大学梦”！结果，我国的产业、企业普遍“身体虚胖”“机构臃肿”“体弱多病”，经济数量化、产业虚脱化、企业官僚化的习气蔓延！而“站立式成长”则是创新型成长的典范——产业讲求高素质、高水平、高竞争能力，企业追求“专业”“专心”与“专注”，产品追逐“精益”“精细”与“精准”，以创新驱动产业、企业成长，以“工匠精神”成就高质量、高品牌！而这正是我国工农业产业发展和经济建设中被长期忽视的！从三十多年我国经济发展的逻辑看，由于不自觉地跌入“躺着式成长”的轨道，在全球的产业分工中被“锁定”在了产业技术与价值链的“中低端”，产业环节与模块的“加工组装”环节。因此，三十多年来，我国虽然变成了全球最大的“制造大国”与“产业大国”，却难以成为“产业强国”和“制造强国”！长期的“躺着式成长”，使我们失去了“站立式成长”的觉醒与基因。“站立式成长”有着被我称为“5＋1”的六个关键的基因与支撑：一是材料——“工业之母”；二是关键零部件；三是核心元器件；四是数控机床（针对“减材制造”而言）和“3D打印”装备（针对“增材制造”而言）——“工业之父”；五是高端检验检测设备（含仪器仪表）——“工业之眼”；六是“工匠精神”。上述六个方面长期被国人忽视而严重地依赖发达国家和地区，使我们失去了“工业的脊梁”！所以，三十多年来我国工业发展严重受制于人，并导致我国工业产品的质量经济与品牌经济任务远未完成！

因此，受上述原因和“三次消费升级”的影响，目前，从需求侧看，我国需求正在发生以下重大改变：一是“住”“行”主导的消费结构开始向多样化、高端化和服务化需求结构转换；二是高品质需求难以在国内得到满足，不得不大量转移到国外消费；三是“文化”“健康”“大数据”正在成为新的消费热点，并引领着第四次消费升级，旅游、康养、教育和各类生产性服务需求与日俱增。总的说来，我国的消费需求正在升级到工业4.0时代！而从供给侧分析，也出现了三大特点：一是我国工农业生产还停留在1.0时代，供给质量低，无效供给多：二是制造业形成巨大产能，面临严重过剩，特别是钢铁、煤炭、石化、有色、建材、房地产、汽车等产业出现严重过剩；三是除了占GDP比重85%的传统产业产能全部过剩外，即使是占GDP比重15%的高新技术产业也出现了部分过剩。例如，汽车、太阳能光伏和计算机显示器等都已经出现过剩。所以，综合起来看，我国的现实是呈现出了较为明显的供需错配：国内消费增速向下，但中国居民在海外疯狂扫货；国内航空客运增速缓慢下行，但跨境出游却持续高增长。这意味着，**当前中国经济面临的问题，并不在短期需求，而在中长期供给；不是需求不足，而是需求已变；矛盾的主要方面已经由需求侧转向供给侧**。因此，供给侧结构性改革时势已至，而党中央顺势而为，2016年的中央经济工作会议主体就是“推进供给侧结构性改革”，提出的主要任务就是打好“五大歼灭战”，推进“三去一降一补”：去产能，去库存，去杠杆，降成本，补短板。

一堂课，不期望能解决所有问题，但能给人以启迪、以思考，我就满足了！

【作者简介】

- 中南大学教授
- 湖南省第十一届政协经济科技委员会主任
- 九三学社第十二届中央委员会委员
- 湖南省第十一届政协常委
- 湖南践行国学公益基金会专家委员会委员、特聘教授

朱汉民｜理学与人生①

导言

非常高兴来到这里，和大家讨论国学问题，今天我讲的题目是理学。我从事的专业是中国思想文化史，思想史学科主要是研究中国历史上不同阶段、不同形态的思想，如研究先秦诸子的思想、汉代经学的思想、魏晋玄学的思想、宋明理学的思想、清代朴学的思想。今天我主要讲宋明时期的理学思想。理学是一门有一点难度的传统学术科目，思想内容非常丰富，思考的问题也非常深入。我重点谈谈理学与人生，希望能从理学中找到一些对现代人生有指导意义的思想。

我首先简单地说一下什么是国学，以及国学包括一些什么内容。学术界对国学有很多不同的看法、不同的定义，我在这里引述国学大师钱穆先生关于国学的看法，他曾经在20世纪20年代编了一本国学教科书，叫做《国学概论》，在这本书中，他认为国学包括七个历史阶段。

第一个阶段是"孔子与六经②"。我们过去讲"经史子集"③，"经"排在最前面，"六经"的经文大多是在孔子之前就有，但在经过孔子整理后才称为"经"，所以孔子和六经是代表国学的最基本的阶段。

第二个阶段是"先秦诸子"。俗称诸子百家，包括儒家、墨家、道家、法家、阴阳家、纵横家、兵家、农家、杂家、名家等，叫"百

---

① 根据朱汉民教授在第13期企业家国学践行研修班（2015年9月19日）的讲课录音整理而成，由朱汉民教授做文字修订和审校。刘慧萍老师、郭竞芳老师对录音速记稿进行了文字整理和编辑。

② 中国儒家学派创始人孔子晚年整理的《诗》《书》《礼》《易》《乐》《春秋》，后人称之为"六经"。这六部经典著作的全名依次为《诗经》《书经》（即《尚书》）、《礼经》《易经》（即《周易》）、《乐经》《春秋》。

③ 经：经书，指儒家经典著作。史：史书，即正史。子：先秦百家著作，宗教。集：文集，即诗词汇编。泛指我国古代典籍。

家”是形容学派很多的意思。

第三个阶段是“两汉经学”。西汉“罢黜百家，独尊儒术”，强化儒家经典的统治地位，促使儒家经学成为一统天下的学问。

第四个阶段是“魏晋玄学”。玄学是把道家和儒家结合起来的一种玄而又玄的学问，玄学家喜欢阅读、注释《周易》《老子》《庄子》这三部书，称“三玄”，故而叫作“玄学”。

第五个阶段是“隋唐佛学”。佛教是汉代传入中国，隋唐时期大盛，形成各种各样的佛学流派，产生了许多著名高僧。

第六个阶段是“宋明理学”。它是儒家伦理与佛老思辨哲学相结合，形成的精密庞杂的新儒学体系，由宋、元、明延续到清代。

第七个阶段是“清代考据学”。也称为“乾嘉汉学”，又称朴学。

钱穆先生把国学大致上分成七个阶段，这是一个历史的纵向的划分方式。当然还有横向的划分方式，比如我们经常说的将国学分为经、史、子、集四个组成部分。另外还有一个方式，就是将国学分为儒、释、道，但我认为儒释道还不能揽括国学的主要内容。应该说钱穆先生这个划分方式是一个能得到很多人认同的方式。

我今天跟大家谈的理学，应该说既是国学发展的一个阶段，也是国学的一种形态。国学有一个从先秦一直发展到清代的漫长的历史过程，在这个过程中有不同的历史阶段，每个阶段形成不同的学术形态，那么理学是其中的一个阶段、一种形态。去年我们和凤凰网联合做了一个“国学大典”的活动，有很多朋友来问我，中国传统的武术、绘画、音乐、医药是不是国学？这就涉及“国学”的“学”和“术”的区别。中国有很多传统的技艺，比如说茶道、武术、中医、艺术，等等，这些都是中国传统文化的一个方面，但是主要属于技艺、操作类，我们通常称之为国艺。如果将这些技艺提升到理论化、系统化层面，并且载入典籍，才称之为“国学”。所以，一般来讲，国学的“学”是中国传统文化中知识化、典籍化的文化，主要体现在经、史、子、集的“四部”典籍之中。

理学概说

要了解事物的全貌，不能只看局部特征，应该多角度去观察。这里，我想从三个角度来表述什么是理学。

（一）历史的角度：理学是原始儒学发展到宋明时期的产物，是中国传统思想综合性发展的学术形态

我们在下定义的时候要将概念的外延缩小，然后突出内涵，这样就抓住了概念。范围越缩小，内涵越清晰，概念就越能够把握。

理学是什么呢？从概念的外延来说，理学是儒学。我们经常讲儒、释、道，儒家为什么摆在最前面？因为它是中华文明的主干，这是学界普遍认同的看法。大家几乎都认为中华文明是儒教文明。为什么会这样？为什么把孔子和六经摆在最前面，而且“经史子集”首先是“经”，这个经不包括《道德经》，不包括《六祖坛经》，而纯粹是儒家的“四书五经”①或“十三经”②？因为孔子的经典与学说奠定了中华民族的基本价值观念，也奠定了中华文明的基本形态。中国人重视家庭、重视国家，家国组织、伦理道德的建构，整个价值观念的形成都跟儒家有关系。但是儒学也有不足，而道家、佛教给其不足之处做了非常有利的补充，所以后来才有了理学的出现。所以理学首先是一种儒学。

儒学从春秋战国形成之后，经历过早期儒学、中期儒学到近代儒

---

① 四书五经：“四书”指的是《大学》《中庸》《论语》《孟子》，“五经”指《诗经》《尚书》《礼记》《周易》《春秋》。《礼记》通常包括三礼，即《仪礼》《周礼》《礼记》。《春秋》通常与解释《春秋》的《左传》《公羊传》《穀梁传》分别合刊。“四书”之名始于宋朝，“五经”之名始于汉武帝。

② 十三经：儒家的十三部经书，即《易》《书》《诗》《周礼》《仪礼》《礼记》《春秋左传》《春秋公羊传》《春秋穀梁传》《论语》《孝经》《尔雅》《孟子》。

学几个漫长的发展阶段。按历史的称呼，理学也可以叫做宋明儒学。全世界任何一种文化、宗教都有一个演变的过程。比如佛教，从早期开始传播，经过藏传佛教、汉传佛教再到东南亚佛教……单说汉传佛教这一支本身也经历过漫长的演变过程，而且每一个过程都有不同的形态。基督教也是一样的，早期基督教是耶稣和弟子所建构的宗教；到了罗马时代，基督教变成一个国教，于是中世纪时，基督教就发生了很大的变化；近代资本主义兴起之后，基督教面临宗教改革运动，就是近代的新教，即基督新教……还有当代的基督教，等等。

儒学史是一个不断综合发展的过程。通常来说，儒学在清以前至少有三个阶段。

1. 先秦儒学

孔子创立并由他的门人如曾子、孟子、荀子等不断拓展发展的儒家学说，也就是春秋到战国时代的儒学，又称原始儒学。这一阶段奠定了儒学的原始形态。

2. 汉唐儒学

汉代以后，儒学发生了很大变化。当时秦代推崇的是法家学说，强调事功、君主集权，掌握军队、强国强兵，这在战争动乱的时代是很有效的。所以秦国奉行法家学说强大起来之后就统一了六国，并用法家的严刑峻法来治国，给社会带来很多问题。到了汉代就开始采用道家的“黄老之学”，主张“无为而治”，再到董仲舒，他意识到管理一个大帝国，必须要有强有力的意识形态，汉武帝按照他的建议，采纳了儒学，所以就有了中华文明历史上一个很重大的事件——“罢黜百家，独尊儒术”。这一政策，对以后两千多年的国家制度和意识形态，都起了关键性的作用，所谓儒学文明，真正奠定的时候就是所谓的汉唐儒学。魏晋南北朝到隋唐期间，有玄学与佛学，但是作为国家的意识形态，还是以儒家学说为主。这就是儒学的第二个阶段。

3. 宋明儒学

宋明儒学和早期儒学、汉唐儒学的区别在哪里？早期儒学主要是讲伦理，即怎么做人，比如孔子讲“克己复礼”“仁者爱人”，等等一些做人做事的道理和管理国家的伦理原则，其核心以道德伦理为主体，所以儒家修身最重要的部分就是做人做事。汉代儒学是一种政治儒学，它融合了法家、道家、阴阳家的学说。汉代要建立一个国家意识形态，大家过去经常讲孔孟之道、三纲五常，“三纲”其实是法家提出来的，法家非常强调君权，强调权威，下级必须要服从上级，而且是绝对地服从，而儒家则主张君臣之间是相互的权利和义务的关系，这种伦理关系到了汉代被看成是政治的关系，那就是必须要绝对地服从。

汉唐儒学的关注点在国家政治层面，这个学说的缺陷就在于不能解决人生的问题，魏晋为什么玄学发达？隋唐为什么佛教发达？因为他们思考的是生命的问题、人生的问题。我们生活在这个世界上，除了作为一个社会成员，思考国家大事、世界大事之外，每天要应对和面临的都是生老病死的人生忧患问题，所以玄学和佛教成为很重要的学说。其实人人都有生命忧患，我们会忧自己能活多久，会忧自己的人生是不是快乐，我们希望有快乐健康的人生。对这些问题的忧虑就激发宗教的产生，宗教就是一种对生命的终极关怀。

所谓终极问题就是个人应该如何安顿自己生命的问题。我们必然会面临像佛教所说的人生八苦：生、老、病、死、爱别离、怨憎会、求不得、放不下，我们如何化解这些痛苦？佛教、道教探讨的都是终极问题，所以魏晋隋唐的道教、佛教很发达，而儒学的宗教信仰功能则非常淡薄。宋孝宗说：“以佛修心，以道养生，以儒治世。”儒释道各有各的功能，儒家是治世，治理国家；道家是治身；而佛教是治心，人生有很多的烦恼、痛苦，这些烦恼的根源就是人心里的情感和欲望，要化解烦恼就要制欲，就是限制自己的七情六欲，佛教就是通过这样的方式来解决烦恼。

从唐代到宋代，很多儒家士大夫，一方面读儒家的书，另一方面非常信仰佛教。比如柳宗元，他流放湖南十年，我们湖南的永州还专门为他建立了一个柳子庙。他是一个纯粹的儒家士大夫，但是他非常欣赏佛教，而且用佛教指导自己的人生，他的诗里面就表达出他对佛的向往，他认为佛教可以解决他人生的烦恼。他原来在政治中心主张改革，失败之后被贬到湖南来，心里肯定很痛苦。如何化解这种痛苦？儒家不能解决这个问题，但是佛教可以。佛教有一套严密细致的理论，来论证为什么我们的七情六欲没有价值，因为世界都是空的，你所追求的那些东西，如美女、美食、财富、荣誉、地位……到最后都是一场空，你何必为了一场空去产生这么多的烦恼。儒学有它的缺陷，这种缺陷要通过理学来解决。理学就希望把玄学、佛学包括道教的一些理论以及修行方法融合起来解决问题。

理学是把佛教、玄学和道家的理论吸收到儒家的学说里来而形成的宋明儒学。所以无论是张载、二程，还是朱熹、王阳明，几乎所有的真正宋明儒学大师都有“出入释老”的经历，也就是说他们都读儒家经典，然后又去读佛教和道教的书，但最后认为还是儒家好，就又回来信仰儒学。这些儒者虽然回归儒学，但他们说儒学好的时候会带有许多新的思想和观念，这就是他们创立理学的因缘关系，所以宋明理学就是儒者所创立的新儒学。国外研究宋明理学的时候，把理学翻译成 New Confucianism，就是新儒学。后来有人批评新儒学不纯粹，比如清代的学者批评理学是外儒内佛。胡适也批评新儒学是挂着儒学的羊头而卖的是佛、道的狗肉。我认为这种批评是一种偏见，甚至是一种短视，任何学说要发展，要有生命力，都必须不断地改变自己的形态，特别是人家的长处要敢于吸收。

反过来，我讲佛教的例子，佛教到中国扎根的过程，就是一个不断从中国文化，从道家、从儒家中吸收所需要的营养的思想发展过程。佛教在印度原来是一套小乘、大乘佛教，他有一套教理，但是到了中国之后发生了巨大的变化，和原来的印度佛教的形态差别非常大，甚至更接近中国文化。所以国际上真正的禅学大师，比如日本的铃木大拙一直有一个基本的观点，认为所谓的禅学就是中国的佛学。再比如说现在所谓的人间佛教，星云大师在台湾讲人间佛学，他谈的佛教的人间行，就是我们在现实社会该怎么做人做事的道理，这些道理事实上就来源于儒家。所以，唐宋以来的儒释道都是相互学习，儒释道到了宋代以后都是相互兼容、相辅相成的三教交融的发展过程。理学就是吸收了佛学、道家的宋代新儒学。

（二）哲学的角度：理学又是一种哲学化的儒学，它将汉代的政治儒学发展为哲学化儒学

哲学是研究宇宙和人生最根本的问题。中国原来没有西方意义的哲学，但中国讲道学。司马迁写《史记》就讲“究天人之际”，探讨天和人的关系，其实这就是哲学。人生和宇宙最根本的问题在先秦那里是道家喜欢讨论的，老子讲“道生一，一生二，二生三，三生万物”。这个道是宇宙之初，按照庄子的说法，我们所面临的所有东西都有道，道无所不在，这些谈的都是哲学问题。

儒家早期是不太谈哲学问题的，而是谈人伦。孔子学说核心就是“仁”，他的学生问：“什么是仁？”他说：“仁者爱人。”“仁”就是发自内心地爱你身边的人。仁者“爱人”是孔子对“仁”的基本看法，这些都是做人的道理，探讨人如何处理在伦理范畴内的与父母

的关系、与邻里的关系、师生的关系，以及国家与国君的关系，等等，拓展开来就是要遵循一系列的礼仪制度与伦理规范，实现“非礼勿视，非礼勿听，非礼勿言，非礼勿动”。

宋代的儒学思考的问题不太一样，同样是讲“仁”，孔子说“仁者爱人”，但是朱熹说“仁者，天地生物之心也”。本来“仁心”是强调要出自内心的伦理道德之心，但朱熹说的是“天地之心”，就将伦理道德之心上升为宇宙本体之心，实际上是思考的哲学问题。所以，理学复兴先秦儒学的伦理思想，但是将其提升为太极、天理、天地之性、道心等哲学范畴的高度。讲人性也是如此。孔子谈“性相近也，习相远也”，孟子讲人心有四端，“孟子道性善”，强调人具有的天赋道德本性。但朱熹讲天地之性，讲心是天地之心。理学家对儒学哲学层面理论的发展跟佛老哲学十分相关。佛教喜欢探讨人生、宇宙根本的问题，道家特别是老子、庄子也把这些根本问题讲得很细致、很深入。他们有一套体认天道、天理的方法，我们经常说打坐，打坐不只是佛教、西方才有，中国的道家里面就有静坐、打坐，是一种修炼自己的心灵、使自己的心灵和宇宙互通的方式。庄子称这种修炼方法为“坐忘”，“坐”就是坐在这里，“忘”就是忘记，“坐忘”就是要通过打坐的方式实现物我两忘，达成人与天地相通的境界。这种学说以及修炼方式后来也被理学吸收。

理学汲取了佛道的哲学思辨、精神境界、心性修养，重新确立了儒学的主体地位，儒家经典得以重新诠释，儒家伦理成为本体化的“天理”。理学成为一种思辨的、精致的、庞大的哲学体系。

（三）文化的角度：理学也是一种意识形态、价值信仰、社会制度、生活方式

理学不仅是一种儒学形态、哲学形态，它还是一种文化文明的形

态。文明是无所不包的，我们讲中华文明的时候，那就包括我们中国人衣食住行的方方面面，比如说我们拿筷子吃饭，而西方人拿刀叉吃饭。我们做饭喜欢炒菜，西方人做饭喜欢烘烤煮。这仅仅是一个外在的形态，其实还有许多社会观念、社会制度、伦理道德、做人做事的方法。西方经常讨论文明冲突的话题，不同文化背景的人，经常发生矛盾和争吵，原因就在于文明的隔阂。

理学实质上就代表中国的文化形态，甚至可以说代表儒教的成熟。有的人说儒学就是儒学，怎么会是儒教？佛道称之为教没有问题，他们有宗教崇拜的中心，有专门的神职人员，有宗教组织。儒家也讲信仰，信天道、天理。佛教崇佛和儒家崇圣有相似的地方。中国古代就有“儒教”的说法，这是和佛道宗教对应而生的，因为跟宗教太相像了，有好多相似的功能。现在整个东亚，比如说在韩国和日本，他们普遍把儒学称为儒教。在中国大陆通常都叫儒学，但是近几年发生了很大的变化，大陆有一些人主张研究和恢复儒教。儒教的倡导是近代康有为受到西方基督教的挑战后提出来的，当代儒家或者学者，有部分人也主张重新恢复、倡导儒教。

理学是一种儒教的形态。理学不仅是一套理论体系，而且是意识形态、精神信仰、生活方式，更是东亚“儒教文化圈”的思想主体与内核。

理学核心：天理与人性

理学思想体系庞杂，它作为哲学化的儒学，其思想核心就是思考两个最重要的概念：一个是天理，另一个是人性。大家如果去过岳麓书院就会发现，书院的讲堂里有一块匾是康熙写的，叫作“学达性天”，其实这几个字就是理学的核心，“性天”就是天理和人性，“学”和“达”是指我们的修养功夫，要通过学习提升我们的精神境界。中国传统文化包括儒家、道家、佛家都在思考天和人的关系、人活着的意义和价值、人生的目的，以及如何化解人生困境等问题。这一系列问题的思考必然上溯至天道、天理，即通过宇宙本体的终极意义来化解人生的紧张，实现个体的生命安顿。光从人生来寻找意义的话不能解决人生终极的意义，我们一定要提升到本性中寻找天道、天理，这就是天性。“性”和“天”相通，这就是先秦儒学所谓的性与天道，即人性和天道的问题。

先秦诸子百家都思考过这个关键性的问题——人性问题，几乎每一个真正有思想、有作为的思想家也一定会思考和解释这个问题。它实质上就是思考人是什么，人类的轴心文明都没有脱离这个话题。

人类面临许多重大的问题没有解决，特别是有两个永恒之谜：一个是宏观的宇宙，另一个是我们内在的心性。这两个谜，一般的科学、知识不能解决，就成为了哲学思考的对象。哲学专门思考那些一般学科、知识解决不了的问题。在朱熹的时代，他通过朴素的哲学思辨来建构自己的宇宙观，有些想法在现在看来很了不起。他说：“天地初间只是阴阳之气。这一个气运行，磨来磨去，磨得急了，拶出许多渣滓；里面无处出，便结成个地在中央。气之清者便为天，为日月，为星辰，只在外，常周环运转。地便只在中央不动，不是在下。”（《朱子语类》卷第一）认为天之间是一团气，阴阳二气磨合，磨出一个渣子，就变成大地，然后浮动出去，阳气变成太阳、星星、月亮。他看到鱼的化石，就解释这个地方原来一定是海底，鱼死了就附着在这个地方，这个大地是从一个海底升上来的。过了几百年之后，西方的地质学家才这么解释。而朱熹在八百多年前就是靠理性思考、哲学思辨想出来的，在当时已经达到了相当的高度。就宇宙运行的动力而言，理学家都认为有一个无形的理支配着世界的运行，比如张载说：“太和所谓道，中涵浮沉、升降、动静相感之性，是生絪组、相荡、胜负、屈伸之始。”认为太和之道蕴含沉浮、升降、动静之性，是万物运行的根本动力。其实这个太和、道、天理、太极等都是宇宙生成的根本动力，又可称为天道。

理学认为天道是天地之理，而人顺从的是人伦道德，要想论证人伦的必然，就要寻找人伦之理的内在依据即人性，并且将人性的依据与天道结合起来，提出人性就是天道。那么，如何论证天道与人性的内在关系？人性和天道这两个根本的问题只能靠哲学来思辨。但是，孔子那个时候非常关注现实的一些问题，这也是儒家文化的一个很大的特点，就是如何解决人生、社会中间的忧患问题。他基本上很少讲性与天道，所以孔子的弟子子贡说：“夫子之言性与天道，不可得而闻也。”（《论语·公冶长》）当然孔子没有讲，孔子的后世弟子在讲，比如说孟子就有一句很有名的话：“尽其心者，知其性也。知其性，则知天矣。”（《孟子·尽心上》）就是说我们有内在良知的心，如果把心灵呈现出来，可以进一步呈现天道。这个话很深刻，但是很难理解，我们的心怎么和天道相通？凭什么说我们的内心和天道相通？这种说法如果首先不通过哲学思辨的系统论证，是没有办法使人信服的。董仲舒论证了性与天道的问题，但是理论比较粗陋，使用的阴阳五行的方式比较简单原始，没能解决问题。

理学试图用一套天理论来解决性与天道内在关联的问题。

（一）天理

理学产生之后，“天理”这个概念就成为中国人、中华文化普遍信仰的最高主宰。古代的衙门，墙上贴着“人情、国法、天理”，人情是我们每个人都有的情感，你犯了罪，我们不能容忍，这是人情；国家法律制度跟人情密切相关，比如说你偷东西、杀人放火，既不符人情，也不符国法。我们经常讲伤天害理、天理难容，这个“理”就是理学家所讲的“天理”。“天理”这个概念出自程颢、程颐两兄弟，程颢强调他的学说虽有所授受，但是“天理二字却是自家体贴出来”（《二程外书》卷十二）。“天理”是二程发明的，后来成为中华文化，包括中国文明、儒教文明一个最核心的概念。

1. 天

中国人都信仰天，“天地君亲师”，“天”是摆在首位的。但中国人讲“天”非常复杂，也很含糊，有时候讲天是指日月星辰在运行，有时候则不一定指苍苍之天、自然之天，而是主宰之天。中国人相信天是最高的主宰，我们碰到困难，就喊“天哪”，欧美的洋人就会喊“Oh my God”。西方人信仰基督教，讲“Oh my God”的时候是讲上帝，因为他们相信整个宇宙都是上帝创造的，上帝不但创造了世界，还创造了世界的法则。当我们讲主宰之天的时候，“我的天哪”，这个“天”又和上帝不一样。中国人的观念里面，天一定是伟大、公正而且客观的。所以中国的“天”是很深刻、很理性化的信仰。

2. 理

在理学产生以前，就普遍有“理”的概念，儒家、道家、法家及玄学的著作中，均有“理”的概念。“理”原来是一个动词，“治理”，最早不是治理天下，是“治玉”，玉矿打成玉器时要精雕细琢，要顺着玉的纹路，称“理”。引申为治理国家、治理天下，后来就演变成了一个普遍的、客观的法则。人们认为万物各有理，就是每个事物都有它客观的道理。“理”有下列不同的含义：

（1）物理

理首先指万事万物内在的规律，即物理。韩非说：凡物之“短长、大小、方圆、坚脆、轻重、白黑之谓理”（《韩非子·解老》）。酷暑严寒都是自然的现象，都有它的道理。天气变凉了，要加衣服，否则散热太多、不能保持体内温度平衡；太热了又会出汗，这是什么原因呢？因为有一个理在那里。春夏秋冬，太阳早上出来、晚上落下，这都是一个理，万物各有理。讲理的时候，道家和法家讲得更多，因为法家强调客观社会法则的时候很讲法理，道家强调自然法则时讲自然之理。朱熹认为“事事物物莫不各有定理”（《朱子语类》卷第十四），这个理首先属于物理的理。

（2）事理

我们做事也有一个道理，就是事理，也就是人的行为规范的“理”。“礼之者，理之不可易者也。”（《乐记》）“义，理也，故行。”（《荀子·大略》）事理要通过社会制度化的行为规范体现出来，所以又叫“礼”。中国古代讲礼，仁义礼智信的“礼”，懂礼貌，这个礼是社会行为的规则。为什么要制定这个礼，因为有一个道理在那里，“礼者，理也”（《朱子语类》卷第四十一）。孔子的学生宰我的母亲去世了，根据古礼，必须待在家里守孝三年不能出去。宰我是喜欢到处跑的人，还想做事，他说三年太长了，问孔子能不能改一下。过去礼不能改，如果你乱改，就会触犯鬼神，是宗教性的解释。孔子则说：“予之不仁也！子生三年，然后免于父母之怀。夫三年之丧，天下之通丧也。予也有三年之爱于其父母乎？”（《论语·阳货》）孔子认为你能够成人，至少有三年不能离开你的父母，现在你父母去世了，守孝三年是回报你父母的三年，这是讲情理。所以这个理的制造是来源于情理，情理也就是事理，所以这个理有情理、有事理、有义理。

（3）天理

上面讲到两个“理”：一个是大自然的规律，是物理；还有一种是做人做事必须要讲规则，是事理。理学家认为不管是事理也好，物理也好，都是我们必须要遵循的理。我们具体面对的每一个理，叫做分理，具体的事理和物理都是分理。二程说“有物必有则”（《伊川易传》卷四），一物须有一理。我们经常讲事和物，“物”就是客观的物，桌子、电脑是物，“事”是指我们做事，我在这里讲课就是事。物理和事理有区别的，按照理学的说法都是理，既然都是理，我们必须要服从，这些具体的理均体现了一个最高主宰的理，就是信仰层面的理，我们把它叫作天理。理学的特点就是将人伦日常的理和天理结合起来，这是理学的一个核心问题。

（二）人性即天理

理学的“理”，首先是事理、物理，然后有一个天理。那么这个天理和人性是什么关系，理学家怎么解答的？二程讲“性即理也”，我们讲人性只是用另外一个表述方式，基本的概念就是性就是理，人性就是天理。要理解这个说法不是很容易，因为关于什么是人性有许多不同的说法。

荀子说：“饥而欲食，寒而欲暖。劳而欲息，好利而恶害，是人之所生而有也。”这就是人性，你生下来就有的欲望、本能；“食色，性也”，人的生命要靠食和色才有可能维持和延续，这两个是人的本性就有的，所以就是人性。后来孟子也认为这个是人性，但是光讲这个性还不够，因为人还有社会性。我们作为社会成员会有恻隐之心，你的同伴碰到困难、碰到危险，你一定会发自内心地同情他，孟子称之为“恻隐之心”：一个小孩掉到井里，你救他，就是恻隐之心。这种恻隐之心是你的本性，我们每个人都有仁爱的本性，我们讲仁爱，并不是你被迫去关心其他人，而是发自内心地同情他。恻隐之心又叫同情之心。除此之外，人还有羞恶、辞让、是非之心，合称

"四心"。王阳明讲良知之学，有人问道，一个小偷天天偷东西，他良知在哪里？王阳明说他还是有良知的，人家说不信。不信就脱那个人的衣服，脱到后面只有短裤的时候，小偷拼命抓住它不肯放，这就是他的羞恶之心，羞恶之心就是良知之心，这是王阳明的论证方式，这是一个真实的故事。还有一个辞让之心，看到人家年长，我让你。人对是非的判断天生就有，这叫作是非之心。一个人去偷人家的东西，你不用教育就知道这个不对，这个东西是人家的，这就是是非之心。

孟子认为这些都是人生而有之的，并不需要教育，这是他跟荀子最大的区别。荀子认为人性是恶的，必须要教育，而孟子认为人性是善良的，不需要教育，只要让他内心的恻隐之心、羞恶之心、辞让之心、是非之心自然地呈现出来，这叫作尽心，是把你内在的道德之心表达出来，并不是强制性的教育、训导，而是内在的呈现。对这两种学说，每个人的看法都不太一样。后来孟子占主导，所以为什么宋代理学非常崇拜孟子呢？因为他把仁心看成是发自内心的，他认为"仁义礼智信"等伦理道德规范是你内心本来就有的东西，只是你没有发现，没有发掘出来。王阳明有一句最有名的话——"满街都是圣人"，就是每个人都可以做圣人，因为每个人都有良知之性，而你内在的良知使得你可以成为圣人，这跟佛教"人人皆能成佛"有一定的关联性。

原来先秦儒家讨论的人性问题到了理学家这里，人性就是天理，性就是理。也就是说理学家把性与天道这个先秦儒者没有讲透的问题整理成了一套理论。所以理学理论看起来很复杂，但是讲到最后，实质上就是告诉你宇宙本身就是由天理来创造的，每个人的人性就是天理，天理并不是在我们之外，外物有天理，我们的内心都有天理。我们要力求发现内在的善良本性，在日常之中躬行践履我们的道德。

理学内部有两大派，程朱理学和陆王心学，区别是修炼方法的不同，在把天理和人性相结合这点上，他们的观点基本是一致的。

理学的人格理想

每一种学说、每一种宗教都有一个修炼的目标。比如说佛教的修炼目标是成佛，你讲这么多教理，做这么多艰苦修行都是为了成佛。道教也要进行修炼，他们的目标是修道成仙。儒家理学也讲了很多道理和修炼方法，它的目标是成为圣贤。

（一）从“君子”到“圣贤”

孔子主要讲成士、成君子，特别强调君子。在孔子之前，君子和小人是社会政治地位的划分。贵族就是君子，贫民就是小人，是一种严格的社会等级制度。到了孔子时代发生了根本性的变化：君子是通过学习、修炼，其中主要是道德的修炼，而可以追求成为的一种理想人格；小人则是没能很好地修炼而形成的人格。这里的“君子”与“小人”，不再是社会等级的区分，而是一种人格的称谓，“小人”是坏人格，“君子”是好人格。

宋代理学家不仅要成君子，而且要成圣成贤，这也是受到佛教的挑战和影响。佛教讲求成佛，而儒家最高的理想呢？是成圣。所以从理学产生开始，儒家的价值观念、人格理想发生了一个重大变化，就是提出要成为圣贤。

圣贤是什么样子？怎样才能成为圣贤？我们可以把理学看成一个成圣的运动，因为你修炼了之后就知道怎么成圣，成了圣之后就跟普通人的表现不太一样了。那么圣贤与普通人的差别在哪里？宋明理学说，差别在于圣贤往往有一种气象，一定能够通过外在表现出来，这种气象叫做“圣贤气象”。

（二）圣贤气象的个体层面——孔颜乐处

圣贤气象一方面是一种精神上非常洒落、自得的样子。周敦颐是湖南道县人，他是道学宗祖，很多人赞誉他是圣贤，评价他“人品甚高”。他胸中洒落，有点像禅宗里面“心中无一物，何处惹尘埃”的境界，是一种非常大气、坦荡、自由的状态。一个精神上洒落的、能够修得圣贤气象的人，“如光风霁月”（黄庭坚《濂溪诗》序）：像晴朗的天空中，风在流动；像明朗的月亮，通体明朗、透亮。这种气象又叫“孔颜乐处”，就是内心非常和乐，而且达观自信的状态。其实这个境界，禅宗也经常讲，他们叫“身心自在”。我们的身体、心灵都很洒然、很自在、很愉悦，处在一种非常快乐的状态，所以是孔颜“乐”处。

“孔颜乐处”，“孔”是指孔子，“颜”是孔子最欣赏的学生颜回。大家到孔庙去，会看到孔子像在中间，边上有他四个弟子的塑像，其中一个就是颜回。孔子和颜回经历过非常多的艰难困苦，他们追求“天下有道”的政治理想，但都由于时代的局限没能实现。孔子一辈子颠沛流离、凄凄惶惶，甚至有人说他是丧家之犬，他面临的人生处境非常艰难，颜回也是这样。颜回是孔子的学生，他“一箪食，一瓢饮，居陋巷”，生活在这样的环境中，却能“不改其乐”。孔子最欣赏他在这么艰难的环境下还能保持快乐的心境，因此赞扬他“贤哉！”。

那么，孔子和颜回处在这么困难的情况下，为什么还会快乐？宋代儒者就在思考这个关于“乐”的问题。范仲淹和周敦颐教学生的时候，大家来听课，他们就说：“你们去好好想一下，孔子和颜回到底为什么快乐？”范仲淹其实是宋学的开山祖，在理学上，他走在周敦颐前面，对理学的影响很大。张载向范仲淹请教，范说：“儒者自有名教可乐，何事于兵？”佛教、道家、兵家都有各自的快乐，那么，儒者要如何找到“名教”——儒家倡扬之伦理道德——的“可乐”之处？

岳麓书院有一副对联：“吾道南来，原是濂溪一脉；大江东去，无非湘水余波。”是王闿运写的，很有气势，充分表达了湖南人心气高的特点。为什么湖南人心气高？因为提出天理论的二程（程颢、程颐）是湖南人周敦颐的学生。湖南道县有一条河叫做濂溪，所以周敦颐又叫作周濂溪，他写过《爱莲说》大家都知道。但是，周敦颐最高的成就是《太极图说》和《通书》，这两个著作奠定了他在理学上的地位。二程向周敦颐请教的时候，周敦颐叫他们“寻颜子、仲尼乐处，所乐何事”，颜回生活得这么困难，他为什么还很快乐？如果把这个学会了，你就可以成为圣贤，如果每天都那么忧伤、痛苦、烦恼，证明你的思想境界不高，这样的精神境界怎么可能做圣贤？

佛道也讲求“乐”。追求快乐本为道家所倡导，庄子非常强调如何寻求快乐，他对艺术产生了深刻影响。佛教讲的“自在”，其实也是一种内心平和、快乐的精神状态，所以释迦牟尼圆寂后，好多弟子在痛哭，但是有一个弟子在笑，因为他知道释迦牟尼已经达到了涅槃的境界，已经真正从人生解脱了、成佛了，进入了极乐世界，因此他为他的师祖感到高兴。所以说，只有这个笑的弟子，才真正体悟到佛教的真谛和奥妙，才能够真正理解释迦牟尼圆寂的意义和价值——“乐”。

（三）圣贤气象的社会层面——忧患意识

不同的宗教对现实人生的基本价值判断不一样。佛教对人生的价值判断是“苦”，佛教的产生就是因为人生在世要面临很多的艰难困苦，这是佛教的基本判断。基督教对人生的判断是“罪”，亚当和夏娃原本被上帝安排在伊甸乐园，生活得非常快乐，但是后来他们偷吃禁果，生了一堆孩子，人类都是亚当和夏娃的后代，所有的人类都带着这种原罪来到这个世界，所以必须要赎罪，这也是一种价值判断。那么儒家看到的世界是什么呢？“天下无道。”所以，儒家是对“天下无道”充满忧患意识的士人群体。

儒家讲的“立德、立功、立言”三不朽，就是希望建立一个“有道”的社会。所以，儒者并不向往来世的幸福，而是要在这一个世界上建立“有道”的社会理想和文化理想。儒家希望帮助家人、邻里、国人、天下，建立一个和谐生活的社会共同体，让他们能够有和谐的关系，都能够同他人和谐相处。

所以，在理学家的精神追求中，圣贤气象就必须包含两个方面，除了“孔颜乐处”以外，还要关怀社会、心忧天下。圣贤并不是说不要快乐，而是要在天下人快乐之后才快乐。张载也说：“民吾同胞，物吾与也。”（《西铭》）天下老百姓都是我的同胞，所以我的喜乐和天下百姓密切相关，只要世界上还有痛苦，我就要和他们相感同。所以，有圣贤气象的人，要以社会和谐、国家富强、天下安泰为己任，积极参加到治国平天下的经世济民的活动中来，这就是理学所追求的圣贤气象的另一个方面。

圣贤气象是两者的结合，既要承担社会责任，也要考虑个人的身心自在。佛教说人要身心自在，要保有闲适的心态，该放下时就放下；道家追求精神自由，希望应该有洒落的胸襟；理学吸收了佛教和道教的学说，又更加强调要有社会责任、忧患意识、道义情怀，这是儒者一直特别强调的价值观念。理学说一个有圣贤气象的人，一定是一个能够承担社会责任的人，同时，并不感到忧戚，而是担得起、也放得下。所谓担得起就是敢于承担社会责任，有忧患意识，假如你是一个企业老板，你的员工都跟你息息相关。不管是一百人的企业，还是一千人的企业，既然你在这个重要岗位上，就要承担相应的社会责任，但是也不能让责任把自己压垮，该放下时就要放下。承担责任的同时，又能够身心自在；有忧患意识的同时，也不放弃自己的闲适心态；坚守道义的同时，还具有洒脱的胸襟，如光风霁月一般，这才是圣贤气象。

人生境界

中国哲学强调境界。《庄子》里有个庖丁解牛的故事，庄子很欣赏庖丁，别人拿到一头整牛，用刀子一顿乱砍，砍得很辛苦，成效却不大，庖丁呢，三五下，就把一头整牛分割成碎块了，大家感到很惊奇。庖丁说，他最早切牛肉的时候也跟大家一样，看到的是一块整肉，切的时候感觉很辛苦，而且切不好，后来才慢慢地摸出门道。随着他的功夫越深，一头完整的牛在他眼里，肉之间都是有缝隙的，他看到那个缝隙，刀子一去，牛肉就随着本身的纹理分解开了。这是一个很高的境界。

天人合一的境界，是指主观意志和客观规律合为一体，这是一个更高的境界，达到的境界越高就越自如，最终状态就是孔子讲的“从心所欲不逾矩”（《论语·为政》）。我们从心所欲可能会出问题，因为所想所欲可能不合规矩。你很懒散，把腿搭在桌子上，这不是从心所欲，而是破坏规矩；你在这里听课，突然想笑就笑，想喊就喊，你从心所欲了，但是已经逾矩。如果你从心所欲不逾矩，像庖丁解牛，刀子进入牛的身体，就和牛的筋脉达到完全一致，既切好了牛肉，又不破坏牛肉的组织，这才是真正的从心所欲，是一个很高的境界。

（一）冯友兰：人生四境界

哲学家冯友兰先生把人生分成四个境界。

1. 自然境界。就是人顺着自己的本能和风俗习惯做事，是没有自觉的。像一个小孩，肚子饿了就哇哇哭，吃饱了就笑，困了就想睡，这些都是人的本能，这就是自然境界。

2. 功利境界。就是人知道怎么来归结自己的目的，这个目的是个人的、利己的，我需要什么，就拼命去做、去争取。我想要钱，就拼命赚钱；我想吃，就设法获得食物。为了达到目的，你会精心算计。功利境界中，你的行动全都是根据功利来决定的。商品经济的法则就是社会人都是功利境界的人，人都是想用最小的代价获得最高报酬的理性算计的动物。

3. 道德境界。西方很多哲学家意识到，人并不是时刻理性的，并不会时刻都想用最小的报酬获得最大的利益，而是会做出很多不图报酬的利他行为。正所谓“正其谊不谋其利，明其道不计其功”（《汉书·董仲舒传》），这是非常普遍的现象。我认为这是我应该做的，有益于他人、有益于社会，我愿意去做，而不是因为功利算计，这个境界叫做道德境界。

4. 天地境界。我们生活在这个宇宙中，不仅是为了功利，还要有群体道德。群体道德是相对的。庄子说“盗亦有道”（《庄子·胠箧》），强盗也有他的道德，也讲规则；黑社会也有他的社会规则，所以是“盗亦有道”。那么，还有一种超越这个群体之上的规则，那就是天地境界。我们所做的一切，并不是为了满足我们所在的社会群体而已，而是要把个人作为和天地融为一体。天地境界有人性的依据，这么多人信仰宗教，并不是为了延长寿命，而是为了追求天地境界。

（二）马斯洛：需求六层次

很多宗教鼓励大家追求最高的人生境界，这种境界也有心理学的依据。美国著名心理学家马斯洛的代表理论就是人本主义心理学，说到马斯洛，大家马上想到他的需求五层次理论，就是人有**生理需求、安全需求、社会需求、尊重的需求、自我实现的需求**。

人首先要满足生理需求，肚子饿了要吃饭，困了要睡觉，这是生理需求。生理需要满足之后，马上想到第二个需求——安全，我要保证我的安全。这两个要求满足了，才是社会需要，把你关在一个屋子里面，虽然有吃有喝，生理需求可以满足，也有安全，但你还是会感觉到不满足，因为人有一种社会需要，那就是要跟别人交流，很多人到国外不适应，就因为没有办法进行交流。有了社会需要以外，人还有精神需求，尽管大家非常忙，还是愿意到这里来学国学，这就是精神需求，知识、审美、道德的需要，都是属于精神需求。精神需求之外，还有一个自我实现的需求。

后来马斯洛修改了他的学说，他说人有六个需求，第六个需求就是**精神超越的**需求，也就是对天地境界追求的需求。我们的精神要超越，不仅要把自己奉献给家庭、国家，还要能够与最高的存在者——天地宇宙合为一体。按照理学家的说法，这个最高的存在者，就是天理、天道。这是超越性心理需求的最高境界。

（三）理学的境界

理学也是充分考虑人的心理需求的学问。理学承认人有功利境界，我们有感官，追求“口目耳鼻四肢之欲”（《朱子语类》卷六十一）。我们有眼睛，喜欢看到美好的颜色、鲜活的生命，看到风和日丽，心情就非常舒畅；外面的汽车走来走去，有噪声，我们不喜欢听，我们想听到优美的音乐；我们希望闻到好闻的香味。每个人都有追求，这是人的本性。这种本性决定了人是有功利性的。

但理学家强调人要有道德境界。人除了追求功利之外，还要有仁义礼智信。我们希望成为一个有道德、有教养、有文化的人，这样的人会得到大家的尊敬，因为他达到了道德的境界。

除了道德境界之外，还有一个叫做天地境界。理学一直讲圣贤，圣贤之所以快乐是因为他们达到了天地境界，能“从心所欲不逾矩”。佛教有一个很大的特点，人们问禅师什么是禅，禅师往往不说，因为这个东西太高妙了，是不能说的，但是你可以自己体悟。禅的境界是一种很高的境界，六祖惠能的《六祖坛经》里有很多这样的故事，禅师们在其中很自然、很快乐。凡是拥有发自内心的、自然的快乐，一定是得道的人，因为他达到了最高的境界。

程颢也讲过什么是天地境界，他说：“天地之常，以其心普万物而无心。圣人之常，以其情顺万事而无情。”如果我们心中装着各种各样的事事物物，精神压力会很大，心灵会很沉重。我经常说我的心没有多大，只装着岳麓书院，岳麓书院哪里有问题，我就感到很担心。如果能够达到天地境界，“以其心普万物而无心”，虽心里装着天下，但你对天下具体事务的忧虑也不足以撼动你的心，你不会因为一点小事喜怒无常，就是说，胸怀非常广大的人就能够“无心”，这是一个天地境界的人才能做到的。我们是普通人，有喜怒哀乐之情，圣人也和普通人一样，有喜怒哀乐。我们看到好吃的东西就想吃，听到好听的话心里就高兴，我们不能绝情，我们有欲望、情感，有各种各样的物质需求、心理需求，但是，如果能够既持有情感又“情顺万物而无情”，就能达到天地境界。这个“无情”不是真正的无情，是“心中无一物，何处惹尘埃”，心里好像没有事，又包含着所有的事。我们的感情能够破除个人的执着，根据万物的变化而自然地变化，达到这一种“无情”的境界，这就是所谓的天地境界。天地境界有一点玄妙，所以很难讲透。你不是有所作为，但是你能够无所不为，这就是一种天地境界。这个境界并非不可达到，而是可以追求的目标，至少我们心灵向往，至少我们会在某个时刻、某个时期，在某一个具体的问题上，会像庖丁解牛一样，达到天地境界。

理学的特点，在于追求天地境界的时候，不否定、放弃功利境界和道德境界，而是把这些结合起来。追求道德的人，不一定完全没有功利之心。理学家追求圣贤时，也不完全是一个无知无欲的人。**追求最高的境界，仍然包含着前面的功利追求和道德追求，这就是理学的境界**。湖湘学派的宗师胡宏说："凡天命所有而众人有之者，圣人皆有之。"圣人跟普通人一样，有才术、有情感、有欲望、有忧喜，但他们在拥有这些的同时能够化解欲望、提升自己。

这就是理学讲的人生境界，对现今的我们仍然很有价值。我们每天都要面临很多烦恼和痛苦，我们有功利的追求。那么在烦恼和痛苦时，在进行功利追求时，如何提升精神境界？这是我们要思考的一个重大问题。

理学与命运

大家现在非常关注命的问题，尤其是进入到现代社会以后。改革开放三十年来，人的命运变化太大。以前我们有一个大家很看不起的同学，突然一下很发达了，大家很惊奇，因为他以前什么也不会，现在却做得这么好，然而没多久，就听说他完全破产，几乎要沦落街头。越是在社会急剧转型时，人生命运的变化就越快。大家感到命运不可捉摸，总说不同人的最后结局不同是因为他们的命不同。一个家庭的兄弟姐妹也是这样，本来是一家人，都是同一时的父母所生，但是后来的人生道路却各不相同，社会处境、人生经历和个人成绩都相差很大。大家就会感叹：这是命！既然是命的话，我们能不能早一点知道命？知道命不好，就没有必要那么努力奋斗；知道命好的话，也没有必要努力奋斗，顺着命去就行。因此，算命成为很热门的事。很多老师讲《周易》，总是被一堆人围着，希望请他们帮忙算命。每一个人似乎都希望知道自己的命，这样就可以决定下一步要采取什么行动。

儒学有一套对命运的看法。“五经”中有一部《易经》，就跟算命有关系。命是儒学和理学思考的一个重大的问题，大思想家几乎都要讲命。孔子说“不知命，无以为君子”，一个不懂命的人成不了君子；他“十五而有志于学”，十五岁就开始立志学习；“五十而知天命”，一直到五十岁才知道什么是天命。

那么，在理学这里，命运到底是什么？理学提出的命运学说，对于我们有什么意义和价值？我认为理学对于命运的思考，是非常有哲理性的一种思考，也是理学一个很高的成就。

命运有两个字，“命”和“运”。我们通常认为“命”是一种不可改变的客观的命定。比如，我们经常说人的命运跟他的父母是谁有关系，生在高官家庭、生在普通市民家庭和生于在街上流浪乞讨的家庭，他们的命是不相同的。我们经常看到故事或电视剧里，因为父母抱错了孩子，这两个孩子的命运就发生了根本性的变化。有个孩子被养在百万富翁的家庭，过上了非常优越的生活；另一个孩子却流落街头，生活得饥不饱餐。我们生活在什么家庭，生活在哪个国家，命都有所不同。除了“命”以外，还有一个“运”，运具有多样性，是人生的轨迹、运程。人生的运程，是在命定了之后的运程，命并不决定人生的一切。比如生活在同一个家庭、同一个环境下的两兄弟，他们的命似乎是相同的，但运却有根本性的不同，一个人子承父业，种了一辈子田，另外一个走了出去，做出惊天动地的大事来。这两兄弟不同的人生轨迹，就是运程变化的结果。

把所有的事情都归结于命的人，是放弃对自己的责任感。一个对自己有责任感的人，一定会在天命已定的条件下，做出最大的努力，改变自己的运程。这才是对待命运的正确态度，也是理学家所讲的态度。

我刚才说过，《周易》是一个算命的书。宋代研究易学的人画了一个图，代表六十四卦。六十四卦是根据阴爻和阳爻排列组合形成的六十四个卦象，它们代表人会面临的六十四种处境。国王的儿子与乞丐的儿子，有可能在六十四卦里面的处境一样。但在同一个处境里，不管卦象是吉是凶、是福是祸，我们通过主观的努力，是可以改变这个卦的结果的，就是说我们的生命运程会发生变化。理学家程颐有《伊川易传》这本著作，他根据《周易》，把六十四卦的每一卦，都做了哲学的分析。其中有两个重要的概念，“卦时”和“卦才”。卦时就是六十四卦每一卦里面的“时”，我们所处的时势决定了我们的命，但“卦才”代表了我们在处境中能采取的策略和应对的方案，以顺应这个卦时的变化。卦时代表命，卦才代表运。实际上命运就是这么回事。

理学的身心修炼

任何人希望进入到更高的精神境界，化解命运带来的人生凶险、精神困境，就必须强调精神修炼。理学的主要内容均是谈身心修炼的功夫论。

理学家认为，《四书》就是儒家功夫论记载。《大学》的“格物”“致知”“正心”“诚意”，《论语》的“恭敬”“操存”“涵养”，《孟子》的“尽心”“存性”“养气”“扩充”，《中庸》的“学、问、思、辨、行”以及“尊德性”“道问学”“极高明”“道中庸”，等等，这些修炼功夫是先圣先贤在自己身心修炼中的经验总结。

根据理学家“身心一致”的原则，“修身”与“养心”是相通的。但是，两者的表现形式又确有很大区别，“修身”所涉及的是人的外在活动，重点在外部行为活动的程式；“养心”所涉及的是人的内在精神，重点在内部心理调控。例如“主敬”，朱熹说：“敬字功夫，乃圣门第一义。”（《朱子语类》卷十二）主敬作为一个包括身、心的修养功夫，二者是互动的，即心的恭敬会导致身的收敛，而身的收敛也会导致心的恭敬。在操作过程中，“持敬”又包括内与外、身与心两个方面。针对学生“敬何以用工”的问题，朱熹说：“只是内无妄想，外无妄动。”（《朱子语类》）

（一）修身

首先，看看身体的修炼。朱熹说：“坐如尸，立如斋，头容直，目容端，足容重，手容恭，口容止，气容肃，皆敬之目也。”（《朱子语类》卷第十二）这是指对人的容貌、动作等外部形体方面的要求，这些有关坐立行止的行为程式是直接与人的本心相通的，它们也是天理的体现。方孝孺作《幼仪杂箴》，有坐、立、行、寝、揖、拜、食、饮、言、动、笑、喜、怒、忧、好、恶、取、予、诵、书等动作、容貌规定，其中“坐”的规定是：“维坐容，背欲直，貌端庄，手拱臆，仰为骄，俯为戚。勿箕以踞，欹以侧。坚静若山，乃恒德。”“立”的规定则是：“足之比也如植，手之恭也如翼，其中也敬，其外也直。不为物迁，进退可式，将有立乎圣贤之域。”

（二）养心

“养心”“治心”属于精神方面的修炼，主要是借助于一系列内部心理行为的程式与方法。这些程式与方法分为两大类：一类是“格物致知”，即“道问学”；另一类是“正心诚意”，即“尊德性”。

1.“道问学”

“格物致知”来源于《大学》，《大学》中的“八目”以格物致知为始，可见它是个人修己治人的前提。理学将“格物”解释为“穷理”，将格物作为“适道之始”。因此，格物就成为理学中体悟天道的最初步骤，成为一种修道的功夫。朱熹所言格物穷理的途径是多方位的，包括书本知识和应接事物的知识，他解释说："如读书以讲明道义，则是理存于书；如论古今人物以别其是非邪正，则是理存于古今人物；如应接事物而处其当否，则是理存于应接事物。"（《朱子语类》卷十八）穷理、进学、致知、格物等求知的功夫，其目的不是成就知识渊博的学者、哲人，而是为了成就德性高尚的贤者、圣人，故而这一类进学、穷理的功夫是治心、养心的方法和途径。从修养功夫论来看，格物是一种养心的步骤。一方面，格物穷理的目的是"明善"，程颐说："明善在乎格物穷理。"（《二程遗书》卷十五）"明善"最终是为了达到崇高的精神境界。另一方面，要达到识道的整体了悟，他说："须是今日格一件，明日又格一件，积习既多，然后脱然自有贯通处。"（《二程遗书》卷十八）

2."尊德性"

理学家"尊德性"的修心，包括**动中体悟**与**静中体悟**两种不同之术。静的功夫指主体保持内心平静的养心功夫，静坐是静中功夫的一种最主要形态，还有静卧、静立、静观等不同形态。静坐的功夫在道家、道教、佛教中十分流行，宋明理学家也以静坐作为自己的养心功夫，王阳明弟子王畿认为调息是静坐的入门技术。他说："欲习静坐，以调息为入门，使心有所寄，神气相守，亦权法也。调息与数息不同，数为有意，调为无意，委心虚无，不沉不乱，息调则心定，心定则息愈调。真息往来，呼吸之机自能夺天地之造化。"（《明儒学案》卷十二）他认为调息可以收摄精神，是达到体悟本体的重要途径。动的功夫是指人的情绪、念虑发动之后，主体如何通过一系列心理活动的调控而克制情欲、体察天理。"察识"是一种动的功夫，人的心与外部事物相接后，马上会激发出许多纷纭复杂的情感欲望，他应该在“已发”之后仔细体察自己的各种情感欲望等心理活动，哪些是人欲要克制，哪些是良心要加以培植。

无论是格物致知的知识化程式，还是心性觉悟的体验化程式，其目的都是一个，即是对天理的体认，达到“天人合一”的精神境界。朱熹说：“尊德性，所以存心而极乎道体之大也；道问学，所以致知而尽乎道体之细也，二者修德凝道之大端也。”（《四书章句集注》）

理学的身心修炼强调知行统一。朱熹常常讲的“知行常相须”：“致知力行，用功不可偏。偏过一边，则一边受病。”（《朱子语类》卷九）王阳明讲“知行合一”：“知之真切笃实处即是行，行之明觉精察处即是知。知行工夫本不可离。……此区区心理合一之体、知行并进之功，所以异于后世之说者，正在于是。”（《传习录》）

理学修养包括“明心”“定性”“察识”“涵养”“主敬”“穷理”等多种，或者是调节情感，或者是心灵体察，或者是意志凝聚，或者是知识积累。这些功夫所要实现的目的是要消除个人的主观限制、私我情绪，打破人、天的界限和主、客的隔阂，进入到“理一”的道德境界和天地境界。

理学是宋明时期出现的一种哲学化的、作为东亚儒教思想核心的儒学形态。作为一种成熟度高、体系完整的思想理论形态，宋明理学主要探讨了天理与人性这一核心问题，追求既承担社会责任又有个人的身心自在、既有忧患意识又不放弃闲适心态、既坚守道义情怀又具有洒落胸襟的“圣贤气象”的人格理想，其中关于人生境遇、价值追求、人格理想、生命境界等问题的探讨，对于当代人都有启发意义。

儒家学说本来就注重人们的日常生活，强调生活中各项礼仪规范和道德的实践。当代的儒学研究同样是立足于生活，服务于当下的生活需求。我们如今的社会正处在一个转型时期，面临着和唐宋时期社会转型相似的境遇，就是制度与信仰的双重缺失，所以，探讨宋明理学的形成和发展，对于我们当下社会的建构，尤其是启迪我们的人生有重要的意义。

【作者简介】

- 湖南大学岳麓书院国学研究院院长、教授、博士生导师
- 湖南省社科联副主席
- 国际儒学联合会副理事长
- 湖南践行国学公益基金会常务副理事长
- 湖南人极书院院长

王守常 | 中国智慧①

中国文化的特质

我今天要讲的题目是“中国智慧”，这也是我多年对中国哲学研究的一种心得。

我就从“中国”两个字讲起，各位在小学读书的时候就知道中国这两个字，但是这两个字在中国二千五百年历史当中，孕育了丰富的内容。这个内容可能在座各位不一定全部知道，所以我就从中国两个字讲起。“中国”最早出现在夏商周时代，跟这两个字相近的还有大家所知道的“华夏”，还有“天下”。华夏是什么概念呢，华夏的华是指的服装，有服装之美为之华，夏是指礼仪。

这个礼仪不是我们现在讲的一种形式，这个礼仪是制度涉及，天下我放在第三个解释。接着要讲中国，中国两个字在商周出现，和仪礼相对，叫“中国在内仪礼在外”，这个首先还是一个地理的概念，今天我画一个图，商周时代地形图没有一个地理概念，我就用现在中国行政图画。这是现在中国的行政图，黄河然后长江，商代政治中心就是我们现在河南的安阳地区，从西部来的一支族群周，建立西周。从陕西的陕北开始，杞县，周王朝在灭商朝以后建立起来，南部有上海，武汉就是楚国中心，四川成都这个蜀国，往下走包括现在东南亚半岛这个地方当时称为南蛮；这个是朝鲜，这是日本，包括现在菲律宾、斐济等，这边叫东夷；那个时候还没有长城，不过长城这条线是

① 根据王守常教授在第10期企业家国学践行研修班（2015年3月14日）的讲课录音整理而成。王德民教授进行了文字编辑。

草原文化和中原文化的分界线，包括现在俄罗斯贝加尔湖地区，这个地区叫贝利，甘肃天水往西，古代叫葱岭，现在叫巴希尔高原。中国首先是一个地理的概念，从商周开始，说中国是什么，中国者，聪明睿智之所集，这个地方居住着聪明睿智的人群，不仅有丰富物产，同时创造大量的财富，礼仪之所思，推广礼仪文化，师书教育之所用，这个地区推广一种奇特、新的技术。下面说四夷易行也，中国和周边关系是什么关系，是希望四夷向中国学习，中国不仅仅是地理概念更是一个文化概念，宋朝有一个学者，写了一篇文章叫《中国论》，文章不是很长。

当四夷住洞穴时中国已经有了建筑，四夷没有君臣概念时中国已经有礼仪建设，没有学习的时候中国已经创造了文字，你穿你的衣服我穿我的衣服，各不相扰，各自为安，为什么要写这个文章，因为北宋受到辽金进攻，宋朝统治者到我们现在的杭州建立南宋，草原文化族群说应该来中国学习，如果不学习就不要扰乱我们，清末谭嗣同讲了这么一句话，说国能礼仪中国治，中国不能礼仪的话，仪礼之。这句话让我们从二千五百年历史文化延续过程当中知道，中国不是地理概念，不是宗族概念，而是一个文化文明代言词。我们在这样一个时代，中国加工，中国制造，中国成为一个世界负责任大国的时候，我希望在座各位能够从二千五百年历史背景当中来理解中国，因为二千五百年的中国跟周边族群，是一个和平睦邻的关系，18世纪中叶中国是最强大的国家，中国和周边国家关系永远是最和谐的关系。我们现在有两个概念，天下概念在春秋开始时就有了，到了汉代这个概念确立起来。天下是什么概念？是以中国为文化中心的和外化之民，从周代开始，周王朝是礼仪之邦，建立在一定经济制度之上，这个经济制度是朝贡制度，这些外化之民在价值理念上认同中国，有我们现在的概念叫文化中国概念，这样一个体系叫天下。二千五百年中国走下来是天下的概念，这是我们现在要重新认识的、从历史当中了解中国的非常重要的概念。

我们总理到联合国一般辩论会表态说，我们中国强大了也不会称霸，我不反对这种表态，其实这种表态在某种意义上不一定完全被他人所理解，为什么？因为国与国之间是一个利益冲突的概念，这种表态是表达自己的价值理念，反过来说我用二千五百年历史告诉世界，中国对其他民族国家没有任何的地域概念，没有侵略概念，这就是我们中国在历史当中具备的重要一点，这是我要讲的第一个概念。

第二个概念，我们讲一下中国的智慧里面，非常重要的一个概念。这个概念就是“中庸”，所谓中庸就是折中，调和，无原则，和稀泥。历史当中这个概念是什么意思，最早我们知道这个出现在《论语》当中，《论语》认为中庸是最高德，孔子对那个时候很有感触，在春秋战国百姓已经很少了解中庸，中庸不仅是一个德性，而且是一个思考方法，我们叫一分而三——不是我们了解的一分为二，一分为二很容易导向两元对立思考，很容易引起对和错的判断。六十年来我们讲的都是两元对立价值的正确和错误判断，我们说社会主义好，资本主义就不好，我们“宁要社会主义草，不要资本主义的苗”，凡是敌人反对的我们就拥护，敌人拥护的我们必然反对，这样逻辑推下来很可笑。我们提出我们思维方法可不可以调整，从自己三千年文化中寻找资源，我不太喜欢与时俱进的话，作为一个个人鼓励立志没有问题，作为文化选择，作为国家文化选择这个不合适，时代所表达的东西没有经过历史的沉淀，我们很难给它定性。1935年有一个非常重要的学者，这个历史学家说，一个民族大胆向外国民族学习的同时，不要忘记本民族传统。我归纳为叫反本开新，我们今天从这个角度，从中庸角度讲一下中国思维方式，思维方式不是一分为二，什么叫中庸，不仅是一种道德，同时也是一个思考问题的方法。第一点请各位记住，中国智慧是讲了一句话，凡是大德必有大智慧，我相信陈光标先生就是一个大德，所以陈光标最有智慧，我不相信黄光裕是大德，2007年我说他会遇到大麻烦。第二点，中庸是一种德性，同时是一个思考问题的方法，在《论语》中中庸指认识事物形式要认识事物内容，认识事物发生原因，认识事物发展结果，研究两端的同时要持中，把握中，当然这个“中”，各位要理解，不是50%，中央的中，中就是三，研究事物两端要持中，要从第三个角度看问题，中国古代三就是多的意思，要从多个角度思考问题。在从多个角度思考问题的时候，持中无权，权是什么意思，权是变的意思，从第三个角度，多个思考问题不要忘记变的概念，认为我们说任何一件事物都存在于一定的时间和空间之内。举一个例子，现在很少见到，五六年前，在最繁华交通路口都会有两句话标语，“宁停三分，不抢一秒”，这个标语对复杂空间概括很清楚，路口交通特别繁忙杂乱，不然会出现危险。但你能不能把宁停三分不抢一秒搬到你的生产车间，这样可以不可以？不可以。

任何一个事物的存在都在特定时间和空间之内，没有一个事物能够超越时间和空间，成为永恒的真理，因此我们在把握第三个角度看问题的时候，要有变的概念，就会落在一边走向极端。我们说几个例子，第一个例子是讲古代有个舜王，这个舜王，历史文献中给他一个大称号，就是大孝子，这个孝子做了一个事情，叫娶而不告，娶一个老婆不告诉父母。各位不是历史事实考证是一个逻辑辩论，舜王为什么娶而不告，因为他告而不娶，如果把结婚事情告诉父母，父母就不让他娶。怎么思考这个问题，是在不娶还是早娶两点思考问题，他换了一个角度想，叫“不孝有三，无后为大”。从第三个角度想问题的时候叫娶而不告，从第三个角度看问题，这个就是我们中国孝文化里面“不孝有三，无后为大”。不孝有三，大孝尊亲[1]，在文献里面解释很多，很简单，父母之意不可逆。各位在这个年龄，父母七八十岁也有，人年龄大一点容易很固执，怎么劝也不听，《论语》说要已谏，就是轻微劝，但还是不听，所以叫建智不从，做子女就劳而无怨，喜是因为他们年岁大，在世，另外因为年岁大，生老病死不是你能掌握的。在儒家文献里有，父要不慈，子可以不孝，君是臣石边一个土界，君可以视臣为贼。第二是讲“弗辱”，父母在世，我们做子女不能触犯法律，如果触犯法律受到法律惩罚，会给父母带来屈辱，由此让父母折寿，所以中国孝文化第二句讲了这个意思。

第三膝下，讲能养，各位已经做到，做子女有一些钱给父母，买一些营养品，钱多一点就换一个有阳光的房子，晚年舒服一点，所有这些都是能养的概念。中国文化里面把这样能降变成三顺，变成不孝有三最低的层次。我讲课经常说到一句话就是“常回家看看”，歌词充分把中国不孝有三表达清楚，为什么要常回家看看，首先表示对父母的尊敬，为什么要回家看看，父母高兴，因为你没有被双规，没有违法犯罪，所以做到了第二弗辱，第三能养，这个在中国文化里面不孝有三样，但是比这个还大是无后，没有后代便是不孝是古代宗法社会决定的，跟今天社会有很大差距，才有这样一个概念，之所以舜王娶而不告，他考虑问题是无后的问题，告不能娶，就娶而不告，是不是一个历史事实，描述是一个逻辑判断，看问题不在娶上，也不能在不娶上，要跳出来看问题。

---

① 《礼记·祭义》中说：“孝有三：大尊尊亲，其次弗辱，其下能养。”孝敬父母有三个层次：大孝是使父母受天下人的尊敬，其次是不让自己的言行使父母受辱，最基本的是尽自己的力量养活父母。

第二个例子，中国古代有这样一个概念，男女授受不亲，授受是交手，男女不能交手，这是重大礼仪原则，男女之大际，既然男女不能交手是一个最大原则，有人问你嫂子掉到井里面怎么办，按照这句话也不能救，因为她是女人，但这样就死人了，孟子怎么回答，说嫂溺要援之以手，这个就是一个结论，如果把男女授受不亲当成原则，援之以手就是灵活处理，是落在原则上还是在灵活上，既不能在原则上也不要在灵活上，因为要看到是一个特殊场合。还有另外一条原则，就是中国文化以儒家为首的，给各位安置四种心：生来有是非之心、羞耻之心、慈让之心——就是礼让、恻隐之心，恻隐是同情，四种心叫天觉，对立面就是人觉，我不是生出来就可以当教授、院长，这是我努力一生，别人给了我一个荣誉，而天觉就是生来就有。从中学讲的辩证唯物主义开始批判了，这个批评都是错的，不能用先进与落后、对与错讨论这个问题，这是某一个理论自己设置了一个前提。为什么有不好的人，因为把四心丢掉了。儒家说求放心，这不是一个对错，也不是唯物主义、唯心主义的问题，像佛教说在座各位都是从无名发生的，无名就是浑浑沌沌，基督教说，亚当夏娃不听上帝吃了苹果，各位带着原罪来到世界，各位要天天向上帝祈祷，因此我有四心，在特殊场合下要灵活处理，思考问题方式不是落在两点，而是从第三个角度看问题。

再说一个例子，《论语》中有一段话——这个概念叫直——有一个老朋友对孔子说，他们那个地方人十分正直，其父攘羊，父亲偷了一只羊，儿子告发了他，孔子说你那地方是这样，我这个地方是这样，子为父隐。字面意思是，父亲偷了一只羊，儿子为父亲隐瞒起来，父子互相包庇，我们常常误解孔子藐视法律，不是，孔子说怎么引导国家，要导之以政，用政令、政策引导社会，其之以行，在这个地方不是讨论藐视法律的问题，这个地方讨论的是直，用今天汉语叫直正，还包括人情的问题。最近看看我们法律问题讨论，父子问题，亲情问题，可以在法律上量刑减弱，其实这在中国古代就讨论了，西方法也有所保留，我父亲偷了羊，我可以请求回避，因为在一个合理社会，既要有人情的同时也要有法，只有法的社会不是一个人道的社会，在这个地方孔子讲的是情与法的问题，不是只讲法的问题，也不是只讲情的问题，这个又是一个例子。

我们再看另外一个概念，在《孙子兵法》里面讨论的，说士兵跟你没有建立情感关系的时候，惩之则不服，用制度时管理士兵，他不会从心里面认同你，不服则埋怨；前面这一段是讲情感管理，后一段士兵已跟你建立亲情关系，结果不用制度管理。这个法为制度，不用制度管理则不可用，这个地方讨论的是情与法，情与制度也不能落在某一边，不能落在情上，也不能落在制度上、这个概念在另外的文献也出现了，说"政宽则民慢，慢则纠之以猛，猛则民残，残则施之以宽"，这个是中国早期《战国策》中提到的，政是什么概念，是政策政令，政令制定比较宽泛，当你看到这种散漫情况，作为一个管理者要纠正，所以"慢则纠之以猛"，用猛纠正散漫状态，猛就是严厉的管理，包括建立一套非常复杂的操作手册，用这个办法管理。所以政宽变成散漫，散漫要用严厉纠正，另外的情况出现了，"猛则民残"，这种结果让下属失去积极性和创造性，不需要创造性不需要积极态度工作，要看到你给他制订管理条例，你的管理条例比先前要复杂得多，有四五条大原则，还有七八条执行细则，每个员工只要看管理条例就可以了，积极性会丧失，因此创造性也不会发挥，这种情况一出现又要调整，"残则施之以宽"，把条件设置宽泛一点。这个过程不是严就是宽，不是宽就是严，只在宽和严上想问题，古人说"宽以济猛，猛以济宽”，济是帮助的意思，就是说宽猛相济。不能落在宽上，也不能落在猛，所以最后说“宽以济猛，猛以济宽”正式议和，用和来主导。

举了这么多例子，想说中国传统思维方式，不用两点考虑问题，而是从第三点考虑问题，从第三点考虑问题关键是“和”字。我们把这个概念做一个解释，这个概念非常重要。这是中国文化里面非常核心的概念。

我想这么几年我们提的最好口号，就是构建和谐社会，这个最符合中国文化传统，但这个和谐社会不是统一思想，统一意志不是这个概念，先秦有一个讨论叫“和同之辩”，谁主张和儒家主张和，制度根本作用是要推崇和。谁主张同墨子有一篇文章叫《尚同》，同就是统一思想。

下属跟领导要形成这样一个不同的意见，而不同意见其实就是多，因为中国古代最早“和”字出现在音乐里面。中国古代音乐有五个音阶，根据不同的序列和节奏组成和谐的乐章，和谐一定是多元化。在我们过去的历史中，我们相信用斗争办法解决统一问题；今天中国社会已经形成了不同的阶层，而不同阶层在中华人民共和国体制内能够和谐共存。每一个不同阶层的人有其发言机会，社会制度保障了其申诉的权利，这才是构建和谐社会。儒家说这样一个和谐社会每个人要发言，我们在座有二千多人，每个人要上台讲课不现实，儒家说和是好，所以叫“知和而和”，我知道和非常重要，和是允许多元化存在，不用理截止它，和是很重要，但是不用理截止，所以你看看儒家说法不可以落在一边。这就是胡锦涛总书记的讲话，民族法制，公平正义，人与自然和谐，人与人和谐，完全符合中国传统，这个就是和谐社会。这就是说今天任何人的思维方式，回归经典都会找到他的资源，今天我希望每一个人，都要回到经典时代，阅读自己的经典。

中国文化需要返本开新

1. 把中国文化价值观推向世界

在20世纪30年代有一个学派“学衡派”，陈寅恪是这个学派的精神领袖。他在《学衡》杂志上说：“一方面不忘记本民族的文化传统，另一方面努力向西方学习。我认为可概括成四个字：返本开新。”这个学派的陈寅恪、汤用彤等都是在学界建立文化典范的人，他们有很好的传统文化的基础，又都在国外留过学，受到西学的训练。比如，陈寅恪先生的治学方法、立意都非常高，都是怎么让中国接受世界文化，又怎么让中国文化走向世界。所以中国文化书院有一个坚持了将近二十五年的宗旨，就是冯友兰先生讲的：让世界文化走进中国，让中国文化走向世界。

现在常说随着中国经济的发展，人们开始追寻中国文化的主体意识。主体意识在国学中应该是自己对人生、对生命的感悟和认识。中国人还是要在自己的文化中找到让自己安身立命的东西。这也是我提倡的，要返本开新，既回到自己文化的传统中，又接受西方的文化。因为说到底，大到国家综合国力的提高，小到一个成功的企业家都会遇到这样一个问题，就是发现真正让中国走向世界，或者让企业立足，不只是提供一个多好的产品，而是提供一种思维方法和价值观。当思维方法和价值观念被世界认同的时候，才能是一个真正的强者。至于学习企业管理、经营模式那都是具体方法的层面。在哲学的概念里，这是一个“道”和“术”的关系，“道”一定是在“术”当中，或者是在“器”当中。

哲学要追问的三个问题是：“我是谁？我从哪里来？要到哪里

去？”一个国家富强了，一样也要问这些问题。中国承继着数千年的文化传统，未来的中国应成为世界负责任的大国，那么现在的中国综合国力有了很大的提高，我们既要学习西方文化，又不要忘了本民族文化。因为，中国要成为世界中的负责任大国，不能只是凭借综合国力有多强，还要把我们的文化价值观念介绍出去，被其他国家、民族所理解、接受，才可以说是真正的大国。所以，国学在今天有所发展也是一个必然的趋势。

1985年我在新加坡访学，开始把国学运用于对商业的思考。那个时候“亚洲四小龙”兴起，也引起了关于西方经济模式和东亚经济模式比较的讨论。人们认为东亚出现“亚洲四小龙”，一个重要的原因，是这四个地方都是在儒家文化圈里面，所以说中国的文化、儒家的文化，对亚洲经济是起到了很大的推动作用的。我应该算是亲身经历了这几个地方，在我看来，从文化的角度来说，儒家文化是亚洲经济发展一个很重要的原因。但是显然，东亚经济的发展，肯定有这个地区文化特殊的原因，就是这个地区的人所认同的一个观念，也就是李光耀所说的“亚洲价值观念”，这其实就是中国化的价值观念。我想有一点，无论中国香港地区、中国台湾地区或者新加坡、韩国、日本等，在社会价值的认同上，儒家文化和中华文化影响处处可见。随着中国改革开放，中国经济的高速发展，人们渐渐意识到中华文化价值观的重要性。

现在，传统文化得到人们的喜爱和重视。各地的国学培训班开始升温，文化传统开始复苏，这就是一个好的气象。《开心词典》也好，于丹也好，大众媒体纷纷开始了对传统文化的介绍，引导大众关注经典文化，这使大众和文化传统有了接触，其实这样也很好。我并不反对用比较商业化的手段来推广国学。正如没有丝绸之路，佛教哪能传进中国；如果蒙古帝国没有达到欧洲，中国文化也不可能那么快得到传播；郑和下西洋也带去了中国文化。文化传播一定是和经济活动连在一起的，所以，通过一些商业活动来传播文化，一点都没有错。但是在推广过程中，追求的利益要合理，要取之有道。如果认真说的话，国学不能做心灵鸡汤，也不能当快餐，还是应该回到经典。任何一个时代的进步都是要回到经典，比如说文艺复兴就是回到经典，同样我们也要回到经典，我们不能仅仅通过娱乐的方法，而是要认认真真地去读经典，这个不是政治可以推动的，还是需要每一个中国人自己明白的道理。

2.“德”是中国文化很核心的概念

我也不太同意“商场等于战场”这种价值观。商场应该是人们拼搏、敬业、创新、奉献精神展现的场所，而不是“拼杀”的战场。学会欣赏你的竞争对手，而不是在“朋友”“敌人”的二元选择中思考你的交易，这应该是企业家经营的最高境界。

所以企业不要仅把利润最大化作为自己的最终目标，而要把共赢作为自己的目标。一个企业要真正做好的话，是应该有对民族、对社会、对国家的责任的。所以我常说德可以分为大德与小德。“小德”就是自己的道德修养，“大德”就是对民族、社会、国家的责任感，这就是儒家说的“修身、齐家、治国、平天下”。企业做到一定规模，一定要有这种责任感。《易经》的《坤卦》说得好，“厚德载物”，没有这个“大德”，就撑不起企业、国家这么大的一个“物”。孟子说：“天下之本在国，国之本在家，家之本在身。”可以让我们理解一个人要有道德责任，一个企业也要担负起民族、社会、国家的责任。

美国的哈佛商学院已经有了伦理课程，他们出版了《经济伦理学》《财会伦理学》《人力资源伦理学》等很多书，也已经有了翻译版本。西方经过几轮的经济发展已经意识到了经济活动中人的问题，而我们还没有充分认识到经济伦理的重要性。

西方的商业伦理和我们说的商业的“礼义秩序”没有什么不同。在做生意的过程中，人要追问自己，是否符合基本的道德约束。作为个人，需要“格物、致知、诚意、正心、修身”，如果企业比较小的话可能影响不大，但如果是规模大的企业，就必须有民族、社会、国家责任感，也就是要求“齐家、治国、平天下”了。否则，诸如这几年那些迅速成长的企业，因为领导人的道德缺失，瞬间破产或规模急速萎缩，不是让人唏嘘的例证吗?

现在在国学的推广上，加入了不少商业化的手段，同样需要注意这个问题。希望这么多从事国学相关培训推广的机构能够心有所系，真正地推广文化，如果目标变成利益最大化就会出现很多问题，容易造成人们对国学的一些误读。中国文化中有“义利之辨”，可是人们只片面理解“君子喻于义，小人喻于利”，而忽视了《易经》中所说的：“以义取利，不谓之利，而谓之义。”当这个“利”的取得是为了大众，那就不是“利”，而是“义”了，所以通俗地说就是挣钱要有道德原则。

不顾及“义”，而单纯地追求“利”，挣钱没有道德原则，是被中国传统文化鄙视的。没有自我道德意识，没有对国家、社会的责任，那是不可能长远的，很多商场上失败的人已经说明了这一点。如今的商战也可以说是道德战，企业无视道德约束，只把《三十六计》作为经营的手段，那么企业规模越大，思维越可怕。很多企业家都认同我这个观点，让企业最终站得住、站得稳的，是你对市场规律认识的全部，而不仅是利润最大化。

虽然我自己没有在商场的经历，但我见过的商人绝非是尔虞我诈之人，这点给我很多感触。应该说，“德”是中国文化很核心的概念，所以我讲《孙子兵法》的时候说，“以德治兵者得天下”，这也是我在授课时最希望传播给学生的。

3. 秉承师生对话的书院传统

当前书院教育的兴起是中国文化复兴的一个标志。晚清学者章学诚说过，私学的发展是学术自由发展的必经之路，季羡林也一直主张官学、私学要共同发展。从教育制度上来说，孔子对教育制度的最大贡献就是办了私学。在美国，常春藤等五所大学全部是私学，它们为教育建立了一种教育的模式，提供了一种发展的制度，推动了整个西方教育的发展。

现在社会上有不同的力量在办书院。有一些退休下来的领导想做一些事情，所以主办了不同形式的书院，或者企业家拿出一些资金来投入书院的教育，这些都是好事情。大家都有一些意愿，比如在今天这样的经济发展状况下，怎样用这种方式进行一些研究，设立一些课程，通过一种教育环节使这样的价值观念得以推广出去。

古代书院的功能，比如讲学、藏书和祭祀等，现代书院对于这些传统的传承，要“温故知新”，其中一个重要功能就是古代书院教育的方法，老师和学生是一个对话的状态，教书育人，教学相长，今天制度化的学校就缺失了这些。书院传承了一个师生之间共同切磋、因材施教的传统，老师是道德楷模，不仅是教授知识，更多的是教做人的道理。所以《大学》说：“大学之道，在明明德，在亲民，在止于至善。”

我们书院这么小的图书馆，虽然不可能把书籍全部收集，但几大类书籍都是全的。现在也有一个数据图书馆，研究方法变得很便利了。但是又出现一个问题，因为容易，所以只是进行概念研究而忽视了前后文的意思，这样的读书是只讲效率。现代化的标志就是效率化，但在学术上不能只讲效率。用大讲堂的方式、用多媒体的方式来传播文化，这些都没有问题，但是如果因此忽略了认认真真坐下来读经典，那文化就变成快餐了。退一步说，当文化连快餐都不是的时候，就不会有人对文化有兴趣，所以像现在这样有人周末不休息，来这里读国学班，就已经是一个很好的现象了。

4. 希望国学带来清新的空气

现在我们国学院已经招收了几批学员，学习国学的企业家非常多，我自己也去全国各地几个有名的商学院讲课，可以说出现了一个“企业家学国学”的热潮，这大概也说明了企业界需要一些国学方面的知识。

国学院通过自己很独特的课程结构和修习方式吸引了很多学员。一个是在课程架构当中，以中国传统文化为教学的主要内容，除了知识的传授以外还有道德理念培训，还有养生概念的传授。一个人在今天的社会里怎样养生，也是很关键的一部分。这个养生，不仅仅是讲养身，还需要养心，所以我们把养生的概念和文化知识，还有道德培训互相调整，构想了这样一个课程。

另外，我们把佛家、道家、儒家放到一块，三家合一。各家、各教的理论在一个课堂先后进行，会有一些冲突也是很正常的。比如，儒家不讲“神”，道教就讲“神”；儒家讲人是有良知的，人性本善，佛教则认为人从“无明”开始，长了眼、耳、鼻、舌、身，于是观察世界有了分别心，就有苦恼，如果你信仰佛教，佛教就帮你破除苦恼；道教认为人是来自“气”，因为只要练好丹法，就可以升天了，可以长生不老了。但这些都不存在相信不相信的问题，每一家、每一教都立定了一个教化人的方法，这些差异都是正常的，不可能是千篇一律的。让这个班有多种观点和意见共容，儒、释、道“三智”圆融，这也是我们的宗旨。

企业家们进入书院学习国学，一般都最希望提高自己，使企业得到发展。但是大部分人上完课之后，对他们来说，企业的发展已经不是最大的苦恼与困惑了，最主要的目标变成了自我人格的培养。怎么让自己的心理变得平静，思考问题变得多元化，这大概是他们得到最多的。通过这样的学习使自己的思路打开了，使自己对人生有了感悟，这大概也是国学班在今天所产生的作用。我相信有道德责任、有睿智思考的企业家，他们的企业一定会有更大的成长。希望国学给中国企业管理带来一股清新的空气。

【作者简介】

- 北京大学教授
- 中国文化书院院长
- 北京大学中国哲学与文化研究所副所长
- 湖南践行国学公益基金会专家委员会委员、特聘教授

唐浩明｜曾国藩的家庭教育①

人的成长不能离开教育。教育主要包括社会教育和家庭教育两个方面。在现代，虽然教育更多地由社会来承担，但家庭教育仍然有着不可替代的作用。中华民族是一个重视教育的民族。在漫长的封建时代，建立在亲亲文化基础上的儒家学说一直占据着主导地位，故而家庭教育也便在教育中得到很高的重视。以《颜氏家训》《治家格言》为代表的家庭教材，历朝历代，在许多家庭中都以不同的形式出现过，它们在传承文化、培养人才、造就中华民族的民族精神民族品格等方面发挥重大的作用。比如大家所熟知的一些格言“莫以恶小而为之，莫以善小而不为”“非淡泊无以明志，非宁静无以致远”等，便是出于刘备、诸葛亮对子侄辈的家教中。在近代，有一个人物在这方面所做出的贡献，尤为受到后世的广泛赞誉，此人便是曾国藩。

对于曾国藩，大家可能并不陌生，他是中国近代历史上的一个著名人物。他有着传奇性的人生：他是一个地地道道的农家子弟，没有任何的依傍与靠山，靠着自己的努力，走进最高权力圈。他是一个纯粹的书生，却白手起家组建了一支军队，仗着这支军队平定内乱，改写历史，也让自己封侯拜相，实现封建时代男儿的最高理想。此人持身严谨：身为军事统帅，却自奉如同穷书生；手握生杀大权，却谦退自抑；一生供职官场，却平实朴诚。此人思维独特：三十多岁一切顺利时，他却提出要求阙不求全。辉煌荣耀无人可及之时，他却主张人

① 根据唐浩明主席在第10期企业家国学践行研修班（2015年3月15日）的讲课录音整理而成，并呈送唐浩明主席审阅。刘慧萍老师对录音速记稿进行了文字编辑和整理。

生的最好境界是花未全开月未圆。此人见识卓越：在面对着国家因贫弱受欺侮、举国上下苦无对策的时候，他力主学习洋人造炮制船的科学技术。他的建议终于化为国策，由此揭开洋务运动的序幕，为中国走出封闭、徐图自强指出一条光明之路。他因而赢得人们对他的尊重，尤其是近代中国的政治家们更是对他敬仰有加。蒋介石以他为偶像。

除了大政治家、大学者外，曾国藩还有一个当之无愧的头衔，即优秀家长。

之所以把曾氏称为优秀的家长，主要有两个方面的原因。

一是他编写了一部极好的家庭教育的教科书。曾氏的一生，给他的家人写了一千多封家书。他的家书内容丰富，涉及面广阔。尤其可贵的是，他在给子弟的大量书信中，结合自己艰难探索而得来的切身体验，耐心细致地向他们传递中华民族的优秀文化。

因为此，近世中国有识之家，莫不把曾氏的家书奉为治家的规范。蒋介石给儿子写信，常常会说，我近来很忙，没有时间写字，《曾文正公家书》中的第几封，即我此刻要对你说的话。毛泽东故居至今仍保存着封面上写有“润之珍藏”的四册线装本曾氏家书。这两个例子极具代表性地说明曾氏家书在近世中国人心目中的地位和影响。

二是他的家庭教育的成果特别显著。他的四个弟弟（分别比他小九岁、十一岁、十三岁、十七岁）、两个儿子，都是在他的教育下成长的。四个弟弟中后来有三个走上前线，带兵打仗，成为他事业上的得力助手，尤其是打下南京的九弟贡献最大。他的大儿子曾纪泽是近代著名的爱国外交家，在沙俄虎口中夺回四百平方里的土地，是近代中国在谈判桌上为国家争得利益的唯一外交官员。他的小儿子曾纪鸿是一个数学家，致力于圆周率的研究，曾把圆周率推算到小数点后的一百位，属于那个时代世界领先的地位。他的家族后代人才辈出。他的直系后人，有第三代的著名诗人曾广钧、外交家曾广铨、实业家外孙聂云台，第四代的著名教育家曾宝荪、曾约农、做过台湾高级官员的外孙俞大维。他的弟弟的后人中有第四代的著名化学家曾昭抡、著名考古学家曾昭燏，第五代的著名革命家曾宪植、著名画家曾厚熙。有人做过统计：曾氏家族从曾国藩的父亲以下到科举制度废除的七十余年间，共出秀才、举人、进士、翰林二十多个。实行新式教育制度后，他的子孙大都大学毕业，留学外国。古人说“君子之泽，五世而斩”，曾氏家族却五世不斩。这种家族福泽长久绵延的奇迹令人敬仰。

曾氏家族为何能创造出这样的奇迹呢？有人可能会说这是基因。一代两代，或许是基因的影响，三代四代后，基因基本上不会起作用。这种奇迹的创造，应该归之于家风。什么是家风？家风就是一个家庭中的文化氛围。这种文化氛围是可以代代传递下去的。曾氏家族的家风是曾国藩开创的。我们来看看他所培植的家风有哪些主要内容。

孝友

曾氏在家书中说过这样的话：“吾细思天下官宦之家，多只一代享用便尽，其子孙始而骄佚，继而流荡，终而沟壑，能庆延一二代者鲜矣。商贾之家，勤俭者能延三四代；耕读之家，能延五六代；孝友之家，则可以绵延十代八代。”

这段话的意思是说，他曾经仔细思考过，天下做官的人家，荣华富贵大多只维持一代，官家子弟刚开始是骄奢淫逸，接下来是行为放荡，最后死无葬身之地，能再绵延一两代的很少。做生意的人家，勤劳俭朴者，则财富能绵延三四代。既种田又读书的人家，好的景况可以绵延五六代。若是孝友之家，则良好的家风，可以绵延十代八代。

什么是孝友？孝，是对长辈的态度：恭敬顺从。友，是对平辈的态度：善意仁爱。一家人若以孝友态度相处，则家庭的兴旺可持续到十代八代。

从曾氏这段话里可以看出，在他的心目中，无形的良好家风要胜过有形的权势财富；辛辛苦苦挣来的家业要胜过从官场商场中得来的富贵。当然，官宦之家、商贾之家也可以造就孝友家风，只是权和钱最是容易腐蚀人的两样东西，孝友要在这样的家庭中扎下根来很不容易。身为大官的曾氏，所以要处心积虑，时时刻刻谈家风，其原因就在这里。他在一封给守家的四弟的信中说：现在我给老弟谈艰难等话题，老弟能够有同感。这是因为你也曾经有过艰难的岁月，但是如果跟子侄辈谈这个话题，他们会听不进，因为他们从小就生活在富裕之中，只做过大，没有做过小。曾氏这段话说得很准确。对“富二代”“官二代”所进行的教育之所以难，其深处的根子就在这里：没有经过艰难。

勤俭

曾氏家书中出现得最多的两个字，即勤与俭。

他说：“身勤则强，家勤则兴，国勤则治，军勤则胜。”又说：“勤则兴，懒则败。”“千古之圣贤豪杰……不外一勤字。”还说：“天下古今之庸人，皆以惰字毁。”

他给家里定下规矩：“吾家子侄，人人须以勤俭二字自勉。”

他甚至规定：吾家男子，要勤于看（浏览翻阅）、读（认真仔细阅读）、写、作四字，即勤于读书写文章。吾家女子，要勤于做家务，做女红，做小菜，等等。他为两个媳妇和一个未出嫁的女儿定了一个指标：每个月寄点小菜到军营给他吃，还要求她们每个月做一双鞋。

作为一个农家子弟，作为生活在物产维艰的农业社会的一个团队领袖，曾氏深知，勤劳是一切财富、成就获得的根本手段，也是最稳妥可行的正途。他要将自己的这个体验不厌其烦、切切实实地传递给他的家人和子孙后代。至于俭朴，既是对物产的珍惜，也是一种人生态度。物质的追求是没有穷尽的，物质欲望的满足也是难以达到的，这就是人们常说的“欲壑难填”。即便是在物质产品已经很丰富的今天中国，仍然需要提倡俭朴，提倡节约，反对浪费。浪费将导致资源的过度挥霍。英国物理学家霍金这样说过：地球进化史持续50亿年，而人类文明从开始到现在顶多20万年，可是这20万年已将50亿年积攒的资源消耗一半。也就是说再过20万年，人类如果没有找到别的可供居住的星球，人类就要灭亡。再则，奢华的享受其实是没有必要的。古人说：巢林不过一枝，饮河止于满腹。俭朴的生活方式其实是智慧的选择。我们看，历史上那些穷奢极欲者，没有几个长寿的，如中国历代帝王，活过80岁的，只有几个人，近代如一妻九妾的袁世凯，有“谭厨子”之称的谭延闿，都没有活过60岁。而生活俭朴者往往高寿。三十多年的改革开放，我们国家出现一批各个领域里的成功者，以及一个中产社会阶层。大家有没有注意到，大部分高素质的成功者和中产阶层的代表人物，在谈到自身生活要求时，都有一个共同的表述，即生活简单，有的甚至长年吃素，定期禁食。这说明在物质日益充裕的今天，许多智商很高的人更懂得简朴的生活才是人生的真谛。

读书

古往今来，读书应是接受教育的最为主要的途径。无论是做人的道理，还是谋生的手段，无论是过往的历史，还是身外的世界，最为便捷的获得，只有读书。舍读书之外，似乎找不到更好的方式。由读书而改变命运的曾国藩，自然比别人更懂得这个道理，因此他也更加重视子弟的读书。

自从他做官之后，他的四个弟弟的学杂费都由他提供，他先后接过三个弟弟进京读书。每次家信，都是长篇大论不厌其烦地与四个弟弟谈读书，谈治学，谈为人。诸弟做的诗文，大多随信寄到京师，由他改定后再寄回来。他常说，父亲就是这样教他读书的，他有责任指导诸弟读书。

对于读书求学，曾氏还有高人一筹的认识，即认为读书可以改变气质。人们通常把气质视为与生俱来的本性，难以改变。其实，一个人的气质本来就是先天与后天的共同产物；即便是本性，也是可以改变的。改变的关键在于学习修炼。读书是学习中的一个重要环节。咸丰十一年（1861年）年底，曾氏得到一架洋人造的望远镜。他发现能看到很远之外物体的望远镜，其实就是用几块打磨而成的镜片组合而成的。他想到洋人造的轮船枪炮，也无非是将铜铁、树木琢磨成器而已。于是，他明白了一个大道理。他将这番感悟写在当天的日记中："因思天下凡物加倍磨治，皆能变换本质，别生精彩，何况人之于学？但能日新又新，百倍其功，何患不变化气质，超凡入圣？"

曾氏认为，人之读书求学，每日自新，就好比物体之受磨砺陶铸，既然磨砺陶铸可以使物体的本性得到改变，那么人经过日新又新的读书求学，天生的气质也可望得到改变。

同治元年（1862年），他在给儿子纪泽的信中说："人之气质，由于天生，本难改变，惟读书可变化气质。古之精相法者，并言读书可以变换骨相。"读书甚至可以改变有形的骨相，这是古之精于相法者说的。曾氏写出这句话，至少表示他认为可以聊备一说。对于纪泽禀气太清的毛病，曾氏一方面对儿子指出："清则易柔，惟志趣高坚，则可变柔为刚；清者易刻，惟襟怀淡远，则可化刻为厚。"从而一再要求儿子读李、杜、韩、白、苏、黄、陆、元八大家的诗，这些人的诗可"开拓心胸，扩充气魄"。又关照儿子要读陶渊明的五古、杜甫的五律、陆游的七绝，因为这些诗可使襟怀淡远。他甚至说"人生具此高淡胸襟，虽南面王不以易其乐也"。这句话的意思是，人生若具备这种高远淡泊的胸襟，就可以很快乐。这种快乐，即使是做皇帝、做国王也不可取代。

曾氏说过，人生办事，全仗胸襟。一个人若具有开阔的心胸，淡远的襟怀，则既可以享受富贵，又可以安于贫贱，既可以创大业，也可以乐于做小事。他的人生一定会是快乐的。我们看到现代社会有不少有钱人，他们中的很多人并不快乐。我们也看到有不少有权的人，他们中的很多人也并不快乐。可见，钱和权不是快乐的最重要的因素。对于一个做事业的人来说，快乐不快乐，与胸襟有很大的关系。

睦邻

一个家庭不是孤单地存在于社会上的，它与社会打交道最多、最经常、最直接的莫过于邻里。与邻居和睦不和睦，的确是居家过日子的一件重要事情。

曾氏的祖父很重视和睦邻里，常说"人待人无价宝"。这六个字说的是，人与人之间友好相处的这种情谊，是无比珍贵的宝贝。幕僚李申夫之母有两句老话："有钱有酒款远亲，火烧盗抢喊四邻。"意思是说富贵人家，平日忽视邻里，只看重远方来的亲戚，但遇到火灾抢劫这些突发事件，所能赶来帮忙的还只有四邻八舍。曾氏称赞这位四川老太太有见识。他常援引这两句话来警戒在家的子弟们。

针对世上不少富贵人家在与人打交道时，只重钱物而轻情感的现象，曾氏告诫儿子，对于邻里之间的庆贺吊唁等事，不能只打发下人送钱送物而已，要亲自上门，这样方显得诚恳。

我们知道，曾氏家族可不是一般的家庭。四个兄弟长年在外领兵打仗，掌握着生杀予夺之权。到了同治三年（1864年）打下南京后，被国人目为“天下第一家”。一个这等家族，能如此善待邻里，多么不容易！

孝友、勤俭、读书、睦邻，这是曾氏家风中的四个突出内容。曾氏家庭教育里还有一个极为重要的内容，那就是教育孩子。

曾氏的长子纪泽三十岁时步入仕途，做过朝廷派驻英法公使、太常寺及大理寺少卿、使俄大臣、兵部侍郎、总署大臣等。次子纪鸿终生未仕，潜心数学研究。两兄弟均性情纯良，品行端方，从未有过纨绔子弟的恶行恶习。于此可见曾氏教子有方。

我们来看看，曾氏究竟是如何教子的，他对儿子的期待在哪些方面。

做读书明理之君子

咸丰六年（1856年），已为湘军统帅的曾国藩认认真真地给年仅九岁的次子纪鸿写了一封信。信中说：“凡人多望子孙为大官，余不愿为大官，但愿为读书明理之君子。”那么，什么是君子呢？曾氏接着说：“勤俭自持，习劳习苦，可以处乐，可以处约。此君子也。”意谓勤劳俭朴，能依靠自己的力量生存，不怕劳苦，可以过好日子，也能过苦日子，这就是君子。君子是具有好品性的人，与财富、地位、权力无关。

这就是说，曾氏不期望子孙做大官，做出人头地者，他只希望子孙能通过读书明理这个途径做品性良好的人。

我们中国父母都有望子成龙的习惯，就是希望子女长大后做大事、做大官、做大老板、做大名人。当然，能够做到这种地步也是好事，但这种人毕竟少。为什么少？因为不容易做到。做到这一步，除开自己的努力外，还得要有许多因素的配合。曾氏对这点看得很透。他常说，成大事者半由人力半由天命。什么是天命？天命就是那些不由我们自己掌控的因素。正因为有一半的因素我们不能自我掌控，所以，我们不能把所有的希望都押在这点上。我们要做实实在在的可以通过努力实现的事，那就是做一个读书懂道理的好人。对儿女的这个期待，既不会增加儿女的压力，也不会给做父母的带来很大的失落感。

与学业相比，心灵的活泼与身体的健康更为重要

曾氏看重读书，看重学业，但他深知读书治学是一种艰苦繁重的脑力劳动，极容易使心灵遭受堵压，身体遭受戕害。所以，曾氏在指导儿子求学的时候，总是强调一定要以轻松的心情读书，从读书中求得快乐。他对儿子说："要养得胸次博大活泼"，"胸中不宜太苦，须活泼泼地，养得一段生机"。

因此，曾氏不主张读书太刻苦，不要死记呆背，实在背不出就算了。要多散步，多亲近大自然，看花，看竹，看山水。要注重养生，身心都要放松。要坚持饭后散步，临睡洗脚。他甚至在发自军营的家书中为儿子画出散步的路线。沿着这条路线走，既锻炼了身体，又看望了长辈，两全齐美。

显然，在曾氏的心目中，儿子们的心灵活泼、身体健康比学业优异更为重要。现在的学生压力太大，全中国的家长都怕自家的孩子输在起跑线上，于是让孩子在幼儿园时代就开始超负荷地填补知识，学习技艺，使孩子失去了无忧无虑的童年少年。当然，要改变这种现状不容易，因为这是一个全社会的工程。但是，我们的家长一定得心中有数，在尽可能的范围内，减轻孩子们的学业负担。

世家子弟要有寒士风

同治元年（1862年），他给次子写信说："凡世家子弟衣食起居无一不与寒士相同，庶可成大器，若沾染富贵气息，则难望有成。"后来，他又一再嘱托在家的四弟管好子侄辈："吾家现虽鼎盛，不可忘寒士家风味。"

由贫贱转为富贵的曾氏，对富贵消蚀子弟灵魂之普遍现象看得最为清晰。他深恐家族的富贵将会贻害于他的子孙，故而反复强调子侄们要惜福，珍惜幸福，要勤俭朴素，他希望家族要有寒士风味。

所谓寒，有两个方面的内容：

一是指寒素，即在社会等级这个层面，与普通平民无异，打掉子侄辈的依恃之心、特权优越感。他叫儿子参加省城乡试时，不可递条子，通关节。家属由湖南去安庆，坐的是湘军战船，他叮嘱因为他不在，不可张挂帅字旗，沿途不要拜客，不要接受宴请。儿子们在家不得摆少爷架子，不得高声呵斥仆人。

二是指贫寒，即在经济上与普通平民无异。他吩咐家中不可买田，子女们穿衣不能太光鲜，媳妇、女儿们都得亲自下厨做菜。不要坐轿，尤不可坐四抬轿，要多走路。儿子们要自己动手扫地，抹桌子，甚至锄草、拾粪这类事也可做，不是丢脸的事。嫁女则硬性规定，嫁妆不能超过二百两银子。

富贵家庭为什么多纨绔子弟？这是因为这种子弟有恃无恐。他们所依恃的无非就是两个：一权势，二财富。打掉这两个依恃，他们就不敢乱来了。

不留财产给儿子

早在道光二十九年（1849年），在京师做礼部侍郎的曾国藩就在给诸弟的信中说：决不留银钱与后人。

咸丰五年（1855年）给诸弟信里说："仕宦之家，不蓄积银钱，使子弟自觉一无可恃。"

咸丰十年（1860年）四月初四日，他在日记中特意记下左宗棠的话："凡人贵从吃苦中来。又言收积银钱货物，固未益于子孙，即收积古籍字画，亦未必不为子孙之累。"曾氏称赞左宗棠这些话是"见道之言"。这种见道之言，林则徐说得更有趣：子孙若如我，留钱干什么？子孙不如我，留钱干什么？

这种不留钱财的观点，所见之道在哪里呢？

原来，人的本性，是喜荣厌枯、好逸恶劳的。人上进的第一推动力，多来源于对生存环境改变的追求。在这个追求的过程中，赢来环境的改变，也同样赢来事业和成就。如果生存环境很好，对于大多数人来说，上进的推动力便不够强大。正因为如此，"从来纨绔少伟男"便成为社会的普遍现象。其次，人的才能，人生的事业，有不少是激出来、逼出来的。关于这一点，曾氏自己有很深的体会。他说："世上之事，有所激有所逼者居其半。"他公开承认，他办湘军这件事就是激逼出来的。是谁激逼了他？是湖南的官场和绿营。一个生活在境遇非常好的家庭中的孩子，受到的激逼很少，于是他身上许多的潜能得不到发挥的机会，慢慢地这些潜能也就消失了。一个本来很出色的人才，就会逐渐地变成庸才。最后，人性脆弱，易受诱惑。钱财多了，则诱惑便多，易让人萌生邪念。若涉及坏事，为非作歹，小则害一身，大则害一家一族。曾氏说得好，儿子若有用，没有祖上家产也会自己找饭吃；若无用，家产再多也会败光。这种不留钱财给子孙的观点，实在是大智慧。它既不会消磨子孙创业自立的志气，也对自己是一个保护：为官则保廉，为商则保身。我们试看，多少官员为给子孙积攒钱财而身败名裂，多少商人为给子孙积累财富而过劳致死！

还是老话说得好：儿孙自有儿孙福，莫为儿孙做马牛！

曾氏家庭教育的特点

一、温情

家庭应该是人生中一道最为平静的港湾，一处最为温馨的后院。充满骨肉真情，是它与别的场所在本质上的最大区别；温情脉脉，是它与别的场所在表现方式上的最大不同。曾氏说，有三者可以导致家庭的祥和，即孝致祥，勤致祥，恕致祥。其中的恕就是指的这层意思。

身为大哥，他在家庭中丝毫不摆京官的架子，给诸弟的信里流露的全是长兄的友爱、宽容，甚至是退让。先后寄居在他京师家中的三个弟弟，多有令他不满意处：九弟不合作，六弟讥讽大嫂，四弟不愿意送诰命。他都以自己的退抑来解决问题，融洽兄弟的感情。即便在儿子面前，他也不摆老子的谱，甚至对儿子说自己平生有三耻：不识天文算学，做事有始无终，写字速度慢。

曾氏对老九所说的家人骨肉之间“不可说利害话”这句话十分赞同，并检讨自己在这方面做得不够。所谓利害话，就是伤感情的话。这一点，值得我们每个家庭记取。有些家人骨肉，不但说伤感情的话，还做伤感情的事。比如常见兄弟叔侄之间为了财产上的事对簿公堂，恶言相加，最后法院可能会将财产理清楚了，但亲情也便随之一笔勾销。这究竟值不值呢？

二、注重小事

与历史上的其他大人物相比，曾氏的显著特点是关注小事，看重小事。其实，家庭中的日常事，几乎都是小事。注重小事，既是治家的主要内容，也是培植良好家风的起点。曾氏常对诸弟说：绝大学问皆在家庭日用之间。意思是说，不要轻看了家庭中的日常琐碎，这中间便包含着待人处世的绝大学问。

我们打开一部曾氏家书，扑面而来的都是曾氏在告诉子弟从小事做起：诚实，从不说假话做起；勤快，从不睡懒觉做起；戒骄，从不训斥仆人做起；戒奢，从不坐轿做起；端庄，从步伐稳重做起；打掉特权，从扫地抹桌椅做起。其实，一件件、一桩桩小事做好了，大事也就慢慢做成了。这正是老话所说的：滴水成河，粒米成箩。千里之行，始于足下。

三、制订大规划

身为父兄，有责任为子弟的人生大规划提出建议，甚至做出安排。在四个弟弟的人生大事上，曾氏为他们做出的大规划是不要陷入科举太深。当诸弟科考数度不利时，曾氏果断地对他们说：科举之事误人太多，年岁不小了，不要再一天到晚为考试读书，要专心读那些有用的先辈大家之文。他告诉诸弟，千万不要以为人生只有做官才是正途，才能光宗耀祖，做一个好人远比做一个大官强。

对于两个儿子，曾氏也不要他们从科考中求出路。在儿子们成年之后，他请了两个英国传教士来家教他们学英文。这在当时，极为罕见。正是曾氏这种大规划，他的子弟才没有把太多的宝贵光阴浪费在八股文、试帖诗中，从而求得真才实学。这才有后来得力的军事帮手和能够说洋话识洋文的外交家的出现。

四、盛时当作衰时想

在曾氏的心目中，他始终把做官看作是暂时的。他说“做官不过是偶然之事，居家乃是长久之计”。他始终不把富贵当作一回事，而时时不忘过去的贫贱。直到晚年，老兄弟间对话，他还对四弟说：“吾则不忘蒋市街卖菜篮子情景，弟则不忘竹山坳拖碑车风景。昔日苦况，安知异日不再尝之！”

他常对家人说：盛时当作衰时想。这话的意思是说：兴旺的时候，要想到也可能有衰败的一天。

正是因为常存这种想法，所以他凡事谨慎，位高权重而不敢自我膨胀，有福不可享尽，有势不可使尽。后世有人据此看出曾氏家族长盛不衰的冥冥天意，说这个家族的开创者，自己没有把福禄寿禧这些好处用尽，为子孙预留充分的饭田，于是才有绵绵余庆，长保兴旺。

曾氏家庭教育的启示

一、家庭教育可以弥补学校教育的不足

当前的学校教育普遍存在三重三轻的现象：一重知识轻素质，即看重知识的传授，轻视人格健全的培植；二重功利轻德性，即看重就业谋生的训练，轻视道德品性的培育；三重形式轻内容，即看重高分数高学位以及各种各样的奖状，轻视真才实学。

受此影响，许多家长在对子女的教育上也出现与之相应的三重三轻，即重成龙轻成人、重言教轻身教、重物质激励轻精神引导。其实，一个爱子女的家长应多为子女的立身之本考虑。什么是立身之本？立身之本一在品质，诚实、善良、勇敢、顽强、上进、有恒心、敬业，等等，都是很好的品质；二在习惯，勤奋、俭朴、专一、有规律、爱阅读、好收拾、善于与人勾通，等等，都是好习惯。习惯很重要。长久坚持的习惯，就是性格。有两句诗说得好：良好的习惯带来性格的收获，良好的性格带来命运的收获。这就是人们常说的性格来自习惯、性格决定命运。这些品质与习惯，都要靠家长点点滴滴、持久不懈，以慈爱之心与温馨之情去为儿女们培植。

二、一个良好的家风对家庭的影响是长远的

一个家庭的家长，他的生命总是有限度的，但他营造的文化氛围即家风则可长久地存在，影响子子孙孙。古代人很重视家风，而我们今天的人比较忽视。此事值得我们研究。2014年春节，中央电视台就家风一事采访了许多民众。大家对此很有兴趣。很多人会谈起父母的一两句话、一两件小事影响了自己一辈子。这一两句话、一两件小事彰显的就是家风。

三、良好家风的树立关键在于家长本人的以身作则

许许多多的家长一天到晚都在教训儿女，许许多多的家长也想建立一个良好的家风，但大多事与愿违。这其间有诸多因素在起作用，而最重要的一点是家长本人没有以身作则，或以身作则的力度不够。如我们的家长都督促孩子读书，但自己却不爱学习；教育孩子要诚实，但自己时常弄虚作假；希望孩子敬业，但自己对待工作马马虎虎，等等。

曾氏虽不是圣贤，但他一生总在努力向圣贤靠近。他因此赢得中华文化的尊敬，赢得历史的尊敬。他对家人所提出的一切要求，他自己都做到了，而且做得比别人都好。这种身教的力量、榜样的力量最为巨大，最为深入人心，也就最有成效。《颜氏家训》说："同言而信，信其所亲；同命而行，行其所服。"父母是儿女最亲的人，如果也能成为儿女最为敬服的人，则父母的话就可以有着一言九鼎的力量。

四、曾氏家教典型地彰显中华文化的优良传统

曾氏所期盼的以孝友、勤俭、读书、睦邻、温柔敦厚等为内容的家庭风气，其源头都要追溯到以儒家学说为主体的中华文化。曾氏留给后世子孙的四点遗嘱：慎独（谨慎独处，即在没有监督没有约束的情况下，仍严格要求自己）、主敬（以恭肃之态度待人接物）、求仁（以仁爱之心待人处世）、习劳（不贪图安逸，习惯于勤劳），是他一辈子苦苦追求的人生最高的精神价值。这些精神价值的理论依据，也完全来源于中华典籍。它由此可以启示我们，必须继承和弘扬中华民族的传统优秀文化。这不仅可以为建设新时代精神文明寻到宝贵的

资源，也是今天的中国人，为世界文明所能做出的民族贡献。

【作者简介】

- 著名学者、著名作家、湖南省作家协会主席
- 《曾国藩全集》作者、全国首届中青年优秀编辑
- 国家有突出贡献中青年专家
- 湖南践行国学公益基金会专家委员会委员、特聘教授

郑佳明｜湖湘文化与湖南巨人[①]

湖湘文化现在很热，说法也很多，我谈一些自己的看法。

近代湖南的辉煌业绩和伟人、英雄群体

咱们中国的近代史现在有一个说法，就是从1840年算起到1949年为止，是一百零九年。也有人说近代史还有其他的划分，但是我们就讲这一百零九年。如果从1840年算到现在的话呢，是一百七十六年，那么就是加上了咱们新中国成立以后的六十六年。

这一百多年，咱们中国人在干什么呢？如果用小平同志的话讲就是“三步走”，到2049年实现现代化。用习主席的话讲是“中国梦”，中华的崛起。台湾有一个人叫唐德刚，大历史学家，他做《张学良口述历史》，开了口述史先河，前年去世了，他讲了一个观点，中国的近代历史是中国历史的三峡。远古的时候中华民族的文明像滴滴泉水，涓涓小溪，后来我们到了汉唐就成了滔滔大河。但是在近代和西方文明碰撞的过程中，我们进入了历史的三峡，这个“三峡”有急流、险滩、旋涡、黑暗、死亡、倒退，他说这个“三峡”有两百年时间，也就是说从1840年到2040年，中国才能走出这个历史的“三峡”。唐德刚写了一本书叫《晚清七十年》，在中国很有影响，他的“三峡”论中国有很多人知道。“三峡论”和我们说的“中国梦”有异曲同工之妙，就是说中国这两百年不平常，跟我们以往五千年的历史不一样，可能在今后很长时间也不一样。这两百年里面，前一百零

① 根据郑佳明教授在第14期企业家国学践行研修班（2015年11月28日）的讲课录音整理而成，并呈送郑佳明教授审校。杨国艳、刘慧萍老师对录音速记稿进行了文字编辑、整理。

九年湖南人独领风骚，现在这六十六年里面，有三十年是在毛主席的旗帜下走过的，也是湖南人独领风骚。所以将近两百年的时间，湖南人在历史舞台上活跃、风光了四分之三的时间。

（一）中国近代史的四次浪潮湖南人的表现和贡献

有人说中国近代史是一部湖南人写的历史，也有人说一部湖南史就是半部中国近代史，这话的含义都是一样。咱们中国近代最大的问题是遇到了西方，到今天我们的问题还是西方。遇到西方以后怎么办？中国人大概经历了四个阶段，**第一个阶段叫作洋务运动，第二个阶段叫作维新变法，第三个阶段叫作革命共和，第四个阶段叫作新民主主义革命**。这四个阶段是我们在追赶西方、“师夷长技以制夷”的过程当中不断深入，是对我们自己道路的选择和认识的过程。

这个过程中四个大台阶，湖南人每一次都站在前列。

第一台阶：洋务运动

洋务运动是湖南人兴起的，大家都知道，曾左彭胡[①]。洋务运动的指导思想，“师夷长技以治夷”[②]也是湖南人提出的，就是邵阳的魏源。

洋务运动，曾国藩做了三件事：

第一是办工厂，办矿山，办现代化的企业。不仅仅曾国藩在办，整个湘军集团都在办。以往中国有一些人，马建忠、王韬和冯桂芬等一批知识分子都认识到要向洋人学习，但是他们没权。真正有政权、有军权的是湘军集团，所以他们是真正推动了中国在工商业方面向西

---

① 晚清中兴四大名臣，指曾国藩、左宗棠、彭玉麟、胡林翼。

② “师夷长技以制夷”是魏源在其著作《海国图志》中提出的著名主张。1842年《海国图志》问世，作者魏源在该书《原叙》中指出著书目的：“是书何以作?曰:为以夷攻夷而作，为以夷款夷而作，为师夷长技以制夷而作。”所谓“师夷”主要是指学习西方资本主义各国在军事技术上的一套长处，而“夷之长技三:一战舰，二火器，三养兵练兵之法”。魏源不仅主张从西洋购买船炮，而且更强调引进西方的先进工业技术，由自己制造船炮。所谓“制夷”，即抵抗侵略、克敌制胜。

方学习的一群人，一支重要的力量，他们走到哪儿实业办到哪儿。

第二是培养了一批外交人才，外事人才，洋务人才，最著名的是郭嵩焘。习主席在英国访问，英国大使馆挂的大照片就是郭嵩焘，中国最伟大的外交家、大思想家。曾纪泽是曾国藩的大公子，外交才能非常卓越。他在圣彼得堡与俄国人谈判，左宗棠率大军剿灭山西和陕西的回乱，进军新疆，用七八年的时间带着一批将士，收复了我们新疆的一百六十万平方公里，相当于八个湖南。两个湖南人，一文一武，一老一少，一里一外收复了新疆。在今天长沙县跳马这个地方有左宗棠的墓，墓前有一副对联："汉业唐规西陲永固；秦川陇道塞柳长青。"汉业，新疆在汉朝的时候就已经是我们中华的家业了。"唐规"，唐朝的时候就已经进入了我们的版图、规制。秦川就是八百里秦川，象征着咱们的大西北，陇道就是陇海，我们向西走的这条大道。"塞"就是边塞，"柳"就是一种矮小的柳树，这种柳树抗风沙，耐旱。左宗棠把它带到了新疆，带到了西北。左宗棠还带去了很多种子、农具、中药材，那个时候浙江有一个大商人叫胡雪岩，他为左宗棠西征做了很多中药，像我们现在吃的仁丹、十滴水、藿香正气丸，都是为大军准备的。咱们左宗棠了不起。

第三是奏请朝廷向美国派出了第一批留学生。这批留学生一共六十个孩子，十岁左右，家庭殷实，有人担保，三十个广东孩子，三十个湖南孩子，这是咱们中国绵延一百五十年的留学大潮的起点。咱们今天不是讲人力资源吗？曾国藩是中国人力资源的一个非常值得研究的人。他还培养了李鸿章，他唯一的一个学生，李鸿章后来带起了淮系，淮系在近代和湘系一样，成为中国政治的一个重要的力量，后来的段祺瑞，包括袁世凯都是淮系的，袁世凯虽然是河南人，但是发现他的人吴长庆是属于淮系的。李鸿章对袁世凯也倍加推崇。袁世凯这个人就是临门一脚太臭，有点像咱们中国足球队，他如果不去当皇帝就是个改革家，我们《走向共和》写的就是这个故事，但是中国人逃不出这一劫，叫做思维定式也好，叫做历史局限性也好。

第二台阶：戊戌维新

湖南人对于对外开放做出了重大贡献。我们出了谭嗣同，谭才常。谭嗣同了不起，他做了两件事，第一件事是以自己的生命来祭改革，这件事使维新运动的意义和影响得到了极大地放大。第二件事，他是维新思想家。维新思想家有两位，一位是康有为，康有为是大思想家，但康有为的改革思想里面还保留了很多封建专制的东西，所以他这个人最终还是个保皇派。谭嗣同写了一本书叫《仁学》，五六万字。最近我写了一篇文章叫《天道轮回读仁学》，网上很多地方在转载，我在北京和浏阳分别有一次发言。《仁学》这本书，把中国古代和现代、中国和外国的思想打通，形成了一个非常好的思想。今天我们回过头去看谭嗣同的思想，不比我们现在的水平低，甚至于超过了我们现在。我们转了一百五十年转回去，转了一百二十年回过头发现他是对的。历史是不是越往前就越进步呢？不一定。有的时候历史像钟摆一样，摆过去十几年，甚至是一百年，这个钟摆又摆回来了，摆回它的原点。谭嗣同很了不起，除了谭嗣同以外，我们湖南当时是全国维新最富有生气的一个省份，当时我们湖南“省委书记”叫陈宝箴，他手下还有江标和黄遵宪，几个人搭了一个好班子，这个班子在我们湖南大胆进行改革，发展工矿业，建立现代城市的行政制度和管理制度。中国当代的警察制度是从长沙开始的，是黄遵宪从日本引进来的，黄遵宪是咱们清朝政府驻日本的公使。我们长沙办的时务学堂，请了梁启超做中文总教习，时务学堂有两个非常杰出的学生，一个是蔡锷，还有一个唐才常。我们办了湘报、湘学报，办了南学会，在全国风声水起一马当先。可以说维新的前线在北京，大本营在湖南。维新后来产生了一个很长的余波，这个余波叫晚清新政，《走向共和》里专门讲了晚清新政，晚清新政是我们过去屏蔽的一段历史。最近王岐山讲旧制度与大革命，在中国可以参照晚清新政这段历史。

第三台阶：辛亥革命

辛亥革命是以革命的手段实行制度的转换，通过制度的转换来“师夷之长技”追赶西方。在辛亥革命时，武昌起义的一批年轻的将领都是湖南人。刘复基、蒋翊武等，包括他们的“文学社”“前进社”都是一批湖南年轻人为骨干，他们本来想在湖南起义，但是这个时候湖北因为巡抚带兵去四川镇压保路运动形成真空，所以他们临时在那儿起义。起义第二天，长沙响应湖北的武装起义。我们两个年轻人，一个是焦达峰，另一个是陈作新，做了都督，然后组织湘军驰援武昌，黄兴从外地赶到武昌指挥战争。武昌起义坚持了个把月时间，这段时间全国宣布独立，脱离清廷，袁世凯利用这样的一个压力，压迫清帝退位，所以可以说，清朝是湖南人推翻的。

曾国藩在半个世纪之前，就预料到了清王朝的这种命运。大家注意曾国藩一直嘱咐他的后代不要从政，因为他身后的几十年中国的政局是一场混战，一片混乱，他心里感到了这一点。当时他的一个重要的幕僚赵烈文，劝他打到北京去，自己做皇帝，他不干这种违背孔孟之道的事，但是他已经感到了晚清这座大厦即将倾覆，最终还是湖南人，还是湘军的后代把它推翻了。

辛亥革命有一个很长的余波，就是后来的国民革命，这个余波一直到今天都没有流完，在台湾还在流。由于湖南人在辛亥革命中的这种地位，所以国民党里面有大量的湖南人。辛亥革命我们出了一个非常了不起的人，你们长沙县的黄兴。黄兴有一个殷实的家庭，他书读得很好，读到秀才，送到湖北两江书院读书，读得又不错，送到日本留学，在日本看到了中国清政府的腐败和日本的强大，以及日本对中国的虎视眈眈，他辍学回到长沙，在明德中学办了华兴会，对外叫华兴公司，他卖掉祖上给他留的田和房子，去买弹药准备起义。起义的消息泄露之后清军抓他，他逃到我们北门的天主教堂，天主教士把他送到了湘江，从那儿又到了日本。1905年，他在东京遇见了孙中山，两个人一拍即合，加上上海的光复会三家，成立了同盟会。三家里面长沙的华兴会有过组织起义的经验，人数众多，实力强大，本来应该是黄兴做总理，但是这个时候海外华侨里面孙中山的影响比较大，黄兴主动让贤，说他比我长十几岁，是我的兄长，他在海外的影响很大，他做总理，我来辅佐他，后来黄兴就做了二把手。孙中山这个人花钱比较大手大脚，用今天的话来说，有的时候账目不清，很多人对他有意见，而且孙中山做宣传鼓动工作和理论工作比较多，扎实做组织工作、联络工作，领导武装起义的是黄兴，所以同盟会内部多次有人建议推翻孙中山，叫黄兴来搞。黄兴说，我不是为孙中山本人，我是为了这个大局。你们看到，太平天国就是因为内讧而垮掉的，我们不能走这条路。所以他一直以极大的耐心维护着同盟会的团结，维护着孙中山的领袖地位，一直到起义之后，大家请黄兴做新国家的一把手。他接到了孙中山的电报，说我正在赶回国的途中，黄兴就停止了一切筹备工作，等待孙中山回国做临时大总统。章太炎在挽联中评价他："有史必有斯人，无公便无民国。"黄兴的故事非常多，前年6月23日，我在旧金山给六百多华人讲黄兴的故事。黄兴是我们长沙的资源，也是中国的资源。他有一句名言，现在我们大家经常用这句话，即"功成不必在我"。只要我们国家好，人民好，谁来成又有什么要紧呢？他给他的家人和儿子留了四个字就是"无我笃实"，何等胸怀!

何等境界！所以我回来写了一篇文章《向先贤寻求价值》，什么是价值？就是人为什么活着。他们是为什么活着呢？黄兴是为谁活着？为国家、为民族，他是活活累死的，只有四十二岁就死了。共和里面还有两个人，一个蔡锷，另一个宋教仁，这是湖南“共和三杰”，他们都埋在咱们岳麓山上，我多次想说岳麓山应该改为共和山，想到这些共和烈士，心里头就充满了敬仰，也充满了悲伤，这是我们冒着风险、顶着压力做《走向共和》的重要原因。所以湖南在倡导民主共和方面，是一个非常重要的省份。

第四台阶：新民主主义革命

第四大步就是共产党领导的新民主主义革命，这场革命让我们终于实现了民族独立、国家统一、人民解放三大目标，在这场革命之中，湘人可以说独领风骚，毛主席成为当之无愧的新民主主义革命的伟大的导师，伟大的领袖。我们的政界、军界湘人非常之杰出。1945年七大的时候，中央委员40%是湖南人，1956年八大的时候，湖南人占35%，十大元帅三个湖南人，十大大将六个湖南人，大将、上将、中将不计其数。1943年延安五大书记三个湖南人。讲这些东西是要讲一个事实，那就是湖南人做得非常好。

（二）近代湘人群像

在这一百多年里面，湖南涌现了五大人才群体，涌现了五个引领中国的思潮。

第一个就是陶澍、贺长龄、魏源。他们是一种经世派，引领了经世思潮，这个经世是我们今天要讲的一个重点。在晚清的时候，咱们中国声音一片沉寂，所以龚自珍讲“万马齐喑究可哀”。那么知识分子在干什么呢？那个时候有一个乾嘉学派、一个桐城学派。桐城学派是安徽的研究文学的，乾嘉学派是研究考据的，因为二百多年满人不让汉人说话，他们人数很少，一百多万人统治一亿人，哎呀，心虚啊。政权的合法性，政权的稳定性，像鬼一样地缠着满族人，所以满族人对外封闭，对内不让说话，高度地专制，让中国文明内核，中国文明内在的力量，消失了二百多年。

在晚清的时候，湖南一个非常重要的思想武器就是王船山的思想，王船山的思想武装了湖南的知识分子，所以知识分子长期流传学习王船山。贺长龄、陶澍、魏源他们这一批人都是。王船山最重要的思想是经世，就是理论要联系实际，学问要解决问题，不能空对空。这样的一个思想就使他们这一批人要解决晚清政府的具体问题，所以就是经世致用的思潮。经世致用的思潮很快在湘军崛起，以后变成了洋务思潮。这个时候出现了一个洋务派的群体，包括了"曾左彭胡"，所以我们从经世思潮经世派，就过渡到了洋务思潮洋务派。什么时候发现洋务派不行呢？甲午战争失败，洋务运动也等于宣告破产。这个时候出现了维新思潮，维新思潮的代表人物就是康、梁和谭嗣同、唐才常。维新运动后来还是被镇压了，还是走不通，怎么办？共和思潮、革命思潮，这个思潮就是我讲的"共和三杰"，有孙中山的思想，特别是黄兴、蔡锷、宋教仁。共和不成就产生了共产，从共和又走向了共产，第五个思想的领袖人物是毛泽东。

从经世到洋务，从洋务到维新，从维新到共和，从共和到共产，五个人群五重思潮，后浪推前浪，推动着中国的变革，推动着中国追赶世界的潮流，这就是咱们湖南人这一百多年干的事。

湖湘文化的地理条件

为什么湖南人能够这样？全国这么多的省，历史上很多省表现都非常好，为什么只有湖南人在近代的变革中能做到敢为人先呢？总的来讲有两个原因，一个是时势造英雄，另一个是文化准备。

首先，近代的湖南阶级矛盾异常尖锐，特别是太平天国进入湖南，从南打到北，穿肠而过。这样巨大的波浪搭起了一个大的平台，形成了一个大的气场，江忠源、曾国藩这样一批年轻知识分子趁势而上，借着这股风云腾空而起。如果没有太平军进入湖南就没有湘军，如果没有湘军，湖南跟其他省差不多，即使有一批人有思想也没有用，无法展示才能。当时咸丰皇帝看到太平军起来之后，他是给二十多个省下了诏书，让办团练，叫当地保境安民，只有湖南办得最好，其他省办得都不好。正规军都打不过太平军，湖南一批衣衫褴褛的农民，几个知识分子又怎么打得过人家呢？但是湘军居然成功了。

其次，湖南的知识分子有一个长期的思想和文化的准备。从王船山到陶澍，从陶澍到魏源，从魏源一直到曾国藩这一批人。他们有一个思想，就是湖湘文化的基本思想，就是湘人的思想，就是我们今天讲的湖湘文化。这个思想使湖南的知识分子和其他地方的知识分子截然不同。有道义、有理性、有血性、敢担当，切合实际，吃得苦，他们在生死搏斗中杀出来，这就是文化准备。有一个哲人说机会是给有准备的人预备的，所以湖南人的这种崛起，有两个原因：客观的形势和思想的准备。

湖南的文化，可以分为两个层次。湖湘文化不难理解，它是一种地域文化，湖就是洞庭湖，湘就是湘江。湖湘文化就是湖湘流域的文化，湖湘地域的文化，所以文化受地理环境的影响。我们认为文化上面有一个层次叫作理性的东西，下面有一个东西叫做感性的东西，理性的东西就是湘人的思想。什么叫思想呢？思想大概包括价值观、价值系统，包括宇宙观，包括方法论，包括政治观点、道德观点、经济观点、文化观点。最重要的是价值观和认识论、方法论。思想是比较理性的，有条理的，有脉络的，但是它掌握在少数人手里，少数知识分子懂这个东西。

还有一种是心理状态，心理状态就是湖南人普遍具有的，个性、气质、品质，这个是感性的。即使一个湖南的走卒贩夫，一个年轻人，他也有和其他人不一样的地方，这个东西怎么概括呢，有的人说是独立，有的人说是反叛，有的人说是好斗，有的人说是倔强，有的人说是吃得苦，霸得蛮，还有的人说是耐得烦，但这个“耐得烦”我一直不太赞成，湖南人不蛮“耐得烦”，他要是耐得烦就不会老是这么跟别人去搞是吧？

气质方面湖南人是与众不同的，我碰到一些北京的办公司的朋友，听说我是湖南人，他就说，哎呀，我们那儿有几个湖南人，开始不觉得，几个月以后就发现不一样。我说你觉得哪儿不一样啊？他说湖南人比较爱读书，这有点像；他说湖南人很吃得苦，这有点像；还有湖南人非常倔，坚持自己的意见，再一个湖南人不怕惹祸，这不就是敢担当吗，是吧？胆子大。

气质和心理这个层面，是湖南长期的地理历史发展影响带来的，这种影响渊远流长，潜移默化。

（一）湖南的区位

我们湖南的地理环境有什么特点呢？

第一个特点是我们的区位很特别，很重要。中国的文明，如果用示意图的话，可以用两横一竖来表达和释义。一横是黄河，一横是长江，一竖就是京广线，我们中国的文明从来没有离开过这两横一竖。做《走向共和》这个电视剧的时候，我去看南怀瑾先生，他跟我说，咱们古代都是南征，近代都是北伐，我一听好像说得很对，太平军北伐、湘军北伐、革命军北伐，红军也是北伐。咱们中国古代的文明是从北边往南边走，近代文明是从南边往北边走，古代的压力来自北方少数民族、游牧民族，近代的压力来自海上。所以我们的文明中心是移动的，咱们古代文明在西边，长安即西安是咱们的首都，那个时候汉唐都是在西边，到了近代到东边，现在在上海、江浙。古代的时候由西往东走，现在又由东往西走，现在叫开发大西北。这个文明移动，湖南深得其利。湖南是第二横和这一竖的一个交汇点，在长江的南岸，这样的话，把我们这个地理位置叫作中南，一中一南，给我们带来了很多重要的历史变化的理由。

第一是给我们带来了战争文化。

湖南这个地方是兵家必争之地，历史上就一直在打仗，所以我说“天下未乱湘先乱，天下已定湘未定”，全国还没开始打，咱们先打，全国打完了，咱们这儿还打。我现在在编一本丛书，叫做《多维视角下的湖湘文化》，这套丛书由湖南大学出版社出版，他们聘请我做主编，请了一大堆作者在这儿做，后来看了总目录，我说少了一本，最后他们就加了一本《湖南战争史》。

湖南秦朝就打，汉朝还打，魏晋南北朝，别的地方不打，咱们这儿打。然后从北边来的金人打咱们，宋元明清都打。“三国演义”的时候咱们这儿打，三国里头有一副对联，“天下举兵诛董卓，长沙孙坚最先来”，你说这个董卓在洛阳闹事，跟你长沙有什么关系？长沙“市委书记”带着警备区这几个兵，跑那么老远去帮助，长沙人爱管闲事，不自今日始，那个时候就开始了。《三国演义》专门有一集叫《战长沙》。我们这儿一直打仗，为什么呢？你要打西南也好、东南也好，你不占领长沙都不行。所以我写了一篇文章叫《天心阁与长沙城》，我们天心阁是烧了十四回，为什么呢？咱们长沙城三个高地，一个岳麓山，一个妙高峰，一个天心阁，日本人第三次进攻长沙的时候，天心阁上下堆满了死尸，中国人和日本人就夺这个高点。这种铁血的精神，是长期锤炼出来的。长沙在第三次跟日本人会战的时候，把日本人打怕了，打服了。最后日本人在战史里面，说湖南人像魔鬼一样，他们自己是鬼，他们说我们像鬼，我们是魔鬼，我们又没到你家去，你跑到我们这儿来，我们打你，当然像魔鬼一样。蒋介石、陈诚都跑到咱们这儿说："哎呀，湖南人了不起。"陈诚拍咱们的马屁啊，陈诚说只要有湖南的人民就可以把日本人赶走。所以湖南人不怕打仗。

第二是民族融合文化。我们这个地方是一个少数民族之乡，远古的时候我们叫三苗，众多少数民族居住在崇山峻岭之中，汉人不断地从北往南走，把少数民族挤压到了湘西，湘西南。宋朝的时候有一个开梅山，那个时候的梅山就是咱们现在的娄底、邵阳、怀化这一带，还是封闭的，全部是少数民族，进不去，宋朝时开梅山才慢慢地进去，我们叫梅山文化。我们的少数民族给我们汉人带来了什么呢？带来了独立性，带来了反抗精神，带来了不怕死，勇于担当、讲义气，所以我们都有少数民族的精神和血统，我不知道别人，反正我家有。我母亲是湘西芷江人，我小的时候她带我回家，在那儿看，那些人都穿着少数民族的服装，我也不知道我有多少分之一（的少数民族血统），反正有，咱们湖南人都有。

二千年的民族融合，互相取长补短，这里面有很多故事。湖南有一件了不起的事叫改土归流[①]，就是雍正年间，鄂尔泰做云贵总督，改土归流。民族融合是咱们湖南的一个特点，我们湖南人，包括汉族人都受到少数民族的影响。咱们湘西是百年匪患，这个匪是什么意思呢？他是反抗朝廷的，朝廷是不是好东西呢？也不见得，是吧？那么

---

① 改土归流是指改土司制为流官制。又称土司改流、废土改流，始于明代中后期，是指将原来统治少数民族的土司头目废除，改为由朝廷中央政府派任流官。

多贪官污吏，欺压百姓。

第三是移民文化。

战争给我们带来了很多的移民，湖南这个地方是一个重要的战场，由于打仗多，战后就带来了巨大的移民潮。最大的移民潮一个是南宋，北宋灭亡以后整个北边的党政军民学全部到南边来了，到了咱们湖南、贵州、云南，以及广东、广西、福建这几个地方，尤其是我们湖南。这和我们湖南的地理环境有关，我们是丘陵地带，山不太高，水不够深，但是山山水水密密麻麻紧紧相连，这样的话就交通不便，藏人特别容易，到现在藏了很多人在咱们湖南。咱们怀化有一个县叫中方县，中方县有一个村叫金坪村，我在省委宣传部做副部长管文艺，他们就带我去那里看，我一看古香古色，吃完饭那老人家挺客气的，说郑部长你人挺好，我跟你说实话，我们家都是潘仁美的后代。潘仁美是谁？就是害杨家将那个人，是吧？他们家都是潘仁美的后代，他在当地待不下去就跑到咱们这儿里，那个村子进去根本没有陆路，必须走水路，坐船才能进去，现在可能会通了。还有我们凤凰，书架堂村，住的都是杨再兴的后代。像咱们石门，据说李自成在那个地方藏起来了。我做《故事湖南》的时候有一集是讲述建文帝的，即朱元璋的孙子，他爷爷把皇位给他了，他叔叔不服，后来从他手里把这个国家抢了，抢的时候建文帝到哪去了呢？活不见人、死不见尸，大家就说他跑了，跑来跑去，现在都说跑到湖南来了，咱们现在也没法证明他到了这儿，也没法证明他没到这儿。还有明朝末年的时候，张献忠屠川，湖广填川，江西人大批地到了湖南，湖南人管江西人叫老表就是这么来的。所以我们湖南，是全国各地的人融合起来的一个地方。所以湖南人有“天下”这么一种心理状态，咱们现在老说湖南人，你自己的事还搞不好，还心忧天下，因为咱们是天下来的人，怎么不心忧天下呢？有人给我打电话说，你说的那个心忧天下不对，咱们现在首先得把自己的事管好，心怀全局者才能做好自己的事，我们怎么就不能心忧天下呢？对不对？所以咱们这儿是一个移民大省。

第四，湖南是一个流寓文化的大省。就是到你这儿住一段时间，又不是你这里的常住人口，没有户口。

流寓的人有三种，第一种是下放的人，到湖南来劳改的，像屈原、贾谊都是下放的。古代的时候不搞“双规”，“双规”成本很高，所以在古代，这个人只要没有犯死罪，他给你搞一个小点的官，让你去一个环境很不好的地方待着，自生自灭。咱们湖南在唐宋以前，在全国算比较不好的地方，我们的气候比较极端，而且那个时候咱们交通不便，热嘛热死个人，冷嘛冷死个人，还有狼虫虎豹，咱们湖南最后一只老虎是1960年打死的，在那之前咱们湖南有好多老虎。我们是组织了一百多支队伍上山打老虎打掉了，后来才发现华南虎很珍贵，咱们湖南是中国的华南虎之乡，世界的华南虎之乡，因为咱们无知把它们消灭了，很痛心。所以犯错误的人到我们这儿来。第二种人没犯错误，到我们这里做官，虽然这个地方不好，也得有人来做官。像张仲景、辛弃疾、韩愈、朱熹都做过我们的地方官。第三种人是到我们这儿旅游的，转一圈就走了。这些人来，给我们湖南带来了文化，首先因为他们是大文化人，他比咱们湖南本地人有文化；其次他们到这儿就有时间了，又没工作了，每天待着啥事都没有，他就开始写东西了。柳宗元在咱们永州待了十二年，他写了很多好东西。因为他在朝廷时当权派对他又不喜欢，他当然只能跑到这儿来，在我们这儿写。再次他在逆境中才有思想，才有文采。“仲尼厄而作春秋”，还有左丘明失明以后才作《左传》，等等。逆境，就是生于忧患死于安乐，所以流放来我们湖南的这些人，包括贾谊都写了好东西。

到了唐朝以后很多人到湖南来，一个很重要的原因，就是湖南这个地方佛教悠远、道教悠远，这就是咱们的第四个大文化，我专门写了一篇文章叫作《湖湘文化源远流长》在我的博客上。我在长沙市做了十二年部长，六年副部长，六年正部长，但是我做副部长，他们也叫我郑（正）部长。一共写了十二本书，这十二本书，有六本是“长沙历史文化丛书”，四本叫《长沙历史老照片》，一本叫《历代名人记长沙》，都是散文，一本叫《历代名人咏长沙》都是诗词，诗词一共是五百三十八首，其中杜甫写我们长沙的就有六首，杜甫是全世界的诗圣，全国有哪一个城市让杜甫写六首诗？最后杜甫是死在湘江边的。许多年前我当常委宣传部长的时候，谭仲池当时是常务副市长，我就对他说咱们两个文化人在长沙做官留点事吧！杜甫和李龟年在长沙遇见了，杜甫就写了一首诗记下来。一个中国最伟大的诗人和一个中国最伟大的音乐家在长沙这个地方相遇，咱们给他们做个亭子多好啊？后来我调走了，他们建了一个杜甫江阁。

由此可见，流寓文化对我们的影响非常大，后来陆游说：“不到潇湘岂有诗？”[①]意思是你连湖南都没有来，你怎能写好诗呢？

湖南的流寓文化非常深远，毛泽东有一首词叫《蝶恋花·答李淑一》，李淑一的父亲叫李肖聃。李肖聃先生写了一本书叫《流寓学略》，就是对流寓的这些学者的简要介绍，这本书现在没有，我没找到。我后来查了一下，他写得还不全，咱们还有很多，像刘禹锡是咱们这儿的，秦观，还有唐宋八大家，好几个在我们这儿。

① 引自陆游《偶读旧稿有感》，原文是：“文字尘埃我自知，向来诸老误相期。挥毫当得江山助，不到潇湘岂有诗？”

再有是道教和佛教。咱们湖南本身就是道文化之乡，我们本身深受老庄的影响。这可以看马王堆里出那些东西，如导引术、老子的文献，等等。我曾指导《屈原》这部电影，是作者之一，为此看了一千万万字的资料，就是看老子、孔子、孟子、老庄、屈原这几个人的材料。我们湖南这个地方道家厉害，咱们大南岳是道家，三十六个洞庭福地之一。李泽厚先生写过一本书《己卯五说》，讲到中国文化有两个传统，一个巫传统，另一个史传统。巫传统与道家相呼应，史传统与儒家相呼应。巫传统起源于湘西鄂西古代民族文化。所以说湖南道家传统极其深远。湖南道文化的盛行对儒家文化和佛家文化都产生了深远的影响，这和我们的地理有关。大家说和地理有什么关系呢？咱们这儿山又不高，水又不深，随便圈块地就是个公园，你像北京盖颐和园，还得挪用海军军费六百万两，把那个昆明湖里面的泥巴挖出来，堆到外面，堆一座山，咱们湖南到处都是这样的山，咱们随便划一个地方就是公园，有山有水。我在北方待了很多年，回到湖南自己家乡一看，咱们这不就是住在公园里面吗？华北却不是这样，华北地区这些年把树一砍风沙很大，特别是到了三四月份，春雨贵如油，很干，所以说还是咱们湖南好。所以寺院就愿意建在咱们这儿，所以咱们这儿的佛教文化兴盛。

我们是一个禅宗[①]圣地，是禅宗最重要的重镇之一。关于湖南的佛教，上次我专门在洗心禅寺和妙华法师有一次对话。佛教文化在湖南的兴盛大概有三个原因：

第一个原因是地理环境，非常适合于天人合一，山水合一，这样的一种境界，所以大量的寺院在咱们这儿兴起。“南朝四百八十寺，

---

① 禅宗，中国汉传佛教主导宗派，始于菩提达摩，盛于六祖惠能，中晚唐之后成为汉传佛教的主流，也是汉传佛教最主要的象征之一。中国禅宗自初祖达摩祖师，迭传至六祖惠能大师，自此开展出五家七宗临济宗、曹洞宗、云门宗、沩仰宗、法眼宗，禅宗法脉广布天下，度众无数。

多少楼台烟雨中”[①]，因为南方这个地方适合做寺院。

第二个原因是禅宗产生在咱们附近。禅宗的六祖慧能是在湖北的黄梅县，最后拿五祖给他的芦苇渡江从黄梅逃跑，经过湖南到广东韶关，他从湖南的北部边境跑到湖南的南部边境，在那儿待了十几年。后来禅宗一花五叶[②]，重要的沩仰宗就在咱们湖南宁乡。

禅宗是佛教文化中中国文化与实际相结合的产物，这是佛教文化的一个大变革，也是儒家文化的一次大变革。理学开山鼻祖周敦颐的思想就深受禅宗的影响。我们中国的传统文化是儒家文化、道家文化，再多一点就包括法家文化等，荀子的文化基本上是儒家的，墨家的文化没有什么特质的东西，他只是更加重视兼爱、非攻，重视民生。实际上这几个文化总的来讲都是讲人和人之间的关系以及伦理社会，咱们说法家是不是讲法治社会呢？其实它是讲由法来搞伦理，用法来搞专制，它并不是说就把宪法放在第一位，限制中央政权，而是为了巩固中央集权。中国的这几家文化的一个共同点是其世俗性，它只讲人间，讲社会，它并没有讲宇宙，它讲宇宙讲天的时候，讲得模模糊糊，中国人始终没有把天搞清楚。我们中国人的天有三重含义：第一重含义是自然。我们说靠天吃饭，管大自然叫天。第二重含义是祖宗。我们的老祖宗没有了，上哪儿去了，说他们上天了，他们在天上，天上能待那么多吗？咱们也不管。第三重含义是上帝。上帝也很乱，你看咱们的《西游记》最后结尾的时候，佛家的人都在天上，是吧？那么多和尚，包括如来佛他们在天上，天上还有谁呢？玉皇大帝带着他那些个文武百官，还带着王母娘娘，这些人都在天上。天上有

---

① 引自唐代诗人杜牧《江南春》：“千里莺啼绿映红，水村山郭酒旗风。南朝四百八十寺，多少楼台烟雨中。”

② “一花五叶”指禅宗宗派的源流。“一花”指禅宗之源，由达摩传入中国的“如来禅”；“五叶”指禅宗之流，六祖慧能门下的五个宗派。语出宋·释道原《景德传灯录》卷二十八：“一花开五叶，结果自然成。”

神仙，我们中国人这个“天”的思想没有树立起来，我们只是换了一个说法而已，我们的“天”就是人间，咱们没有彼岸的观念，没有主观和客观的观念，主观和客观的观念是谁给带来的？是禅宗带来的，佛学里面有一个“能”和“所”的概念，“能”是主观的，“所”是客观的，把这个世界分为主观世界和客观世界。伊斯兰教有没有我不知道，但是在基督教里面有，在长期论证到底有没有上帝的这个过程之中，他们的哲学产生思辨性，从古希腊开始，常常讨论论主观和客观，笛卡尔是个代表，二元论，主客相分，极大地解放了基督教的哲学思想，为后来的文艺复兴、科学革命、宗教改革打下了基础。所以他有了一个新的哲学思想，咱们中国人始终没有。中国人的主客相分的哲学思想是从哪儿来的呢？是从佛教来，从禅宗来，佛教本身就是一个哲学思想体系，咱们中国人历来是说什么就是什么，禅宗说什么不是什么，实际上还是什么，更深刻全面的什么。特别强调辩证逻辑、辩证思维，禅宗里面把“有”和“无”打通了，把“一”和“多”打通了，把“动”和“静”打通了，主观和客观概念的引进，改变了中国哲学的品质，为儒学向理学迈进打下了基础。但这个事是在哪儿完成的呢？是在咱们湖南。谁完成的呢？咱们湖南人周敦颐完成的。

刚才我讲了中国湖南的地理位置和环境给我们带来了六样东西：战争文化、移民文化、民族融合文化、流寓文化、道家文化和佛家文化。这六种文化对我们湖南人的气质产生了影响，这些影响并不具体指对哪一件事、哪一个人，它是普遍存在的。

（二）湖南的地理特点

湖南的地理还有两个特点：一个就是山水相连，山山水水，这个地理条件对湖南人影响很大，它造成了湖南小范围的封闭。湖南对外是一个地理单元，我们叫做湖南盆地，对内分成了很多的小区域，这些小区域之间有一定的分隔，又有一定的往来。山使我们坚强，水使我们通达，所以湖南人有山的坚强，也有水的通灵。另一个是我们的地理位置和我们的地理环境使湖南好像一个朝北的大撮箕口，我们是湖南盆地，但并不是一个完整的盆地，我们是一个半圆。全中国江都是自西向东流，唯有我们湘江格外一根筋，湘江北去。这就是湖南人最特别的地方，也是湖南人最一根筋的地方。为什么呢？咱们中国的传统文化讲风水讲什么呢？要坐北朝南，负阴抱阳，就是因为我们在北半球，寒冷的空气是从北方来的，这个北方的寒冷是我们人类最大的敌人，所以中国人都选住在山的南坡。大山的南边就有一个文明，像咱们中国的大的文明，东北三省，北边有大小兴安岭，华北有燕山山脉，四川有秦岭，两广有南岭，湖北有大别山，就是咱们湖南什么都没有。湖南北边是洞庭湖，还有长江，过去就是江汉平原，我们的西边是雪峰山，上去是云贵高原，南边是南岭，我们的东边是罗霄山脉、井冈山。所以我们只有北边一个出口，到了冬天北风吹过来的时候，没有什么阻隔，直接进入三湘四水，非常之冷，再加上我们水多，潮湿，贾谊说湖南这个地方是“卑湿楚地”，所以湖南人吃辣椒。我们的气候比较极端，我在长沙为官多年，年年防汛，每到春天，“五月一天不过都是祸”，听着下雨人就醒了，就怕我守的防区垸子垮了。我们的气候极端，冬天冷，夏天热，涨大水，所以比较适合养猪。一位省长带着我们到俄罗斯去访问，他对俄罗斯边疆区的书记说：“我们湖南是鱼米之乡，会种田，会养猪，我们有一人一猪。”当时我听了半天也想不清楚，什么叫一人一猪，后来他们给我解释，湖南这个地方有六千多万人口，每年出栏的猪的头数是六千多万头猪。这是十几年前了，咱们省长出去介绍咱们的优势啊，就介绍这个优势，还没有什么三一重工啊。

（三）湖南的气候

湖南气候比较特别，这种气候使湖南人个性上吃得苦，真的吃得苦，很冷很潮湿，劳动很艰辛，确实叫人坚强。所以曾国藩说，湘军是“士人带山民”，士人就是读书人，山民就是山里的老百姓，打鱼和划船的不要带，那些人狡猾得不得了，是吧？山里老百姓老老实实的，叫他打他就打，叫他跑他就跑。所以湘军就是一帮能吃苦的农民。

湖湘文化发展的历史线索

简单讲一下湖湘文化思想发展的脉络，湖南人思想发展的脉络。

从陶澍他们开始说，前面有几个人对我们湖南人思想影响非常大。我们的湖湘文化的思想脉络，其实就是一些杰出的代表人物的思想，它们就像珠子，我们把一颗一颗的珠子穿起来就是一根项链，湖湘文化就是这样形成的。湖湘文化的代表人物非常多，我们不能一一列举，影响最大的人我点一点名字，有的人我多说几句。

第一个对我们湖湘文化影响非常大的人是屈原。有人说舜帝影响也很大，但是舜帝记载比较少，都是传说，且舜帝只有一些做法，没什么思想，屈原这个人是有思想的。屈原是公元前300年前后的湖北人，他一辈子做了两件大事，第一件是做官，第二件是做诗。他做官做得很大，做到了楚国的三把手，叫左徒，他还做过两个比较小的官，一个叫作文学侍从，文学侍从就是秀才，帮着楚怀王搞文件的，一个叫做三闾大夫，是管贵族事务的。左徒是这个国家的三把手，翻成现在的话叫作常务副宰相。司马迁写了一篇《屈原贾谊列传》，这里头他就讲屈原在做左徒的时候内政很好，长于治乱，天下大乱的时候他就可以治得好；他还强于外交，强闻博记，读了很多书，还能把这些事都记住。所以他是一个有作为的人。但是楚国到那个时候已经腐朽了，腐朽在什么地方呢？就是它远远地落后于这个时代，因为春秋战国是一个变革的时代，各国都在变法，变法就是要打破既得利益，把国家利益放在第一位往前走。楚国这个时候有很大的僵化的既得利益集团，一个就是王族，楚怀王这个家族；第二个是贵族，春秋战国时期，东周分封了很多很多的诸侯，诸侯又分了很多小的君，分了小的采邑，那么这些诸侯都有自己的血脉的网络，这样的话利益就得分割。分割以后其实楚国的综合国力非常强大，但是它打不过一个小小的秦，就是因为秦改革，综合国力大增，楚国不肯变法。屈原要变法，就受到了那些反对变法的人的构陷，楚怀王就疏远他，最后把他下放，下放了两次，第二次就下放在湖南。他在湖南待了很长时间，西边到了溆浦和桃江，南边到了咱们的南岳。他在长沙附近的汨罗待的时间比较长。

屈原的伟大在何处？

第一个是他伟大的思想。他有一种非常强烈的人文主义的悲天悯人的思想。你说他爱国吧，他也不仅仅爱楚国，他是爱天下的苍生，爱社稷，爱宗庙，爱文化，他想实现一种美政，所以他要写美文，他爱美人，美人、美文、美政……所以说他是一个非常爱美的人，他是一个伟大的自然主义者，他爱山川、爱河流、爱太阳、爱长风、爱皓月，他的诗里头充满了人间之爱，所以他是一个伟大的人文主义者和一个伟大的自然主义者。楚国有七百年历史，因为他的理想没有实现，最后一朝亡于秦国的铁骑之下，生灵涂炭，理想破灭，这种情况下，他异常悲愤，所以他以死来结束自己的生命。

屈原这样一个伟大的人，他的这些思想使他成为咱们中华民族的一个精神图腾，后来无数的人都仰望着他，我们今天读到屈原的时候，还为我们的人生感到惭愧，我们远不如他。屈原有四大优点，他是一个伟大的人文主义者、民本主义者、爱国主义者、自然主义者。这是他的第一点：我叫做心系天下、心忧天下。

他是一个追求真理的人。他说“亦余心之所善兮，虽九死其尤未悔”。他的想法都写在《离骚》里面，这个《离骚》其实就是一个关于离开的牢骚。楚怀王不喜欢他，叫他走，他走了，就有意见，有意见就发牢骚，这个牢骚写得好，我们就叫“离骚”。他把自己的一生，自己的祖先，自己的个人所长，自己和君王合作的路程，以及后来遇到的艰难险阻，都写了出来。那么这里面写的是一个什么呢？是一个追求，他说“路漫漫其修远兮，吾将上下而求索”。他后来写了一首诗叫《天问》，《天问》有一百七十多个问题，在太庙里面发出问题，问苍生、问鬼神、问古往今来……他追求真理，他不向世俗的腐败势力妥协，他不为个人的利益而出卖自己的人格。所以，他成为一个非常伟大的追求真理的人。

在咱们中国的文化里面，能够发出“问天”声音的人，没有几个。咱们历史上有几个人问过天？一个是荀子，这个人问过天，但问得不是很厉害。汉朝有一个王充问天，明朝有一个李贽问天，清代有一个王国维问天。中国人是不问天的，天叫咱们干啥就干啥。咱们现在教小孩子也是，第一句话就是“要听话”是吧？不就是要他听你的话吗？不就是要他最好就长成你这样吗？对吧？你为什么不能叫他自己好好长呢？屈原他是不信邪的，他追求真理。

他追求人格的高洁。他是人格上至纯、至真、至洁、至善的这么一个人。他要妥协，其实可以到其他国家去做官，他只要退让，荣华富贵他是不会少的。他碰到渔父，渔父说水不干净你就拿它洗脚，水干净你拿它洗帽子，你何必非要跟水过不去呢？对不对？他不，当自己的理想破灭，自己的愿望不能实现，他宁可死，也要保持人格的高洁。所以他的人格屹立在中国的彼岸，无数的人仰望着他。

他是浪漫主义文学的鼻祖。中国的文学有两个源头，一个源头是《诗经》，另一个源头就是《楚辞》。《楚辞》的代表就是屈原，直接影响了世世代代的后人，大家就可以看到贾谊受他影响，陶渊明受他影响，李白受他影响，到最后曹雪芹也受他影响。在《红楼梦》里面，林黛玉叫“潇湘妃子”，林黛玉住的房子叫潇湘馆，第五回里面对十二钗很多的描写都是楚辞的风格，都是骚体。所以曾国藩说，我们湖南这个地方高山阻隔，群苗所居，只有在周之末我们出了屈原，屈原的出现使我们湖南后来百代的文人都追随着他，封他是我们文化的图腾，我们文化的榜样。屈原的死一直影响到我们近代，包括谭嗣同的死（谭嗣同是读屈原的），包括陈天华的死，姚洪业的死，禹之谟的死，包括我们刚才讲到的蔡锷。所以我一直想写一篇杂文叫作《湘人之死》。湘人的死与众不同，从屈原开始。

屈原之后有一个很了不起的人是贾谊，贾谊是河南人，是个少年才俊，他死的时候只有三十岁出头。但是他在世的时候写了最著名的《治安策》《过秦论》《吊屈原赋》。他在咱们长沙待了四年，最后司马迁把他和屈原写在一起，叫《屈原贾谊列传》。他和董仲舒都是汉朝最伟大的思想家。所以我们湖南人把自己的家乡叫作屈贾之乡。贾谊的贡献很大，第一个是在汉赋方面，他是开山鼻祖，文学上他有创造，第二个是他的思想上对郡县制的肯定，到今天我们还在延续。我们长沙市就是当时的一个郡，我们九个区县就是根据郡县制的理论来的。这段时间大概是在汉朝中期，他是汉文帝时候的人。

再往后走就到了三国，魏晋南北朝，咱们长沙出了蔡伦，湖南出了蔡伦。这段时间道教有所发展，魏晋的时候，咱们中国的文化经历了一场变革。因为儒家文化在秦朝统一中国之后，遭到一个毁灭性的打击，就是焚书坑儒，把儒家文化踩到脚底下去了，那么汉朝建立起来以后，用什么样的思想治国呢？就是楚人的思想，黄老刑名之学，这个黄就是黄帝，道家把黄帝看作自己的老祖宗，老就是老子、庄子，叫作无为而治，与民休戚。到了文帝、武帝、景帝三代皇帝，中国开始慢慢地恢复了元气，称为“文景之治”，道家的思想开始兴起，湖南这个地方深受道家思想的影响。到了隋唐的时候，一方面是六艺文化的发展，另一方面就是禅宗的发展、道教和佛教的发展。

到了宋朝的时候，湖南出现了一个横空出世的伟人，是北宋到南宋期间的这么一个人，是咱们湖南道县的，叫周敦颐，他大概做过我们郴州汝城这么大的县官，他也在福建做过县官。因为那个时候咱们淮河到长江之间是战争区域，长江以南形成两个文化圈，一个是杭州，当时叫临安，一个是我们湖南长沙，这个半壁江山叫南宋，南宋一百五十二年时间，对咱们湖南的发展起了非常重大的作用。就是因为在南宋期间，北方的人才都涌向了南方。我们湖南这个地方，成为当时全国的学术中心。

周敦颐做了什么事？他实际上就是给我们的儒家文化搞了一个升级版，儒家文化原来的版本比较低，他就把它升级了，他给它装上了一个佛家文化的宇宙观，给它装上了一个佛家文化的辩证法，给它装上了一个道家问题的阴阳论，他把这几个东西一装之后呢，提出了一个新的学问：他还是讲三纲五常，但是这个三纲五常就变成了由宇宙观做基础，由认识论做基础，由方法论做基础。解决了几个什么问题呢？他写了两本书，一本书叫《通书》，一本书叫《太极图》，前者是讲人生观，后者是讲宇宙观，讲的什么意思呢？就是讲的这个世界本来是无。“无”就是什么都没有，本来的状态。这个“无”解决了世界的本源的问题，又解决了一个动和静的问题，解决了“一”和“多”的问题，即一元和多元的问题，还解决了天人合一的具体形式问题，大概解决了四五个很关键的问题，这个时候他的思想就处在一个非常重要的发展阶段。他又碰到了一个好朋友叫程珦，程珦那个时候看到朝廷里头乱糟糟的，秦桧当权，就把自己的两个儿子程颢、程颐交给周敦颐当学生。程颢、程颐这两个人最后就成了中国的大思想家。这两个人后面又出了一个朱熹，他们三代人，最后形成了“程朱理学”，程朱理学就成为了一种带有儒、释、道三家的思想，带有社会各个阶层（包括知识分子和人民群众）都能接受的一整套的思想，这个思想在明朝逐渐地发展起来。这是和我们湖湘文化关系非常大的一件事。还有一件事就是“朱张会讲”，朱熹和张栻在咱们岳麓书院会讲，讲了两个月时间，专门讨论这个“程朱理学”的重大问题。

这个时候涌现出了湖湘学派。

南宋的时候有四大学派：濂、洛、关、闽，周敦颐一派，二程一派，朱熹一派，然后张载一派。这四大派，都与湖南有关，最后湖湘学派起来，湖湘学派的鼻祖叫胡安国，福建人，他有三个儿子，其中最重要的是他的第三个儿子胡宏，还有一个胡寅，这三个儿子最后都成为大思想家。另外还有两个人，一个人是王阳明，他是明朝中期的人，1500年左右的人，这个人对湖南的影响非常之大，他讲的是心学，朱熹的《程朱理学》讲的是理学。理学讲的是从客观上要约束人，大家要遵从天理。王阳明讲的是心学，他讲人的最高境界是致良知，知行合一，就是要自律，王阳明深受禅宗的影响。

到了1600年的时候，中国出了伟大的思想家王船山。王船山本名叫王夫之，他是咱们衡阳人，他亲眼看到清军入关灭了明朝，对此死不瞑目，写了一副对联："六经责我开生面，七尺从天乞活埋。"①他说我这个身躯就是为了阐述明朝灭亡的原因，就是为了使我们中华文化再别开生面而活着。他著述四十二年，写了八百多万字，形成了一整套思想。王船山最重要的贡献就是让中国的文化跳出了唯心主义的圈子，不仅仅要听天理，不仅仅要听心学，更要看客观实际。中国历史上第一次把客观实际看得这么重，所以我们把他叫唯物主义的哲学家。其次他非常强调"趋时更化"，也就是与时俱进，他说我们已经停滞太久了，跟世界隔绝。再次他提出来不仅仅要"道"，而且要"器"，他认为器的进步，是道的进步的先驱。他提出了新的道器观，所以过去叫作天不变道义不变，孔孟之道不要变。但是他提出世界变了，我们的"器"就要变，器变了，"道"就会变。他有极高的民族气节，清朝的巡抚请他出来做官，他说："清风有意难留我，明月无心自照人。"②清风就是清朝的风，明月就是明朝的月，他说明月无心自照人。因为他反清复明，所以他的书在他活着的时候没有出版，最后是曾国藩把他的全部作品出了，叫《船山遗书》。出版以后极大地鼓舞了中国近代人。曾国藩兄弟受他的影响，谭嗣同受他的影响——谭嗣同非常崇拜他，他的思想整个是湖湘近代知识分子的方向盘和发动机。中国近代的知识分子，尤其是湖湘人的经世致用的思想来源于王船山。其中最重要的一个是曾国藩，曾

---

① "六经责我开生面，七尺从天乞活埋"，这是清初文化大家王夫之自题画像的中堂联。前一句是说自己致力于儒家的学术研究，他一生对中国传统文化经典进行了详尽的研读、评注和创新，后一句的意思是明朝亡了，七尺男儿岂能屈服，就是明朝的灭亡使自己心灰意冷，"乞活埋"指不怕清政府的压迫，整体两句就是表现自己的民族气节和人生追求。

② 王夫之为了事业和理想，不为利禄所诱，不受权势所压，历尽千辛万苦，矢志不渝。明朝灭亡后，他在家乡湖南衡阳抗击清兵，失败后，隐居石船山，从事思想方面的著述。他晚年身体不好，生活又贫困，写作时连纸笔都要靠朋友周济。每日著述，以致腕不胜砚，指不胜笔。在他七十一岁时，清廷官员来拜访这位大学者，想赠送些吃穿用品。王夫之虽在病中，但认为自己是明朝遗臣，拒不接见清廷官员，也不接受礼物，并写了一副对联，以表自己的情操："清风有意难留我，明月无心自照人。"

国藩对湖湘文化的最大贡献在于他是湖湘文化的实践者、成功者、弘扬者。以往的人对湖湘文化都只是在说，而他是在做，他是实践者。以往的人不知道事情能不能做成功，而他成功了，他以事实验证了湖湘文化的优越性。他取得了“立功、立言、立德”三大成就。曾国藩代表一个政治集团、军事集团，所到之处皆能改造世界，那么大家就看到了湖湘文化的功力，所以说他是实践者、成功者，也是弘扬者。

最后我总结一下，湖湘文化到底是什么。湖湘文化有几个形态，其中一个是学术形态，叫湘学，湘学是中华学术的一部分，但是它有它自己的特点：第一是追求大本大源，求本；第二是求实，它讲究实践，讲究实在，讲究实事求是；第三是求变，湘学一直追求变革，追求进步；第四是求容，它海纳百川，基本上是吸收别人的东西。湘学这样一些重要的品格，使它的思想里面既有中国传统文化基本的儒学，又有自己的特点。

湘学最重要的特点：第一个讲究义和理，讲究儒家文化的根本；第二个讲的是经世致用；第三个讲究人格气节和操守；第四个讲究民本。所以从形态上和内容上，湘学都是中华文化非常宝贵的一支。

从思想文化的形态上来讲，它有几个重要的特点：第一是心忧天下。湘人一直带着一种忧患意识，湖南是在逆境中成长起来的一个地方，这个地方的人始终有一种危机意识，这种危机意识和忧患意识，使湖南人的文化有一种忧伤的、奋发的精神在里面，所以叫心忧天下，这个心忧天下不是我说的，左宗棠说：“身无半亩心忧天下。”毛主席在新民学会把它改成“身无分文心忧天下。”湖湘文化的第二个特点就是追求真理、敢为人先。湖南人较真，不好糊弄，追求真理敢为人先，不断地追求变革，在近代历史上一直在别人之前，有创新的精神。第三个特点是实事求是，经世致用。第四个特点湖南人追求人格完善，崇义理，重节操。从气质方面讲，有一种拼搏霸蛮精神，战争时期的铁血精神。湖湘文化也有它的历史局限性，人家说咱们现在是走下政坛，走上歌坛是吧？咱们现在也不光是走上歌坛，咱们的三一重工，咱们的袁隆平，咱们的“互联网+”，咱们的文化产业，咱们的经济学……很多方面现在在全国都是叫得起的，我们正在转型。我们由原来的政治型，转向现在的科学型、教育型、经济型、文化型，所以咱们不光会唱歌，咱们还能干别的。但是我们的文化，这几十年有一些东西要总结。

我们的历史文化的局限性主要表现在：第一，农耕文化，这种农耕文化的本性，在于它最根本的东西是重权力，农业文化重权力，原地循环，工业文化重金钱，重效益，重进取，所以这是一个弱点。第二，我们的文化相对来讲比较内陆，农耕文化是内陆文化。我们的一批知识分子在哲学上也是比较开放的，但是我们始终重农轻商，始终有很强的小农意识。湖南人有“两民意识”，一个是农民意识，另一个是市民意识，我们缺乏远大的目光，我们的企业家缺乏在全世界横行，远走高飞的一种精神。第三，我们是一种斗争文化。因为我们是战争地区，因为我们是少数民族地区，所以我们这里的人有独立性，有不服从的特点，宁为鸡头不为凤尾。商业文化是一种竞争文化，不是一种斗争文化，竞争文化讲究双赢，斗争文化讲究一个人赢，另一个人死。斗争文化是不择手段，竞争文化是按规矩出牌；斗争文化是破坏，竞争文化是进步和发展。所以湖南人要思考：怎么学会包容，学会竞争，怎么学会更科学、更法治。我们还要在工商业发展，逐步改造自己的文化。

今天用这么多时间向大家做一个汇报，很多地方可能不到位，谢谢大家的聆听。

【作者简介】

- 湖南省政府文史研究馆馆员
- 湖南师范大学历史文化学院教授
- 湖南省委宣传部原副部长、湖南省社科联原主席
- 《故事湖南》主讲人
- 湖湘文化研究会副会长
- 湖南践行国学公益基金会专家委员会委员、特聘教授

吴进安｜儒、法二家的管理智慧[①]

天地之大德曰生

先秦九流十家之学的提出，皆是在为天下苍生设想，虽然方法、主张有所差异，但目的都是如何回复到一个有秩序的世界，让生灵免于涂炭，无不是在实践“天地之大德曰生”的理念。

何谓天地之大德曰生，要解释这句话，可以从一个故事来看。这个故事，是关于台湾的台塑企业家王永庆和他的弟弟王永在的。

王氏兄弟之管理智慧可以说跟整个中国的文化、传统的国学是联系在一块的。为什么这么说呢？兄弟俩出生在台湾北部的一个山区，家里是种茶的，收入有限，日子过得非常清苦。十五岁时，王永庆带着弟弟王永在离开故乡，到了台湾南部一个叫嘉义的地方。嘉义这个名字是康熙皇帝取的，嘉许当地人的义举。因为当时康熙皇帝虽然把台湾版图拿回来了，但是一些明朝遗老仍然集结对抗清政府，当地有义士集结起来，和这些乱党对抗，最后成功了。这个地名原来叫作诸罗，康熙皇帝嘉许当地人民的义行德风，就将这个地方改名为嘉义了。台湾有很多地名跟中国文化有渊源、有典故，也颇富文化的内涵。

王氏兄弟到嘉义来做的第一个事业是卖米。当时官方卖米是上班制的，早上8点钟上班，下午5点钟就打烊了。因为官方卖的米有口碑，有信用，而民间卖的米不见得有人会吃，因为信用尚未建立。王

---

① 根据吴进安博士在第14期企业家国学践行研修班（2015年11月29日）的讲课录音整理而成，并呈送吴进安博士审校。郭竞芳老师、刘丽平老师对录音速记稿进行了文字编辑、整理。

氏兄弟挨家挨户地推销他们家的米，很辛苦。他们做了一件事情，是现在很多台湾企业界的老总一直想学的，这件事在管理学中叫作顾客营销，又名顾客管理。

那个年代信奉人多好办事，所以一个家庭大概有二三十张嘴巴等着吃饭。某户吴姓人家，女主人晚上要煮饭，看着米缸里的米，发现这顿饭不好煮。为什么不好煮？因为米缸里只剩下一餐的米量，今晚煮了，明天早上就没有米下锅。正在发愁的时候，听到有人敲门，敲门的人就是王永庆先生。王先生说："吴先生，我知道你家今天晚上米吃完了，明天早上就没有了，特地给您送来了。"主人喜出望外，真是太棒了，这简直是及时雨呀。

王永庆先生有一句话非常著名：做生意是做什么？做生意是给人生命的意义！做生意就是给人带来希望。

王氏兄弟做生意的态度，也广为人知：他们在腰间系一条干净毛巾，给顾客家送米，先把陈米倒出来，然后用这条干净毛巾把米缸抹得一干二净，再把新米倒下去，把陈米放在最上面，因为大米放在米缸一段时间会长米虫，不易保存。王先生告诉主人，今天晚上吃一点旧米，明天早上你们就有新米吃了。

这个观念就是中国哲学里面讲的，"生生之谓易"[①]，也就是"天地之大德曰生"的道理。王永庆就是这样，和他弟弟胼手胝足、筚路蓝缕，开创了他们的石化王国。

中国文化以德服人

中国曾经有过一个黄金年代，是先秦时期。先秦时儒、墨、道、法、阴阳、纵横等百家争鸣，东汉班固的《汉书·艺文志》提到的流

① "生生之谓易"的意思是"生生不息，循环往复，革故鼎新是万事万物产生的本源"。此句出自《周易》。

派有九流十家。九流十家里面，儒家也好，道家也罢，墨家也好，这些学派基本上都围绕一个字，这个字就是“德”。所以中国文化讲究的是以德服人，而不是以利服人。

有一个词叫做押箱宝。每个家庭，每个国家，都有一些押箱宝。中国文化的押箱宝是什么？就是传统文化。中国不像西方以力服人，在西方的电影常常看到两个人为了争夺爱人，拔刀相向。中国讲的是以德服人。中国文化里，倡导的是三件事情——“立德”“立功”“立言”，道德摆第一。不过现在常听到有人说，道义放两旁，把利字摆中间，这是现今社会的另一个现象，不值得提倡。

团队中带头人的作用

中国哲学的主流学派中，与团队管理关联最明显的是儒家与法家。

儒家的人物里，有一位先生叫作荀子（荀子是以儒为里，以法为表），他提出了一个中国管理学的理论，这个理论叫作群。“群”这个字，左边是个君，右边是个羊。君跟羊什么关系？其实很简单，就是牧羊人。群就是一个牧羊人，牧羊人要如何管理一群羊？牧羊人有两个技巧，第一个，要选出最会认路回家的那只羊，就是一个团体里头的带头人，我们称之为领头羊。但终究还有一些不服输的，或是不听话的羊，该怎么办？牧羊人会养牧羊犬和鹰。牧羊犬让羊群维持前进的方向，并且起到保护羊群的作用。鹰在天空俯视观察整个羊群行进的路线，是对还是不对。鹰和犬的存在，是非常必要的。这就是荀子提出的“群”的概念。

可以把荀子的“群”概念做一个深度的展开。什么是管理？管理是通过一个有效的方法，利用资源来达成目标。管理其实就是做好两件事。

第一，要做对的事。每个人的生命历程当中，总有一些对或不对的事，你需要做一些选择，做对的事。管理当中，做对的事是很重要的一个思考点。

第二，要把事情做对。我们跟部属交办一些事，部属办事可能事倍功半，尽管费尽脑子，最后的成效仍然不是我们所预期的。很明显，部属没有把事情做对。要把事情做对，也要做对的事情，管理就是如此。

我在学校教书将近二十五年。有年校庆时，曾经教过的学生回来问我："老师，我进入职场已经五年，职位要升迁的话，照理说轮也应该轮到我了吧？"很显然，问这话时，他流露出失望的表情。我提醒他说，你的周末假日是怎么过的？他说就是陪着老婆孩子。我说没有错，这是对的事，其他时间你会做什么？学生说，上班很累，其他时间就睡觉休息了。我说："你应当去观察和思考，那些与你同时进公司却比你更早获得拔擢升迁的同仁，他们到底做了哪些事？还有，公司的老总们假日都在干什么？"一个礼拜之后他告诉我，公司的老总们假日在登山。我说你去登山，就是做对的事，把事情做对。

两年之后的校庆，学生再回来看我。他说："老师，如果不是您提醒我参加老总们假日的登山活动，我完全不知道公司的决策、营运方向、方针到底是什么。因为登山，我才完全地了解老总们想的是什么。"两年之后，他获得提拔了，这是一个真实的例子。所以说，想成功就要跟对的人，走对的路。

管理是什么？管理是借别人的手完成你的工作，达成你的目标。只手打天下的时代过去了，现在是群策群力的时代，我们要经他人的努力和绩效完成任务。但是管理者本身要做到一点：确知，就是确实知道你所交付的任务对方可以完全明白，完全掌握。第二个要详告，告知对方，因为人不是天生就懂得这件事情的，所以凡己欲人所为（自己想要他人帮忙做的事情），并使其以最佳、最经济的方法成就这件事，必要详告，而不是说交付给对方，就不闻不问了。领导者要实现的目标，是维持这个组织内部环境的和谐，让员工敬业与尽能，人尽其才。

成功三要素：知识，努力，态度

我们都渴望获得成功。成功的三个要素，第一，有知识。第二，要努力。第三，有端正的态度。

儒墨道法，每个学派在知识方面的建树，都是中国文化的博大精深之处。儒家有《论语》《孟子》《大学》《中庸》等，还有我们从小就学的《三字经》。成功的第一要素是知识，学习知识，拥有知识。光有知识还不够，如果不努力，绝对不会成功。但是努力不见得一定成功，努力只是一个必要条件。持之以恒，面对不如意的环境，仍然愿意坚持下去，这是态度问题。前文提到的王氏兄弟，讲的就是他们做生意的态度问题。

每个学派都试图突破既存的困境。儒家有“谦谦君子”，儒家经典阐述，“文质彬彬，然后君子”，是一个人内在与外在的合一。还有“温良恭俭让”，这五个字在台湾经常听到，用来形容马英九先生。儒家的统治格局是一个圣君贤相的制度设计，因为儒家基本上是与人为善，从性善的角度来出发的，这个是我们表现在外的部分。所以儒家是从我做起，知其不可为而为，重视的是过程，因此外在的部分是表现君子谦谦风范，并且要求内在的德行亦是如此。

儒法道佛，互为表里

讲将相之才，会想到中国古代的这句话，“将相本无种，男儿当自强”。法家讲的是将相之才。如果走法家这条路，不管是商鞅，还是申不害，或者是慎到，以及韩非子，都是刻薄寡恩、信赏必罚的。因为法家的哲学理论来自人的性恶，而不是性善，所以法家的管理核心是技术层面的操作，讲求实际利益与效益的极大化。

如果每个朝代都是一个公司的经营，这个公司能够维持多久？秦始皇用法家，秦朝十五年就没了，显然法家有它的局限性。所以从汉武帝之后，定下了阳儒阴法的格局。

中国人经常讲，得意是儒家，失意是道家，但未必是如此。陶渊明不为五斗米折腰，宁可采菊东篱下，悠然见南山。不过在今天的社会，碰到的问题更加复杂，恐怕很难不为五斗米折腰，这个时候需要转化心境。“道法自然而无为”“治国如烹小鲜”“庖丁解牛”等故事告诉我们，人要把握大道跟方向，反者道之动，就是人生面对问题时需要另类思考、换位思考的意思。东汉中叶，印度的佛学传到中国，告诉世人另一套人生哲学：每个人都有佛心佛性，世间一切法是空，绝尘缘，自在随缘。佛法提醒我们自在随缘，能舍才能得，台湾许多企业家皈依佛门，投入慈善事业及社会救助，也带来了正能量。

从整个中国哲学来看，对我们影响最深的还是儒法道佛这四家学派。墨家很早就从历史舞台上隐退了，这是比较可惜的事。但这四个学派是互相交融的，并不是壁垒分明。

唐朝大诗人李白的《将进酒》，就有人生阅历与感怀在里面：“君不见黄河之水天上来，奔流到海不复回。君不见高堂明镜悲白发，朝如青丝暮成雪。”这是在讲时间、空间的改变。时间、空间为什么会改变？因为人的心变了。心这个观念儒家有，道家有，佛家也有。再读杜甫的诗“烽火连三月，家书抵万金”，讲的是一个人的承担。他被迫离开长安，流离失所，十年之间未能与亲人相见。这个时候他所想到的是骨肉分离之情，是自己对一个家庭的承担。所以说，这四个学派不全是壁垒分明，而是互为表里，互为应用。他们的智慧落在人的身上与心上，面对诡谲多变的环境提出对治之道与术。

管理的智慧——以人为中心

儒家的管理智慧，是以人为中心。人是世间最为珍贵之物，所以才说人为万物之灵，所以人才放第一。天生我才必有用，鼓励人的自我肯定。每个人都是一个大器，而不要成为小器。

中国历史上有一个很著名的人物，叫管仲。孔子称赞他“微管仲，吾其披发左衽矣”（《论语·宪问》），就是说没有管仲的话，我们可能会变成一个野蛮的民族。因为一个上位的文化被一个下位的文化给取代了，管仲提出了一个政策，叫“尊王攘夷”[①]。可是孔子在另一个篇章也鼓励人要成大器，而有“君子不器”[②]（《论语·为政》），说管仲这人胸襟与视野很狭窄，小器哉。从这个观念来看，人要成为大器而不是小器。君子体用兼备，不应只有一才一艺而已。

“天生我才必有用”这个观念的源头是《易经》，把天地人称为三才。立天之道叫阴和阳，天之所以成为天，是因为有阴阳二气。阴阳二气交感变化，产生了人间的种种变化，所以中国的文学与哲学经常在天和人当中寻找一个平衡点，寻找一种究竟和内在的关系与理则。而立地之道是柔与刚，因而才有刚柔并济之说，而人之所以为人，是因为立人之道是仁与义，人因有道德仁义而能超越兽性，成为真正之人，这里头阴阳、刚柔与仁义即是此种内在关系的理则。

管理的智慧——严以律已，宽以待人

苏东坡《水调歌头》写的“月有阴晴圆缺，人有悲欢离合”是自然现象。但是苏东坡告诉我们，一个人要有心，那个心在哪里？在

---

① 尊王攘夷最早见于《春秋公羊传》，本意为“尊勤君王，攘斥外夷”。

② 君子不器出自《论语·为政》，是说君子应当博学多识，具有多方面才干，不只局限于某个方面，因此，他可以通观全局、领导全局，成为合格的领导者。

“但愿人长久，千里共婵娟”，是在彼此的关怀中。我们说立天之道叫阴和阳，立地之道叫柔与刚。干旱时，地表都裂开了；大雨滂沱时，泥石流都来了，地从来没有抱怨过，从来没有讲过不舒服的话，所以孔子才会讲“天何言哉？”[①]我们观察自然的演变，得到自然与人间对应的道理。

《易经》讲天、地、人三才。天得阴阳，地得刚柔，人得什么呢？《易经》告诉我们，做一个有道德的人，立人之道曰仁义，儒家继承的是仁义的价值系统。“文质彬彬，然后君子”，这是对人的一种价值期许。孟子进一步展开王道的政治，讲照顾百姓，“养生丧死无憾”。养生就是把人的生命照顾好，让人有一个生存的环境，一个适当的生存空间。丧死，这个丧，是送的意思，养生送死，因为死生是人生大事。王道的政治，是讲主政者要把百姓的生命照顾好。从这个关系来看，所讲的是儒家提到的“忠恕为人”。忠，尽己谓之忠，也就是对自己负责。恕，宽以待人。儒家告诉我们八个字，严以律己，宽以待人，这是中国文化的儒家智慧。

管理的智慧——明于天人之分

荀子的管理理论有一句话，“明于天人之分”，意思是天有天的事，人有人的事，不要拿外在的或是其他的因素来作为借口。这是从荀子的哲学演绎出来的。“天有其时，地有其财，人有其治”，天、地、人都各有使命。天有其时，指的是春夏秋冬四时，四时运转，是天该做的事情。地有其财，我们种下稻子，种下麦子，到了收割的时候就欢呼收割。人有其治，是说人有自我管理的能力，这个治就是管理。人有管理自己、管理团体的能力，这叫作群，也叫作能参。

---

① 出自《论语·阳货》。子曰：“予欲无言。”子贡曰：“子如不言，则小子何述焉？”子曰：“天何言哉？四时行焉，百物生焉，天何言哉？”意为，孔子说：“我现在只想沉默。”子贡说：“如果你不说出心里想什么，那么我们这些学生拿什么去记述呢？”孔子说：“神灵又说过些什么？不过放纵四季周而复始，任由百物蓬勃生长。神灵又何曾告诉别人什么啊？”

所以君子是道其长，掌握原则和方向，而小人只顾眼前的利益。荀子告诉我们，一个人要获得成功，做一个顶天立地的人，就要排除借口，排除不当的理由，排除客观条件的干扰因素，就事论事。“明于天人之分，则可谓至人也”—— 明白自然界与人类各司其职，就可以称得上是一个高明的人，有智慧的人。

管理的智慧——雇主跟员工是命运共同体

“天行健，君子以自强不息。”[①]现代企业的管理，按照儒家的角度来说，雇主和员工就是命运共同体。公司如果运营失败，员工就被遣散；公司如果发展得好，员工则跟着获利。所以，管理公司要以人为主，而且要学会换位思考。换位思考就是儒家经常讲的忠恕之道，一个人先要对得起自己，把分内的事情做好，将心比心，用这样的方式来做换位思考。

其次，儒家在管理层面上讲的是德治，道德的统治。儒家提倡的是有一个安定和谐的组织，让每个成员都能够有尊严地工作、生活，发挥正面的力量。

分享一个故事：孔子与弟子出行，子路宿于石门。晨门（隐士）说，你们打从何来？子路说是孔丘之徒，晨门隐者批判儒门是“知其不可而为之者”，现今天下大乱，沸沸扬扬，你们这些孔丘之徒出来有什么作用呢？子路回来告诉孔子。孔子告诉弟子，你可以跟他说，“孔丘之徒，知其不可为而为之”。

“知其不可为而为之”[②]，是说人要发挥正面的能量，只问耕耘，不问收获，用儒家的德治来领导。德治有两个概念，首先领导者本身

---

① “天行健，君子以自强不息”，下句是“地势坤，君子以厚德载物”。意指君子应该像天体一样运行不息，即使颠沛流离，也不屈不挠；如果你是君子，接物度量要像大地一样，没有任何东西不能承载。

② 出自《论语·宪问》。子路宿于石门。晨门曰：“奚自？”子路曰：“自孔氏。”曰：“是知其不可而为之者与？”意为，子路夜里住在石门，看门的人问：“从哪里来？”子路说：“从孔子那里来。”看门的人说：“是那个明知做不到却还要去做的人吗？”

要能以德服人，“远人不服，则修文德以来之，既来之，则安之”。其次是以德领导，通过理性说服，以身作则成就管理，上行下效，完成目标。

管理的智慧——道德、法律、教育

管理是用文化的渗透力去改变人的思维跟行为，所以领导者很重要，要具备相当程度的道德修养。这里的用词叫“相当程度”，没有用“最高的程度”，因为人是不断进步的一种生物。领导者需要具备什么样的道德修养？用儒家的话说就是严于律己，宽以待人。另外，管理力量的来源是什么？是激发人们自我觉察的能力，激发人们的自律、自尊、自重与自爱。

孔子比较了解自己所处的年代，知道各国的目标都是富国强兵，并吞他国，成就天下事业，后世叫作逐鹿中原。“道之以政，齐之以刑，民免而无耻”，孔子批评各国都是如此。“道之以政”，这个“政”就是规则制度，管理要形成制度化。百姓是用刑，“齐之以刑”，这个刑是奖励、惩罚。在中国古代只有律没有法，律是刑律，犯了什么过错，就判什么刑。如果“齐之以刑”，用刑律来管理人，“民免”就是老百姓不敢犯罪，可是，人就会钻法律的漏洞。这也就是孔子所说的“无耻”，没有廉耻之心，这个是刑治带来的后果。

儒家所要的是什么？“道之以德，齐之以礼，有耻且格。”①人的价值显示出来了，“有耻且格”。“有耻”就是有廉耻之心，会判断什么该做，什么不该做。

台湾和大陆都对酒驾非常不认同。酒驾在大陆会被刑事拘留，台湾不会。在台湾，只要酒驾或者闯红灯致人死亡才有刑责。有位老师

① 出自《论语·为政》。子曰：“道之以政，齐之以刑，民免而无耻；道之以德，齐之以礼，有耻且格。”意为，孔子说：“用政令来治理百姓，用刑法来整顿他们，老百姓只求能免于犯罪受惩罚，却没有廉耻之心；用道德引导百姓，用礼制去同化他们，百姓不仅会有羞耻之心，而且有归服之心。”

非常天真，他说酒驾的人这么多，而且有很多是富二代，罚钱对他们没有任何效果，最简单的办法是学商鞅：凡是闯红灯的，一枪毙命。具体怎么做？架一挺自动步枪在街头，只要有车闯红灯，“咻”的一声，子弹马上就到。我们听了吓一跳，莫非要回到商鞅的年代，那不就个个准备腰斩？

虽然他律（法律治理）有效益，却是短期效益。从长期的治理来讲，重要的是德治。荀子告诉我们，要激发人的自觉心，自省、自查、自反，要靠教育，所以荀子是中国教育史上居功至伟的第一人。教育能唤醒人的自觉意识，使人“化性起伪”。“化性起伪”这四个字是荀子的话，就是要改变人本性当中的一些自然之性，把自然之性变为道德意识与行为。

管理的智慧——化性起伪，得礼仪然后治

儒家强调，“君子无信不立”，人要能够“群”才能够有“功”。孔子提出了“仁”，孟子提出了“义”，仁和义都属于个体行为。可是，社会是需要个人与他人、个人与团体互动的社会。荀子看到了群体关系，提出“明分使群”。“分”是每个人的角色扮演，“明分使群”是每个人都知道自己的角色扮演，然后发挥统和的力量，个人与群体都得到相应的保障。

孔孟讲的是个人之间的关系，从个人道德品性的角度切入的；荀子是从团体的角度来切入的，他看到了人性。这是荀子跟孟子不一样的地方。孟子讲人性是善的，“今人乍见孺子将入于井”，今天看到一个小孩子爬到了井边，快要掉到井里去了，我跑过去救这个孩子，难道是为了在乡党邻里之间博得好名声，或是认识这个孩子的父母吗？都不是。这样的行为来自人有天生的恻隐之心。这就是孟子讲的“恻隐之心，仁之端也”，“有不忍人之心，斯有不忍人之政”，这是领导者该学的。

荀子不一样，荀子观察人是会计算的，人的自然习性有什么？好利，有疾恶，有耳目之欲。人有着这样那样的缺点，荀子担心“顺是则乱”：如果每个人都往这个方向发展，顺这个“是”，顺着人的好利、疾恶、耳目之欲，顺着人的欲望，最后会变成什么样？会变成一盘散沙，变成一个暴乱的社会。所以荀子讲“必将待师法然后正”，师法，是“化性而起伪，伪起而生礼义，礼义生制法度”。荀子进一步将管理推到礼治这个阶段，礼是儒家一个很重要的观念，讲求的是规矩和制度，目标也是要求建立一个有秩序的世界。

管理的智慧——动物的丛林法则

荀子说，人和动物最大的不同在哪里？第一个是群，人能够群，我们是会合群的动物，共同打拼，完成目标。借着别人的手完成自己的目标，这是管理。第二个是分，我们知道自己的职责所在，这个分就是职责，我们在这个社会里是有分工的。第三个是义，义叫作分配法则。

管理的起源，就是来自人类共同生活的需要以及群性的觉醒。如果没有这个群，人类还是一盘散沙。只要人与他人产生互动，就会产生对应的关系。

荀子是一个经验主义者，但不是一个唯理论主义者，他讲的是客观的事实。“水火有气而无生”，温泉就是热开水，热开水底下有一股气冒上来。所以水跟火的作用，就是气。水来火灭，叫作有气而无生。“草木有生而无知”，草木没有知觉，它是一种生命，随着日月晨昏会有荣的时候，也会有枯绝的时候。“禽兽有知而无义”，非洲有个塞伦盖蒂草原，展现的丛林法则叫作弱肉强食。在狮群中，抓猎物是母狮的工作。母狮把猎物抓到以后，公狮来主宰。公狮干吗？公狮每天睡觉。母狮把猎物抓到后，公狮坐享其成，顶多是最后搏斗的时候，公狮最后咬猎物一口给予其致命一击。非洲草原上，每天上演弱肉强食，各凭本事，没有分配法则。

管理的智慧——领导只能有一人

“人有气、有生、有知，亦且有义，故最为天下贵也。”荀子告诉我们，人有气，所以我们会讲人争一口气，佛争一炷香。人有什么气？人有阴阳之气，是一阴一阳之谓道的气，是从天地之气而来，所以我们说要得正气，而不要阴阳怪气。

有生，我们是一个生命，也是生命的一个载体。有知，我们有智慧，有知觉。而且有义，我们知道分寸，拿捏分配的法则。“故最为天下贵也”，所以人是万物之灵。

孟子讲人为万物之灵，荀子也讲人最为天下贵也。不管是万物之灵或天下之贵，都告诉我们人跟动物不一样。“力不若牛，走不若马”，但是“牛马为用”，为什么？因为人能群，彼不能群也。

既然是一个群，儒家就谈到了领导和被领导的关系。谈领导和被领导，孔子和孟子的出发点都是德治，以道德感化人。荀子分析了一个制度面的建构，《致士篇》里讲“君者、国之隆也”，隆就是最尊贵的。领导者、统治者就是君，是国家最尊贵的一个等级。“父者、家之隆也”，中国古代社会是父系社会，社会文明的发展，从母系到父系，家里的老大当然是父亲。“隆一而治”，尊贵者只有一个，群才能长治久安；“二而乱”，如果各立山头，群就会乱。

中国历史上很残忍的一位皇帝，被称为“开明专制”的唐太宗李世民，排行第二，被封为秦王。照理说皇太子不是他，他的父亲左右为难，因为打天下都是秦王的功劳，但是皇位是嫡长子继承制，怎么办？李世民通过玄武门（长安太极宫北正门）之变，把哥哥和弟弟都杀掉。一山不容二虎，荀子讲“二而乱，自古及今，未有二隆争重，而能长久者”，领导者只能有一位。

管理的智慧——领导者要知人善任，懂得授权

《荀子·尧问》提到两个故事，作为领导者需要留意。第一个故事，周公批评儿子好自用。好自用是什么意思呢？就是不舍得分享权力。我们也经常犯这样的错误。中国历史上第一个因公务倥偬忙碌而死（现在称为过劳死）的皇帝是谁？是雍正皇帝。台北的故宫有雍正皇帝亲自批改的奏折，每个臣子上奏折说明某件事情，把事情的来龙去脉、办法主张说得一清二楚，呈给雍正御批。台北故宫展示出来的奏折上，雍正皇帝批示的比臣子写的还要多。不像他的儿子乾隆，只批一个“朕知道了”。雍正皇帝真是一位非常可惜的皇帝，因为不舍得分享权力，过劳而死。所以，领导者要舍得把权力与事务分出去。周公因为儿子好自用不懂授权，才会批评他格局过小。

领导者要懂得授权。知人善任，就是授权的意思。历史上的项羽跟王莽都是好自用而失败的。帮助刘邦打天下的人，一大半都是从项羽那边跑过来的，其中最为有名的一位人物叫韩信。有句话说“韩信点兵多多益善”，说明韩信擅长带兵作战，但是项羽不懂得用他。

项羽、刘邦两个人治国的格局、治人的格局不一样。项羽刚愎自用，刘邦出身草莽，本身没有文化素养，但是他会用人。时间久了，终究有人因为分配法则不公平而产生抱怨，其中有抱怨想讲而又不敢讲的人是谁？就是韩信。韩信带兵打到今天的河北、山东一带，古代的地名叫齐国。部属为韩信抱屈：将军，刘邦江山哪一个地方不是您打出来的，汉王刘邦算老几？领导者都喜欢听顺耳的话，听起来很舒服，可是往往杀人于无形。韩信也喜欢听，部属又说：将军，您也应该称王，天下只有二王，一个是楚王，另一个是汉王，您应当自立为王。韩信这个人想称王又不敢讲，怎么办呢？部属帮他想好了策略：我们为您修书一封，专程送给刘邦，告诉刘邦您要跟他平起平坐，要称王。刘邦看到这封信，心里大怒：这不就是背叛吗！

背叛怎么处理呢？当然要抓来砍了，问题是兵权不在刘邦手上，这叫作形势比人强。刘邦身边有一位兄弟，也是一个帮助他成就事业的人，叫张良。他走过来，没有多讲话，只拉了一下刘邦的衣袖。刘邦在此刻之间，意识到不可以发怒，“小不忍则乱大谋”。刘邦很大气地就把信丢给韩信的部属，讲了这番话：回去告诉将军，称王就称王，这种小事不用报告。多么厉害啊！这一招才叫作杀人于无形，让韩信彻头彻尾为他卖命。

可是刘邦满腹委屈地回去之后，找到他的老婆吕后，中国历史上一位非常心狠手辣的女士。吕后听完原委之后，拍拍刘邦的肩膀说，先生，君子报仇，三年不晚，小人报仇，一天到晚。

从此以后，刘邦和吕后就暗暗记着，韩信这家伙终有一天要抓来宰掉。后来吕后摄政，用了萧何的计策把韩信抓起来杀掉了。

从这个故事慢慢去推演，看到了项羽为什么会失败。王莽的失败也是如此，王莽在没有建立新朝时，是礼贤下士的，形象塑造得非常好。可是代汉建新朝后，他认为天下人都比不上他，新朝因此成为中国历史上很短命的朝代之一。

吴起也是一位能征善战的将领。魏武侯说身边的人没有一个比自己强，用现代的话来说，叫作自我感觉良好。吴起引用楚庄王的话来回答魏武侯。楚庄王是春秋五霸之一，为什么能够逐鹿中原成为五霸之一，楚庄王的成功之道在哪里？吴起说，魏是一个小国，没有称王，更没有逐鹿中原。楚庄王讲“得师者王”，如果能够找到德行修为可以当我的老师的人来帮我，一定可以得到天下。“得友者霸”，如果有朋友非常坦诚地告诉我我的优点和缺点，有这么一个推心置腹、坦诚相告的朋友，也可以得到天下的霸业。“得疑者存”，经常对自己的决策提出疑问，便不会做出错误的决策，可以立于不败之地，得以生存下来。“自为谋而莫己若者”，“自为谋”就是自我感觉良好，觉得自己比别人都强，而“莫己若者”就是别人比我差得远，假设是这样的话，这个国家就很有可能灭亡。所以，“人主者，以官人为能者也”，人主跟匹夫、领导者跟被领导者的差别在哪里？用人跟不会用人。儒家掌握了以人为中心的根本，强调德治，贯穿君臣关系、领导跟被领导的关系。

中国文化的另一个统治格局，我们称之为阳儒阴法，居其关键者乃是法家，儒家只是装门面。这个学派有一位被称为隐性的圣人，叫韩非子。韩非子是一个非常不幸的人。他是韩的诸公子之一，是贵族，韩非子的文章内容非常好，可是有一个先天的致命伤，口疾而不能言。韩非子知道自己的短处是不能言，所以转换人生方向，著书立说，成就“帝王学”。

孔子的理论到了孟子提出心性之学，到了荀子提出礼仪法治。荀子的两个得意门生之一就是李斯，后来成为秦始皇的宰相，“焚书坑儒”就是李斯的杰作。另一个门生就是韩非子，李斯知道韩非子的才华比他高，韩非子的文章被秦王嬴政看到，佩服之至，就把韩非子请来。秦王跟韩非子一交谈，发现他讲话结结巴巴，就把他搁置一边。李斯知道韩非是一个能人，怕他与自己相争，假造罪名把韩非子杀掉了。韩非子只活了四十七岁，但是他写的文章，对后世的影响非常深刻。韩非子在他的著作里，讲述了法、势、术这三者的关系。有人问他，老师，法和术（商鞅的法跟申不害的术）哪一个比较重要？韩非子说，你肚子饿的时候要不要吃饭？要。你天气冷了要不要加衣服？

要。那这两件事哪个更重要？

管理的智慧——王霸兼长

韩非子的理论，是立基于对人的不信任，是从荀子的经验主义来的。荀子观察到人有自然的欲望，是会计算的。人是趋利避害的，所以韩非子通过结构、原则和制度，来建立法家的整体思想。韩非子批评了商鞅的法。韩非子说商鞅不是变法，而是造法。商鞅变法其实是创造出一套制度。商鞅后来被五马分尸而死。五马分尸是古代的一种刑罚，也叫作车裂。商鞅为什么会被五马分尸？商鞅当时受到秦王重用，可是得罪了太子。太子打死一个人，打死人得偿命，可是贵为太子怎么治他呢？商鞅说太子犯法，是师傅没有把太子教好，所以惩罚了太子的两位师傅。怀恨在心的太子登基，就是秦惠王，第一个要杀掉的人就是商鞅。商鞅为什么最后会被杀掉？因为他逃走时不敢出示凭证。商鞅立的法，接受别人投宿是需要看凭证的，他不敢出示，谎称忘带了。最后他因为自己立的法而走投无路，被秦惠王以五马分尸给杀掉了。

韩非子在《定法篇》中批评商鞅之后，提出“法者，宪令著于官府”。法要明文公布，制度规章要明令。“赏罚必于民心”，赏罚用在老百姓的身上。“赏存于慎法”，慎就是遵守，奖赏是给遵守法律的人；处罚是“加乎奸令者”，用于违反法令的人身上。

申不害服务的是韩国，韩王用了申不害的术，花了十七年的时间仍然没有办法统一天下。韩非子批评是因为领导与被领导者二者没有互动。“术者因任而授官”，这是申不害讲的。给你一个任务，然后给你一个职称，给你一个官名，副部级，或厅处级。“循名而责实”，要知道你到底做了什么。“操杀生之柄，课群臣之能者也，此人主之所执。”在韩非子眼中，法跟术，两者是可以并行不悖的。

“君无术则蔽于上”，秦国因为重法，每个将军都争功，都要领兵作战。因为按照秦国的法律，将军打下某个城镇，就把这个城镇作为给他的奖赏。历史上非常有名的长平之战，赵国的兵士被屠杀了四十万。率兵作战的将军白起得到了土地。秦国的将军开疆辟土，每攻占一个地方，因为有功，秦王都要论功行赏。所以，每个将军都极力主张征战，因为征战对将军们有好处。从商鞅变法到秦始皇一统天下，秦国总共花了一百四十一年的时间。这一百多年秦国为什么没有办法一统天下？为什么到了秦王嬴政只花了十年的时间就一统天下？因为秦王嬴政用的韩非子的理论。

韩非子说，用法没有错，可是你没有监督到部属有营私舞弊的行为。法是要管谁的？“臣无法则乱于下”，这个是讲申不害的术。韩国的国君领导群臣是用术，也就是藏于胸不为外人所知，所以每个臣子都对韩王有所畏惧。但是有一个弱点，韩之前的国家叫做晋，韩赵魏三家分晋，晋有晋法，韩有韩法，晋国的法律没有废除，旧法未除，新法又立，旧法与新法之间有法律的空当。韩国官员利用旧法与新法的漏洞及矛盾来营私舞弊，这是韩非子看到的问题。管理臣子要用法，“此不可一无，皆帝王之具也”[①]。

韩非子又用了慎到的势，“上势秉权之微”，没有那个名位，就没有那个势。慎到讲：龙行天下靠的是什么？一个云，一个雾。如果把云和雾都拨开了，那条龙就掉下来了。云雾就是势，势是要尊君卑臣，定名位之分，借势造势。

韩非子把法、术、势这些观念统和加上自己的诠释，称之为帝王之学，就是“刑德并用，王霸兼综”。

① 语出《韩非子》。“君无术则弊于上，臣无法则乱于下，此不可一无，皆帝王之具也。”意为君主不懂得策略就会被蒙蔽，臣子没有法令就会作乱，这两者缺一不可，都是帝王治国的工具。

管理的智慧——法、术、势，三者并济

韩非子给管理者提供了一个很重要的观点：要用变化的眼光来看世界，要务实，还有权变。韩非讲“治世不一道”，治理国家，治理公司，没有一个绝对的道理跟标准。“便国不法古”，治理国家也不能光从古代的道理去寻找法则。明用法，暗用术，彰显帝王权威，就是势。

中国历史上，明用法，暗用术，彰显帝王权威，这三件事做得最好的皇帝是乾隆。乾隆下江南，两个大臣陪着他，一个阿谀谄媚，乾隆很喜欢的人，中国第一贪官和珅。第二个人，忠言逆耳，皇帝虽然不喜欢听，可是没有他，显示不出和珅的可恨和乾隆的气度，那个人是纪昀。船到江中，乾隆皇帝有点体力不支呕吐了。群臣看到皇帝吐了，焉能不吐呢？所以都不吐不快，跟着皇帝一起吐。唯有纪昀在一旁冷笑。纪昀说，“老头子”顶不住了吧？乾隆就要纪昀说清楚，你为什么称呼我“老头子”？纪昀不愧是辩才之士，他说中国是一个敬老尊贤的社会，中国最为有名、神龙见首不见尾、学术高明得实在无法理解的那个人叫老子。老这个字用在您的身上不是很适用吗？头是什么？四肢五官之首，没有头还有命吗？头是如此的重要。子是什么？中国古代称呼美男子，有德行，长相英俊，老头子您当之无愧啊。虽然纪昀说得头头是道，“老头子”三个字还是惹毛了乾隆皇帝，叫侍卫把绳子拿过来，绑起了纪昀，要把他丢到江中。侍卫手拉着绳子慢慢往下放，纪昀想糟糕，这下老命休矣。已经放入江水一半了，纪昀拉了一下绳子说，老头子，不要再放了，底下有个人把我的脚给抓住了，叫我不要下来。乾隆问那个人是谁，纪昀说，您想知道吗？我告诉您，屈大人在底下跟我讲了一句话，他要我跟您转达，我不能不讲。他说纪大人，你下来干什么？我当年碰到昏君才投汨罗而

死，你今天碰到一位圣君，下来干什么呢？乾隆皇帝听了大笑，把纪昀给放了。在古代中国，把法术势应用得出神入化的人，乾隆可称是第一把交椅。

韩非子把法术比作驾车，车的功能来自法。比方今天的公司营运，要走向什么样的阶段？是法，就是公司的远景，公司的格局。势就是领导者的马，在古代能骑马的是贵族，平民是没有资格骑马的，所以势是领导者的马。但领导者如果没有驭马之术，公司这部车很有可能要翻车。所以，韩非子讲法术势三者并齐并存，成就帝王学这三个主张缺一不可。

管理的智慧——阳儒阴法

从中国历史来看，阳儒阴法的格局表现在两个人，一个是汉武帝，一个是诸葛亮。汉武帝，罢黜百家，独尊儒术，其实是阳儒的一面而已。公开采用董仲舒的建议，兴太学，尊儒术，用儒术粉饰太平，收买人心，对于真正的儒生敬而远之，这叫做阳儒。汉武帝阴法的部分，在实际运作上，不动声色，重用法术之士，用公孙弘做宰相。汉武帝在位五十年，二十个宰相因他而死，这叫阴法。他用了一个酷吏张汤，是个御史大夫，推行盐铁专卖制度。在中国古代，对生意人是压抑的，商人是四民之末。

阳儒阴法的第二个人是诸葛亮。“法助而国治，不惜矫枉过正。”当年刘璋治理四川的时候，暗弱庸碌，巴蜀百姓骄纵狂放，民风刁蛮，视法律如无物。诸葛亮进驻以后，以法为先，蜀中民风大变，勤奋务实，遵纪守法，才有了后来的三国鼎立。

管理的智慧——儒法合流

中国哲学在管理层面上涉及两个观念，其中一个是道的观念，管理之道，就是有一个原则，有一个理想，称之为企业文化。

许多人都去星巴克喝过咖啡。星巴克的咖啡价钱颇不便宜。星巴克的企业文化是什么？“把员工当成第一优先照顾的对象。”把员工当成第一个服务的对象，把员工照顾好了，员工会不会去照顾好顾客？当然会。这是管理观念的实践。

台湾的台塑集团，企业文化是四个字——“勤劳朴实”。勤劳，一勤，天下无难事，只怕有心人。劳动，讲求分工合作，共同劳作，朴朴实实。从这四个字看，台塑集团是很低调的。

以道肯定管理者和被管理者是自然的关系。按儒家学说，为君臣、夫妇、父子、朋友、兄弟五伦关系，用现在的观念讲，叫视如己出。一些成功的企业，比如日本非常有名的经营之神松下幸之助，从《论语》得到了这句话，视员工如家人。这就是管理者的道。道是儒家和道家的综合体，法家是术的部分，儒家是正大光明，道家是上善若水、刚柔并济、不为而成。

读历史可以发现，“文景之治”是道家黄老之术，有了黄老之术，天下太平，民心稳定，才有汉武帝刘彻五十年的功业。当然，到这个时候刘彻已经转型了，变成了阳儒阴法。

道是什么？从儒家的角度讲，是将心比心，修身齐家，治国平天下。儒家提倡经由制度安排合理的差等序位，比如公司的阶层，从科员、科长到襄理、经理、副总，再到老总，有差等序位。目的是什么？儒家讲各安其位，各尽其份，而且给予晋升的希望。

管理还有一些技巧、策略、步骤，可以称为术。从法家的术来讲，领导者要有识人之明，用人之能，儒法兼备，这两个学派都讲究以身作则。在运用的过程中，要特别注意，中国人讲万法唯心造，心很重要，心是起心动念，心要正，以道御术要走正道。

病人生病了，医生精心治疗，把病治好了，病人送医生一块匾额，上面题四个字“妙手回春”，春天代表希望，代表生命。“华佗再世”这四个字，也是对医生技艺的赞美。还有赞美医生的四个字，跟道术相关，“仁心仁术”。心是道，术是技巧。道是风范，是典型，而不是一将功成万骨枯。今天讲儒法合流，道是为成功找方法，而不是为失败找理由。

管理的智慧——具大清明心

心很重要，领导者除了具有道德本心，还要加上荀子的一个重要观念，叫大清明心。齐国有个学者叫晏子，身高不满五尺，却是有大智慧的人。他对齐桓公讲，“君甘而臣酸”，意思是君臣之间千万不要同流合污，要保持高度的清醒。拍马屁是人类共同的行为，喜欢听好听的话，喜欢阿谀谄媚，这个是人性。如果君，一个领导者，跟臣子同流合污，最后就会被蒙蔽。晏子讲君甘臣酸，千万不要君甘而臣也甘，提醒领导者，要有一种清明心来做判断。

孔子讲，君子和而不同。和是什么？容忍不同的意见。作为一个领导者，一定要听到不同的意见，才能够察觉公司营运的危机。小人则是同而不和，100%举双手赞成，两只脚能举也举起来了，100%的赞成，但是经常私下表示很多意见。《论语》告诉我们，领导者要具备这种清明心。

管理的智慧——心要用之以方

心的应用要“用之以方”，“方”就是要有一个准则与标准。儒家说，“不教而杀谓之虐”。我们经常讲道术合一，怎么来用呢？

2006年，我拜访了一些企业家。有一位企业家才三十八岁，高中学历，却已经被定为某个企业未来的接班人，他不是企业老板的直系血亲，完全是个外人，但老板非常重视他。我问他成功之道，他告诉我十句话，我觉得蛮有道理。

第一句，一表人才，人要懂得自我肯定，一表人才就是自我肯定，天生我才必有用。第二句，两套西装。什么场合说什么话，什么场合穿什么服装，要懂得分辨场合，场合非常重要。三杯酒量，四圈麻将，五方交友，都是术。但是运用这个术，你的心要正。不是要我们都去喝酒搓麻将，不是这个意思，纯粹是术的应用，我们称之为under table communication，意思是台面下的沟通。在中国这样一个以人情为主的社会里，有关系就是没关系，没关系就是有关系，那到底是什么关系？心照不宣的关系。六出祁山，是实际的作为。六出祁山讲的是诸葛亮，明知其不可为而为。六出祁山打曹魏，他知道这场仗根本不会赢，为什么还要这样做？鞠躬尽瘁，死而后已，这是儒家的使命感。七术打马，打马是什么意思？就是拍马屁，人捧人，水涨船高。人为什么压抑别人呢？别人的成功就是你的成功，欣赏别人、赞美别人。八口吹牛是要做营销工作，广为宣传，一张嘴巴告诉别人我们这个团体很棒，是不够的，要八张嘴巴出去讲，才有影响力。上面这八个都做到了，还要踏踏实实地九分努力，成功是否必然到来还不一定，所以我们学习忍耐，十分忍耐。一个三十八岁的小伙子取得成功，靠的就是这些道理。

管理的智慧——执行力是成功的关键

儒法的第三个智慧叫作执行力。执行力讲的是一个领导者要有七个重要的行为。

第一个，你了解企业的员工吗？第二个，你务不务实，是否有实事求是的精神？第三个，你有没有监理？荀子说如果上下一致，可以开疆辟土，广开版图，这叫做坚凝。荀子的原文用的是这两个字，坚凝，凝就是凝固的意思。第四个是考核，你有没有做到后续追踪？第五个，效益，论功行赏，这是法家的。第六个，你有没有给员工精进的机会？是让员工一将功成万骨枯，还是让员工踩着巨人的肩膀往上爬？最后一个，你是否了解自我？

一个领导者具备这七个重要的作为之后，就要构建企业文化。富士康的企业文化讲求标准、纪律、赏罚严明，是法家的管理，大陆有两个采购副总，待遇高得不得了，还贪污。郭台铭发了一道命令，把这两个人调回台湾，一到机场，警察已经在机场待命，因为收回扣的证据确凿。最后要能够知人善用，所以郭台铭很自责，说我这么信任他们，他们还背叛我。

回到人性管理。人是需要被关怀的，这是西方管理学的概念。西方文化跟中国文化的发展历程不同。西方是从逻辑思维开始，逻辑的思维叫作按步就班，是一种理性的思考。中国人的辩证观念是三个，第一个，世间的事物没有长存不变，叫作变化论；第二个，矛盾论，在整个自然界中，本来就存在一种矛盾的观念，有阴必有阳；由这个变化跟矛盾的历程得出第三个观念叫作综合论，即中庸之道。

管理的智慧——中庸之道，隐恶扬善

中庸之道是什么？从企业经营来说，以我为主，但这个我不是一个小我，而是一个大我，是能够博采众议的大我，所以掌握对人性的认知非常重要。

我们要把企业文化放在人文精神中，每个人来到这个公司都有两种身份。第一种身份叫作经济人，需要挣钱养家糊口。第二种身份是寻找自我发展、自我实现，称为社会人。每个人都有自己的目标，要做一个社会人。儒家跟法家正好提供了经济人跟社会人的概念。

孔子率弟子周游列国，为了什么？为了寻求这两种身份的认同，第一个经济人，孔子曾经有过经济萧条的时候，绝粮于陈蔡。现在谈到人性，可以从这个故事来看。

孔子绝粮于陈蔡，好不容易有个弟子说，老师，我有个好朋友送来一袋米，有了这袋米，我们的晚餐就有着落了。孔子心里想，大家都已经饿了几天，好不容易有这一袋米，谁去煮饭？这就要考虑到人性。孔子的弟子有子路、颜回、子夏、子贡，等等，孔子找谁去煮饭？找了颜回。因为颜回最诚实，德行最高。所以颜回死的时候，孔子说天丧予，天丧予。

颜回去煮饭，孔子还是有点不放心，怕饭煮好后，因为大家都很饿，颜回可能会先抓一把来吃。颜回煮饭时，孔子通过门缝去瞧。俗话说，不要门缝里看人，把人给看扁了。孔子也有犯错的时候。他看到颜回兢兢业业守住这锅饭，但没想到饭煮好后，颜回把锅盖一打开，左手以迅雷不及掩耳的速度抓了一口饭往嘴巴塞，孔子当下惊呆了，孔子想，我最信任的学生竟然背叛我，那我的学生还有哪个能够信任？孔子不愧是圣人，他敲敲门叫颜回：回啊，回啊，饭煮好了没有？我们肚子都饿了。颜回说，老师，饭煮好了。孔子要测试颜回的人性，跟颜回说，昨天晚上我梦到父亲告诉我，儿子，你很不孝，已经有几天没有祭祀我了，你要祭祀，这锅饭如果能够祭祀的话，一定要干干净净的，不可以被吃过。颜回听完马上跪下来说，老师，这锅饭已经被污染了，当我把锅盖打开的时候，天花板上的灰尘掉下来，我怕脏东西污染了这锅饭，刚刚已经把灰尘连同一些米饭一起吃下去了。老师，对不起，如果你要祭祀令尊，可能要再煮一锅干净的饭。

这叫什么？叫作人性。儒家的人性观是什么？对人的一种观察，到最后给予适当的点化。我们对部属、对员工，当他们犯了错时，当面斥责比带进来好好开导的效果要差。隐恶扬善，这是儒家人性的观点。

管理的智慧——儒法并用，脱古改新

儒家倡导管理要有仁心，也要有仁术。用仁者的心去创造组织的文化，孔子讲己立立人，己达达人，兼善天下。儒家告诉我们做一个堂堂正正的君子，用现在的话说就是做一个堂堂正正的中国人，毋为乡愿和小人。让人有希望、有尊严地工作和生活，是儒家给予我们的理想和盼望。儒家站在道的层面上给予人希望。前文提到，王永庆先生告诉朋友什么叫做生意，给人希望，给人生命的意义，而不仅仅是获利。这是一个从来没有读过小学的生意人，一生最深刻体验的话，做生意就是给人生命的意义，给人希望。

从法家的观点看，我们要懂得变，脱古改新，知人论事，则要讲求术，我们要讲究公平和竞争，清晰权变，建立公正开明的制度规章非常重要。从儒法来说、从汉武帝之后的中国历代各朝来看，每个朝代的发展兴衰验证了一句话，“富不过三代”，这是中国文化给予后世的宝贵教训。要维持企业的永续发展，儒法二家的管理哲学给予我们新的视野与参照，通过从传统出发而加以应用，使得传统国学有新的意义和诠释；反思现代企业与管理的情境，得出新的体验和命题，对治当代管理的议题而有新的视野与器识。

【作者简介】

- 中国文化大学（台湾）哲学研究所博士
- 云林科技大学（台湾）汉学应用研究所教授兼所长
- 湖南践行国学公益基金会专家委员会委员、特聘教授

彭崇谷｜《三江源赋》与家国情怀①

《三江源赋》的基本内容及社会反响

三江源赋

三江圣源，华夏胜境。孕甘泉而滋天下，峙高原以领八方。目驰此域，蓝天一洗白云点，碧原千里牛羊肥。冰川卷玉澜，雪岭映银辉。林显秀色，草拥鲜卉。珍鸟劲舞，奇兽奋追。经幡飞扬，寺塔并立。溪河纵横编水网，湖泊交织荡涟漪。游人临斯处，谁人思回归？

涓涓细流相汇，滔滔江河长矣？故长江清波远，黄河浊流急，澜沧碧浪飞。当金沙飞越横断，川流劈开三峡。一桨三千里，两岸常猿啼。黄河九天直下，壶口瀑泻浪激。天雷万里霹雳，金珠九霄溅飞。看千里澜沧春流滚，五国疆域一线连；两岸青峰托云出，河中碧波送舟飞。观三河水流，急似猛虎下山，静如少女韵笛。气犹长虹，势比蛟龙，柔似仙女，美如画卷。千古春秋波未断，万里奔海势不归！

水泽乃土润，土润必地灵，地灵则人杰。三江万里浪，华夏百族兴。观炎黄尧舜，亲民仁政；秦皇汉武，英武雄风；唐宗万邦来朝，康乾四海宣诏。五千年血脉相连，五千载豪雄承传。功归何处？斯三江也。无三江焉有万里沃土！无三江怎能千古人杰？故三江圣源，国为根本，族之母亲。护吾三江，美吾三江，匹夫皆有其责；污吾三江，毁吾三江，万恶难辞其咎！

江河源自滴水之聚，大洋成于江河之汇。邦国之固，在于民族之

---

① 根据彭崇谷厅长在第10期企业家国学践行研修班（2015年3月13日）的讲课录音整理而成，由彭崇谷厅长做文字修订和审校。刘慧萍老师对录音速记稿进行了文字编辑和整理。

合；民族之合，缘于民众之和。观世界古今，兴衰常变。惟我华夏，三江连四域，百族共一朝；四方齐心，万众同力；傲视人寰，千古不衰，此皆民族融合之效。今列强亡我之心不死，盗贼残我之图犹存。吾炎黄子孙，务必同舟共济，同建家园，共护疆土。同力者史碑颂之，异心者全民诛之。九万里神州共鼎，十三亿民众同心。则神州千秋伟，华族万代雄！吁呼，三江系吾国，吾国赖三江：江宁国泰，国强民康。吾爱吾国，吾爱吾江。世代同心，中华永昌。

此以赋！

2012.1.26.

三江源，位于青藏高原青海省南部，系祖国母亲河长江、黄河、澜沧江之源。长江、黄河是我们的母亲河大家是不言而喻，为什么说澜沧江也是母亲河呢？澜沧江流经中国青海、西藏和云南三省，从云南西双版纳流经老挝、缅甸、泰国、柬埔寨、越南五国，流入中国南海，是世界第九、亚洲第四、东南亚第一长河，所以它也是祖国的母亲河。《三江源赋》采取叙事、描写、说理、抒情相结合的艺术手法，以描写三江源的旖旎风光入笔，进而概述了长江、黄河、澜沧江沿岸的美丽景观、磅薄气势，及其对伟大祖国五千年华夏文明的形成、发展的伟大贡献，阐述了国土完整、民族团结对国家富强、民族振兴的重大作用，表现了中华儿女对母亲河、对国家、对民族的深挚感情和保护国土完整及国家尊严的立场和决心。

《三江源赋》于2012年春由《中国文化报》公开发表，不久即被高等教育出版社编入《大学语文》教材，之后在社会上引起了很大反响，《湖南日报》、香港《大公报》、《教科新报》、红网、新浪网、新华通讯网等近四十多家大型报刊网站报道了此消息。一些专家学者也撰写文章对此予以肯定。

参与《大学语文》编写的学者在文章点评中评价此文："是当代文人写的一篇大气、工整、文字优美、旋律铿锵的赋体佳作……作者发出了中华儿女的庄严宣告，表现了中华儿女对母亲河、对国土的深挚感情和保护国土完整、民族荣誉和国家尊严的立场和决心。"

全国硬笔书法协会名誉会长庞中华先生评价此文："与孔子、孟子、屈原、苏东坡、柏拉图、莎士比亚等历代中外文化巨匠一起影响中国亿万学子，是更有中华风骨和民族气节的传世佳作。"

著名学者罗锡文先生评价此文："是《黄河颂》的延伸，在中华民族伟大复兴的历史进程中，再次赞颂了我们伟大而崇高的民族精神，奏响了民族大团结、戮力同心、共襄伟业的时代强音。"

《三江源赋》入编《大学语文》之后，之所以有如此反响，是因为《大学语文》这本书着眼于高校学生的职业素养和人文素养的发展需要，由教育部组织专家学者经过了多次严格的评审，选择了八十多篇文章入编此书。这些文章，作者由这几部分人组成：

一是中国古代先哲和近代文化巨匠：如孔子、孟子、老子、庄子、屈原、卓文君、杜甫、韩愈、苏轼、陆游、辛弃疾、曾国藩、曹雪芹等。

二是国外古今文化大家，如古希腊的柏拉图，英国的雪莱、莎士比亚，俄国的普希金、契可夫，法国的卢梭，美国的马丁·路德·金等，这两部分人有六十余位。

三是以写现代科技知识、现代生活及现代人物为题材的当代作家十余人。

因为我国古代尤其是汉唐时期赋很盛行，建安以后及至六朝时期对赋的推崇甚于诗。贾谊、司马迁、曹植、苏轼等都是写赋的大家。《三江源赋》作为当代人写的古体文赋入选了《大学语文》教材，所以社会对此非常看好。一些文学爱好者看此文章时，都会情不自禁地大声朗诵起来。我认为除了文章有一定的艺术性外，更重要的是满足了当今社会各类群体对提高思想道德水准和文学修养的需要。

《三江源赋》与家国情怀

《三江源赋》于2012年问世并不是作者一时的冲动，而是出于对当时社会、人生的一些比较深刻的思考而写的。

2012年之前几年，我们国家出现了一些新情况，一方面经济高速发展，人民生活水平普遍提高，国际威望大大提升；另一方面国内外也出现了一些忧患事件：国际上，菲律宾企图侵占我神圣领土南海黄岩岛，并与我方发生了严重冲突；日本加快了侵吞我东海钓鱼岛的步伐，提出要实现钓鱼岛国有化；国内方面，在新疆发生严重破坏民族关系的“七五”事件。同时，有些地方环境污染，腐败之风屡禁不止，金钱至上、娱乐至上，信念、道德缺失，甚至发生暴力事件，许多人在思考在忧虑，也有迷惑。我觉得一个人对国家对社会的态度，或在社会上的行为，首先应源自一种精神，一种气概。当然，这种精神与气概来自对世界、对社会的真实感知。

1950年我国刚建国，美帝国主义组织十六个西方国家发动了侵朝战争，目标直指新中国，来势何其凶猛。彭德怀为什么敢于冒着身败名裂的风险，承担起抗美援朝的重任？除了对党的忠诚外，关键是还有一种强烈的爱国精神。有了这种精神，就有了进军朝鲜与武装到牙齿的美国军队一拼高下的气概，正如毛泽东所说，人是要有一点精神的！我觉得当下国人就应当激发一种精神，这就是对国家、对民族勇于担当的爱国情怀。之所以应有这种情怀，主要是有如下原因。

为什么要有家国情怀？

首先是这种情怀来自一种对国家、对民族的深沉的爱。说到爱，我们知道，人是有情感的。人对客观事物的情感或认同或喜爱或厌恶，是由人们对客观事物的认识状况决定的。例如一个人对客观事物的爱，开始是处于初级状态的感知的爱，随着认识的深化，有可能上升到理性的爱。感知的爱是表面的或是原始本能的爱，理性的爱是上升到了对事物本质的认识，由衷的发自内心的爱。如人们对于母亲，如果仅仅是因为母亲生我养我而爱的话，那还是原始本能的爱，如果事后发现了母亲有许多不可饶恕的缺点，如懒惰、自私、不孝敬祖父母、不关心儿女等，对母亲就不可能是爱而只是对血源关系的认同了；如果感觉到母亲不仅是生自己养自己，而且对国家忠诚，对祖父母很孝顺，对亲人很关怀，勤劳俭朴，或很有才华等，由此产生的对母亲的爱就会上升到理性的爱。我们对祖国母亲的爱也是如此，我们如仅仅认为自己生存在这片国土上、最后又要归根于这片土地所以爱她，这还不够，还没有达到理性的高度。我们必须让每一个儿女对祖国母亲有一种理性的爱，以致爱得刻骨铭心。

《三江源赋》的意义在于她旨在激发中华儿女对祖国母亲的理性的爱，需要这种爱是因为祖国太伟大了，祖国这种伟大体现在三个方面：

一是祖国山河之美

《三江源赋》首先极力赞美了三江源及三江之美，写三江源，“蓝天一洗白云点，碧原千里牛羊肥”，“冰川卷玉澜，雪岭映银辉”，“林显秀色，草拥鲜卉，珍鸟劲舞，奇兽奋近”；然后写长江，“金沙飞越横断，川流劈开三峡，一浆三千里，两岸常猿啼”；

“黄河九天直下，壶口瀑泻浪激，天雷万里霹雳，金珠九霄溅飞”；“千里澜沧春流滚，五国领域一线连，两岸青峰托云出，河中碧波送舟飞”，这里看出伟大祖国江山何等美丽。这种江山之美是中华文明的基础。

二是华夏文明之美

我们知道世界古代有四大文明古国，也称古代四大文明，这就是：尼罗河流域孕育的古埃及文明；两河流域孕育的古巴比伦文明，即底格里斯河、幼发拉底河的两河文明；恒河流域孕育的古印度文明；黄河流域孕育的中华文明。这四大文明古国在漫长的历史发展变化中，古巴比伦文明被波斯入侵而消失了。古埃及文明被古罗马入侵而灭亡了。古罗马帝国发展到横跨欧洲、亚洲、非洲，然而到公元395年又分裂成东、西两部。西罗马帝国于公元476年被日耳曼人灭亡了，西欧及东罗马帝国于1453年被土耳其奥斯曼帝国所灭了。

古印度文明在经历了多次内部分裂战火后，在15—17世纪，被蒙古人后裔入侵建立莫卧儿帝国而灭亡了。

唯我中华文明“三江万里浪，华夏百族兴。观炎黄尧舜，亲民仁政；秦皇汉武，英武雄风；唐宗万邦来朝，康乾四海宣召。五千年血脉相连，五千载豪雄承传，傲视人寰、千古不衰”。

中华文明是何其伟大。这种伟大只要我们考察一下我国古代的藩属国制度便可证明。藩属国制度在古代是中国王朝的主要外交手段，藩属国王必须对中国皇帝称臣，服从中国政治模式的影响和管理。同时，中国也保护他们的领土完整。汉武帝时期，中国就拥有五十多个藩属国，主要集中在西域的新疆、中亚地区，同时也包括朝鲜、越南、日本等国家，汉朝的军威还影响到中亚、欧洲里海、俄罗斯贝加尔湖地区。到了唐代，大唐的富丽堂皇影响到了印度、阿拉伯和东欧地区。直到明朝和清朝，中国还有四十多个藩属国，包括中亚的一些游牧民族国家，以及朝鲜、越南、日本、老挝、柬埔寨、缅甸、暹罗（泰国）、瓜哇（印度尼西亚）、菲律宾、锡兰（斯里兰卡）、马六甲（马来西亚）等都是中国的藩属国。只是到了1840年后，清政府极度腐败以致被英国击败，列强纷纷入侵和掠夺，中国才逐渐丧失了所有的藩属国。在此之前几千年间周边国家之所以“愿意”成为中国的藩属国，除了畏惧中国强大的军事力量及希望得到中国的政治、军事保护外，羡慕渴望灿烂的中华文明，希望自身成为中国这样的国家是重要原因。

我们再看看五千年华夏文明对世界文明做出的巨大贡献。

过去我们习惯于说中国古代四大发明，即造纸术、印刷术、火药、指南针。其实这是马克思等西方学者认为这四大发明对西欧的影响较大，并不是说中国仅有这四大发明。现在我国学者研究认为有三十项重大发明对人类文明做出了重大贡献。如粟、稻、蚕桑、丝织、汉字、算术中的十进位制记数法、青铜、钢铁冶炼技术、火箭、杂交水稻、中医、瓷器等。当然，自1609年明万历年代，伽利略发明20倍望远镜以来，五百年间全球一百多项重大发明中中国只有1项，即杂交水稻，但从整个历史发展长河看，中华文明对世界文明的贡献是不可否认的。

三是中华文化之美

首先是中国文字之美。

学界认为中国方块形的汉字是中国人无与伦比的一大发明，汉字的形音义自成一格，对中华民族的形成和发展，对华夏文明的承接和传播起了重大作用。中国汉字的伟大在于：字形神奇太美，字形与义、音与意在很大程度上统一。如“王”字，《说文解字》解释是天下归趋向往的对象，三横代表天、地、人，中间一竖代表把三者连接起来，意即天地人归趋向往者为王。我们再看“福”字，从楷书福字的形状看福应包含衣食充足、田土广宽、家产富裕等含义，如写成行草还可看出有子女成群、钱粮满仓之意。“人”与“可”组成“何”（表姓氏或作疑问代词为什么、怎么能等）再加上草头成为荷花的“荷”字。中国的十二生肖字各自代表了一种动物，我把每个字写成其所代表的动物的形状：

鼠、牛、虎、兔、龙、蛇、马、羊、猴、鸡、狗、猪。

其次是中国书法之美。

中国汉字经书法家书写后有奇特的视觉效果。下面书法的忠、孝、仁、义、礼、智、信、廉这八个汉字如龙盘虎踞，气势凛然。

下面这幅书法作品是我的《咏桃源》诗：“青山绿水菜花黄，农父忙耕锦鸟翔。陶令不知何处去？留得美画锦桃乡。”作品行云流水、延绵婉转，观之使人赏心悦目、荡气回肠。

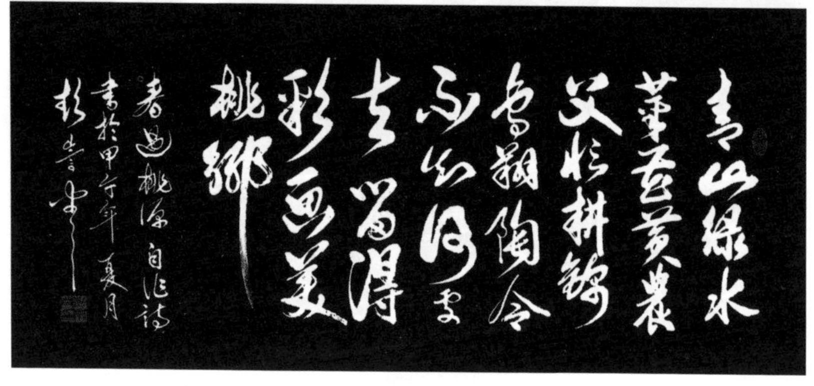

最后是中国语言之美。

中国汉字博大精深，言简意赅。首先是每个字意义深远。如“易”字，就有变易、容易、交易多层含义。尤其是几个不同的汉字简单组合成一个词组，能使其意义无穷。如“春华秋实”中的春秋二字，既有春天开花、秋天结果之意，又比喻一种因果关系，即在德行和文章方面先有付出，后有收获。由于汉字可灵活运用，其语言便生动活泼，变化无穷。如我们可以在一个人的名字中嵌入几个字形成一个嵌名锦言词组，如我给孙载夫先生题词是“载福寿夫”，给深圳市朗坤公司题词“日朗乾坤”。这种嵌名词组，针对性强、意境高雅。还有我们喜闻乐见的对联，要求对仗工整、意深字简、富有文气。我给汨罗屈子祠题一联：“一江眠诗圣，万古颂忠魂。”给建在荷叶塘鳌鱼山的曾国藩故居题联“乡舍出良相，荷塘孕鳌鱼”。给湖南省图书馆撰联“馆展古今中外，室陈春夏秋冬”。在对联中还可嵌入名字以赠朋友，如给唐之享先生撰联：“学之古今中外，乐享福寿康宁。”我还写了“百尺楼台邀日月，几张草纸写春秋”以及“万里风云三杯酒，千秋大业一碗茶”来抒发个人情怀。至如中国古代的诗词赋，那是中国文学形式的皇冠。一首格律诗短小几句话，读来朗朗上口，意境无穷。如杜甫写春天的一首五言诗：“迟日江山丽，春风花草香。泥融飞燕子，沙暖睡鸳鸯。”短短二十字把春景描绘得何等如图如画。我曾写过一首《春钓》的诗，“周日赏春碧水边，花红柳绿艳阳天。鱼儿追钓渔竿舞，吾羡渔翁不羡仙”。这首诗不仅描写了春天的美丽景观，而且把渔翁钓到鱼时的美妙场景和渔翁的愉悦之情描绘得惟妙惟肖。我曾经写过一首咏风筝的诗：“万事开头艰亦难，初飞筝鸟几回翻。趁机驾驭长风力，直上云霄揽月还。”这首诗既说明了一个锲而不舍、敢于拼搏就能取得胜利的道理，也可抒发一个人的豪情壮志。这种词组妙句，言简意深，朗朗爽口，便读易记，易于传播。所以在中国的名川大山、庙堂馆所，到处能看到铭刻着古代先哲的警言诗句的石刻、牌匾。如陕西西安碑林、湖南祁阳浯溪石刻。这些刻于石碑、石崖的文字及其思想将千古流芳，长久地影响着世世代代中华儿女。如习近平主席所说，已经成为了我们中华民族的基因。

这种境界西方文字无论如何是达不到的。

中国传统文化对后世的影响所产生的凝聚力是无与伦比的，如古人提倡我们中华子孙特别是有志之士都要“忠、孝、仁、义、礼、智、信、廉”。长沙千年学府岳麓书院的大堂墙上至今还保留着朱熹亲笔写的“忠、孝、节、廉”四个大字，就是这个忠字，告诫人们要忠于国家、民族，如此就有了南宋时岳母在儿子岳飞背上刺字“尽忠报国”的动人故事。岳飞按照母训，奋战金兵，全力收复国土，并写下了流传千古的“**驾长车，踏破贺兰山缺，壮志饥餐胡虏肉，笑谈渴饮匈奴血，待从头，收拾旧山河，朝天阙**”这样气吞山河的千古爱国诗篇。岳飞是名垂千古的忠于国家、忠于民族的典范。所以，在祖国各地人民建了不少的岳王庙，四时香火祭祀他。秦桧为了讨好金人，用莫须有罪名害死了岳飞，秦桧因这种卖国行为成了千古罪人，万世遭人责骂。杭州西湖栖霞岭下有个岳飞古庙，从明代开始庙内塑有秦桧与妻子王氏长跪于岳飞像前的雕像，由于跪像常被游人踢打而多次毁坏，至今已重塑了十二次，这正说明有良知的中华儿女会让卖国贼万世不得好报。

由此可见，是否忠于国家、民族，作为一种最高道德标准已深深地融入到中华儿女的骨子和血液里去了。明末清初，清兵南下，衡阳学者王夫之怀着一腔忠于明朝的爱国情怀，先在南岳衡山举行抗清起义，失败后不辞劳苦跑到广西跟随南明王朝继续抗清。南明灭亡后，他回到已被清朝占领的故土衡阳，拒绝入清地方政权为官，隐居于今衡阳县金兰乡石船山下，著书立说，即使晴天外出也必打乎，足穿木屐，以示头不顶清朝的天，足不踏清朝的地，表现出一种对故国大明王朝的忠诚怀念之情！过去在中国农村，每家每户的堂屋正中央都有个神台，上边供奉着祖先的牌位，神台正中央都写着“天地君亲师位”几个大字，这里也表达了人民必须忠于国家的意志。传统文化中忠的理念是华夏民族分不开、打不倒、拖不败、故千古不衰的精神动力。由于华夏文化有了这种主体汉文化巨大的凝聚力和向心力，即使在某一历史阶段，其他少数民族夺取了全国政权，也不能把本民族的文化确立为国家的主流文化，相反还被汉文化所同化；所以满族入主中国以后，清朝这些开明的皇帝极力推崇并身体力行学习汉文化。中华文化这种生生不息的力量正是华夏文明五千载豪雄承传的。

中国文化的这种神奇功效对世界产生了深远影响。从16世纪开始，西方人就把《道德经》翻译成了拉丁文、法文、德文、英文等。据西方学者统计，从1816年至今各种西方版的《道德经》已有二百五十多种。如今，几乎每年有一至两种新译本问世，法国几乎每户拥有一册《道德经》。越南在百多年前使用的就是中国文字，现在越南的一些寺庙及历史古迹内仍遗留着大量的中文对联、牌匾、石刻。日本在隋朝开始连续几百年极力推荐学习中国文化，到唐代达到顶峰，从公元630年到895年的二百六十多年间，日本奈良时代和平安时代的朝廷一共派遣了十九次遣唐使，实际成行十六次。使团成员第一次有二百人，后来多达五百人，来访的人中有僧人、画师、乐师、医药师、木工、铸工、锻工、玉工等，有的留学生甚至长期留居中国学习中国文化。因而日本文字中中国文字占的比例很大。中国的书法在日本非常引人喜爱，有些日本书法家的书法功底丝毫不比中国书法家差。中国的《孙子兵法》、三十六计被日本一些企业家广泛用于企业管理。上世纪日本企业家松下幸之助要求员工人手一册《孙子兵法》。《孙子兵法》也成为了美国军人的必读书，美国西点军校的必修课；美国哈佛大学商学院和哥伦比亚大学商学院还把其列入MBA课程。近几十年来，世界各地特别是中东地区，种族歧视、民族矛盾、宗教纷争，国土争夺不断，恐怖袭击频发，国际上许多学者认为只有中国的儒家为代表的传统文化思想才能解决世界这诸多矛盾，谋得世界和平。所以现在随着我国用文化软实力影响世界战略的推进，孔子学院在全球各地如雨后春笋般成立。据2015年12月6日在上海举办的第十届孔子学院大会获悉，从2004年在韩国首尔设立首家孔子学院开始至2015年底，全球已在五大洲一百三十四个国家和地区建立了五百所孔子学院和一千所孔子课堂，学员总数达一百九十万人。中国文化如春风春雨滋润世界。

如何践行家国情怀

美丽的大好河山，伟大的华夏文明使生存在这片国土上的炎黄子孙对自己的国家、民族产生了深沉的爱。特别是一些民族精英更是把维护国土完整、国民幸福安康作为自己的责任担当。古代士大夫们都把修身治国平天下作为自己的人生追求，一些志士贤人都有一种报效国家、民族、社会的志向抱负。三国时诸葛亮为了蜀国大业鞠躬尽瘁死而后已。北宋范仲庵在《岳阳楼记》中呼吁要“先天下之忧而忧，后天下之乐而乐”。南宋爱国诗人陆游中年投身抗金军旅生涯，晚年退居家乡，1210年逝世前因北方仍被金国占领而在《示儿》诗中留下遗愿：“死去无知万事空，但悲不见九州同。王师北定中原日，家祭无忘告乃翁。”表达了一种强烈的爱国之情。屈原、岳飞、文天祥、林则徐、左宗棠等都以其忠心为国而名垂青史。在现代社会中更有许多优秀中华儿女为国家、为民族置自身于不顾。20世纪石油工人王进喜，他为了发展我国的石油事业，1955年率领钻井队创造了当时钻井进度的全国最高纪录。在开发大庆石油大会战中，用“人拉肩扛”的办法搬运安装钻机，用“盆端桶提”的办法运水保开钻，不顾脚伤跳进泥浆池，用身体搅拌泥浆压喷，被誉为“铁人”。我们熟悉的解放军战士雷锋，1960年他因救火手被烧伤，马上又参加所在部队驻地抚顺的抗洪抢险，在水库大坝上奋战七天七夜。他上街办事时，看见当地召开生产动员大会，他即取出在部队的全部积蓄二百零三元要捐献出来为建设祖国做贡献，接待的同志实在无法拒绝他的这份情谊，只好收下一百元，另一百元他便捐给了当地遭受洪灾之害的灾民。王进喜、雷锋作为一名平凡民众，其爱国爱民的情怀是不平凡的。我们都应向他们学习，虽处平凡却“负社稷在肩，怀苍生于心”[①]，承担起对国家对民族的担当责任。

这里还有一个仁人志士如何对待自己的个人恩怨与社会的责任担当的问题。由于多方面的原因，有不少人在人生历程上会遇到一些不如意甚至重大挫折，如仕途升迁受阻，经商因不公平竞争而受损失，等等。那这样是否意味着我们可以放弃承担社会责任甚至迁怒报复社会呢？实际上国家与社会对待自己的国民就如父母亲对待自己的儿女一样，总体上是公平的。水泽万物，日照河山，不分彼此。但社会上也有那么一些人，由于认识事物的角度不同或出于私利，会做出一些影响他人利益的事来。这种个人之间的矛盾冲突，某一具体事的不如意不应影响我们对国家和社会的态度。试想假如有遭遇过挫折或失意的人对社会不承担责任或消极厌世，甚至是报复社会、报复国家，那国家就可能出乱，社会就难以安定。而一旦国家出现此种不幸，虽然有些人可能侥幸不因此而食苦果，但他的子孙却可能因生活在这种险恶环境中难免深受其害。所以真正的有识之士应厚德载物，有博大胸怀，眼界高远，有佛家所提倡的那种胸襟：“大肚能容容天下难容之事，开口便笑笑世上可笑之人。”对自己那些不平之事一笑了之吧，苍生社稷之事绝不能等闲视之，更不能愤慨于心、败坏于行。在这方面，许多古代先贤是做得很好的。

---

① 引自彭崇谷《衡山赋》。

中国古代知识分子都希望入仕为官，但其中很多人并不称心如意。如诗圣杜甫，出于官宦硕儒之家，自小才华横溢心怀大志。但二十四岁参加进士考试落第，三十四岁时参加选贤考试，因李林甫设骗局又落选，直到四十五岁时才被唐肃宗封为宣议郎、行在左拾遗，任务是向皇帝提意见，就如唐朝开国时的魏征一样。可悲的是唐肃宗没有唐太宗那种胸怀能听贤臣的谏言，杜甫一上任就碰上了宰相房琯被肃宗贬为太子少师一事，杜甫认为处罚太重就上书为房辩护，且言辞激烈，激怒了肃宗，杜甫被羁押，后经人说情才释放复职。事后杜甫官场情况每况愈下，不久被贬至华州任一个管文教的小官。杜甫深感仕途险恶，四十八岁时放弃职位投亲奔友，日后颠沛流离，生计维艰。但即使如此杜甫对国家对苍生百姓仍一腔热血。正如他在诗中表白自己的“**葵藿倾太阳，物性固难夺**”。[①]他在晚年的一首诗仍写道“**安得广厦千万间，大庇天下寒士具欢颜**”[②]，其济世的责任与良心是何等强烈！

呼吁“先忧后乐”的范仲淹一生仕途几起几落，几次入朝事君又被贬出朝。第一次是上书朝廷，提议六十岁的皇太后刘太后放弃垂帘听政，还政于已二十岁的仁宗皇帝，被贬至山西永济任职；第二次是上书反对宋仁宗听信奸相吕夷简的阴谋废掉皇后郭后，被贬浙江任知州；第三次由于讨论皇帝继承人问题被奸相吕夷简挑拨，由京城开封被贬至岭南饶州；第四次由于实行庆历政新政得罪了权贵又被贬京外，直至最后病死徐州。说实话朝廷对范仲淹太不公道了，但他仍一腔忠心为国，在《岳阳楼记》中仍高呼“处庙堂之高，则忧其民，处江湖之远，则忧其君”。杜甫、范仲淹这种不计个人恩怨，对社稷苍生坚忠不二的情怀永远是值得我们发扬的。

---

① 出自杜甫《自京赴奉先县咏怀五百字》，意为：向日葵生性就朝着阳光，生物生来的习性是很难改变的。

② 出自杜甫《茅屋为秋风所破歌》。

我们的国家和民族当前面临的现实情况更需要我们全体中华儿女具有这种家国情怀。应该肯定，我们国家在新中国成立特别是改革开放以来，我们在国际上的地位大幅度提升，在国际社会中的作用越来越强，国内综合势力增强，经济大发展，人民生活水平普遍提高，在几十年间取得了西方资本主义国家上百年甚至几百年取得的成就。我国国内生产总值2010年超过日本为世界第二经济体，2013年达到568845亿元，按可比价计算，比1953年增长了132倍；2013年，城镇居民人均可支配收入26955元，比1978年实际增长11.3倍，农村居民人均纯收入8896元，比1978年实际增长11.9倍。城镇化率达到53.73%，人民平均预期寿命由建国前的35岁提高到75岁。谁否认祖国取得的伟大成就谁就是昧着良心说话，谁就不是辩证唯物主义者。但是我们也应清醒地看到，我们国家也有内忧外患，不承认这点也不是真正的唯物主义者，现在美国为首的西方对我国民族崛起的遏制态势未减，东海、南海的海洋权益之争，很大程度上与美国在暗中的兴风作浪有关，我国与印度在领土方面的矛盾也存在潜在危险。在国内，台湾尚未统一，这种两岸未统一的局面又大大影响了我国保卫东海南海主权的能力，少数民族分裂势力的分裂活动尚未彻底遏制，我国的经济结构不优，生产单位产品消耗的资源大大高于美国、日本等西方国家；产业发展科技竞争力提升不快；产品缺乏品牌优势，我国是制造业大国，是世界工厂，但生产的产品很多低端的。

2015年8月11日的《人民日报》公布全球军工企业前十名，其中美国占了六个，英法意各一个。这说明我国产业的核心竞争力有差距！还有现在经济增速下滑趋势与群众对经济发展、民生改善的期望值形成较大反差，如长期得不到改变，将会影响国民对政府的信心。我国贫富差距悬殊，世界公认反映一个国家财富分配状况的指标基尼系数，改革开放初期1978年为0.18，1981年为0.29，2007年为0.48，现已超过了0.5，国际上把0.4作为收入分配差距的警界线，一般发达国家是在0.24与0.6之间。报告显示，美国是5%的人口掌握了全国60%财富，而中国则是1%的家庭掌握了全国41.4%的财富，总人口中20%的最低收入人口占收入的份额仅4.7%，20%的高收入人口占总收入份额的50%。这种财富差距较大现象极易导致社会成员产生不满情绪因为中国历史上爆发的农民起义，往往是由于“**不患寡而患不均**”产生的。前些年个别地方发生过恶性暴力事件，不能不说与个别犯罪分子对此感到心理不平衡不无关系。

我们每年有一千二百万至一千三百万大学毕业生需就业，这会使社会产生较大的就业压力，更值得担忧的是，有相当一部分人的精神状态缺失。前不久，美国最著名的战略研究机构兰德公司为美国官方提供了一份中国现状分析报告，报告首先肯定了中国对世界的贡献，明确“世界需要一个健康的中国”，然后指出，“随着传统文化价值观的破坏和逐步衰弱，大多数的中国人，包括受过教育的人，都徘徊在精神和内心世界的窗口”。这个报告批评中国人的一些现象值得我们引起警惕：“中国正在遭受着资本主义社会两大邪恶的折磨，即环境的破坏和人性的丧失。”“中国人缺乏诚信和社会责任感，不了解他们作为社会个体应该对国家和社会所承担的责任和义务，普通中国人通常只关心他们的家庭和亲属。”“中国人更执迷于物质的索取。”“大多数中国人发现他们不懂得精神灵性、自由信仰以及心智健康，他们的思想还停留在专注于动物本能对性和食物贪婪的那点可怜的欲望。”毫无疑问，报告中的这种批评有很大的片面性，美国人不可能真正了解我们国人和国情，但这种批评绝不是无中生有、空穴来风。讲到精神境界和信念，现在不少人既不信仰共产主义，也不相信宗教，对传统道德理念也置若罔闻，这些人的内心世界几乎是空白的。说句不好听的话，一个人如果相信宗教中的来世，相信因果报应，相信有个上帝，也许还有点敬畏之心；相信传统的忠孝仁义礼智信，还会有点廉耻之心；如果什么都不信，那就会无所顾忌、为所欲为了，或者说既可不要脸，也可不要命了。

春秋时期，孔子学生子贡向孔子请教治理国家的办法，孔子说，国家只要有充足的食物、充足的军备以及人民的信念就可以了。子贡问，如果这三项中只留两项，应先去掉哪项呢？孔子说，先去军备。子贡又问，如果还要去一项仅留一项呢？孔子说去掉粮食储备，因为自古人都有一死，但如果没有人民的信念就不能立足了。可见，孔子认为人民的信念包括人民对政权的信任比军队和国家的物资储备更重要。这里我们不讨论孔子的观点是否有片面性，但至少说明古人也认识到了国民信念的缺失对于治理国家是非常危险的。现在国人比较追崇的是对金钱物质的占有。应该说，追求财富绝不是一种过错，问题是你用何种手段、什么方式去致富。有的人为了钱可以出卖良心，如卖假农药、假种子、假名牌服装、假食品、假药品不怕害死人。听说北京还有假世界名牌一条街。比如网吧，本来有关规定是晚上到一定时间要清场关门，像歌厅舞厅一样，但绝大部分网吧为了赚钱通晚都不会关门歇业，还会为那些通宵达旦停留在网吧的人准备好矿泉水、干粮饼干之类。所以有的学生甚至成年人进到网吧里三五天甚至八九天不归家、不返校，天复天、周复周在网吧玩电游、上网聊天，这等于是白白葬送了这些人的事业或学业啊。

现在反映国民精神的一个可悲现象是，在相当多的国人中，娱乐至上、奢靡之风盛行。前几年有少数富人钱多了不是用在发展事业或慈善公益事业上，不是像外国有些富豪那样尽力为国家为社会做贡献，而是去境外、国外赌博。内地人的好赌、曾经富了澳门的博彩业，红了美国赌城拉斯维加斯。2014年7月4日的《参考消息》报道，澳门人均地区生产总值为91376美元，超过瑞士跃居全球第四位。澳门自1999年回归中国以来，变成了博彩天堂，经济增长了557%，2013年澳门博彩收入为450亿美元，是美国拉斯维加斯的7倍多。文章称澳门的大部分博彩收入来自中国内地的赌客，这对内地富人们的精神境界不是一个讽刺吗！有的富豪摆阔显富，豪车、豪宅、豪表、从颈到脚披金戴银，不仅自己豪，子女家属也豪，而且相互之间比富。这叫那些生活于低下层的人怎么看？他们心里会平衡吗？还有很多人不思进取，有位印度工程师写了篇文章《不阅读的中国人》，他说在几个国家候机，看到旅客大都在看书，看杂志，而中国旅客很多在玩手机上网聊天，或玩电游，很少有人看书。在中国城乡，大多数人都沉弱于麻将馆、网吧、看电视、玩电游，看书的很少。甚至在大学，去图书馆看书学习的也越来越少。文章列举了一组数字，中国人平均每年读书0.7本，韩国人读7本，日本人40本，俄罗斯人55本，以色列人阅读得更多。的确，我们无论去哪个小区，几乎无处没有麻将牌具声，所以这位工程师叹息："我只是忧虑，如果就此疏远了灵魂，未来的中国可能会为此付出代价。"我们试想如果一个民族不好学习，不崇尚知识，怎么会人才辈出，怎么会科技发达呢？在这种以人才和科技取胜的国际博奕中，我国又怎么会经久不衰呢？

我们要建设民主富强的国家，需要有政治文明、社会文明、生态文明的环境，但现在一些影响社会和谐文明的毒素已渗透到了社会各个领域。政、军、经济、教育、科技、文化、卫生、体育无一例外，美国兰德公司的报告认为中国现在是一个讲人脉、讲关系的社会，由此导致了法制制度无法遵守，诚信无法普及。这是中国目前社会乱象的最重要的根源之一。我们看易发腐败的工程项目招投标，形式上是貌似公平招投标了，但实际上是先找关系使发包方设定有利于自身的条件，然后又组织围标，这有什么公平可言呢。我们认为学术领域应是圣洁的，但实际上很不清白，评职称要公开发表论文啊！一些不学无术的学者便找枪手代写论文，再找关系发表论文，评审职称时找参评专家评委的关系拉票。各类晋级就业考试不仅出现枪手代考，还有专门进行考试舞弊的培训机构采用高科技手段，组织一条龙考试作假。2014年7月15日的《人民日报》披露了河南、辽宁两地大范围体优生高考加分造假事件；在此之前，四川、海南、湖南、浙江多地均曝光造假丑闻，形成了教育体育等相关部门，学校、老师、家长、学生共同参与的系统造假工程。在卫生领域，明明知道过度输液会降低身体免疫力、损伤肝肾器官，滥用抗生素会增加患癌风险，有的医院仍不顾需要大量给患者输液或大量使用抗生素，有的昧着良心给患者开高价药，变相迫使患者住院或进行名目繁多的检查，使患者的医疗费用猛增，许多地方医保部门的医保系统已严重亏空。据2014年9月11日《参考消息》报道，由于“医疗损害事件”即开错药、多开药和贪腐困扰，每年导致非正常死亡人数超过交通事故死亡人数达数十万人。在食品领域，有个别人对果蔬谷物使用农药，给养殖的动物喂食激素，加工食品使用时有毒物超标的添加剂等，如此看来，腐败的毒瘤已渗透到了社会生活的方方面面。

朋友们，我们每个人都想过上幸福的生活，那么什么叫幸福快乐？去年我看过一篇介绍丹麦人幸福观的文章。在丹麦人看来，金钱跟幸福快乐之间的关系并不大，主要是人与社会、人与人之间的诚信和信任。在丹麦商店购物，一周之内可以拿发票退换商品，因为商店完全信任顾客退货是有正当理由的。漫步丹麦城市街头，遇到路人、市民都会与对方微笑示意，骑自行车上街，把车子停在路边几乎没有人上锁，也无须担心车子丢失；在超市购物，你不必担心面包、牛奶等食品过期，因为食品一旦过期即会全部收回销毁。对比一下，假如有人是生活在一个呼吸的空气、喝的水受污染，吃的土里栽培或饲养的动植物有毒，生存的社会不清明、不安定，就是说生存的自然环境和社会环境都多多少少被污染了，能说在这样的环境幸福指数很高吗？如果长期这样下去，他们的子孙怎么好过啊！

西方有人断言，中国再过十几二十年后将走向衰落，这当然是一种胡说八道！但真要让这预言不成为现实却是需要我们全体民众为净化社会作出努力。2015年七八月间《人民日报》登了一篇文章，文章分析了当今社会缺德失信问题的严重性；指出道德、诚信是人之所以为人的根本，缺少了它，我们的社会就可能变成一个畸形的社会，物质丰富、精神荒芜，有知识却无道德、自私自利、恬不知耻、尸位素餐、投机钻营、阿谀谄媚者大行其道。最后文章呼吁亟待唤回人格、良知，重建道德思想价值体系，使社会风清气正是我们每一个中华儿女的责任。这篇文章剖析多么深刻，多么令人震撼2016年8月12日《人民日报》《人民论坛》又有文章对当今社会思想领域存在的问题作了如下分析:“毋庸讳言，今天人们的物资生活水平普遍提高，可精神世界却缺少了关照。人们拥挤在快节奏、充满诱惑的现代生活中，人心浮动，难得安宁。对于一些人来说，欲望在吞噬理想，多变在动摇信念，心灵、精神、信仰都在被物化、被抛弃。不少人好像都得了一种迷心逐物、心为物役的现代病，得了一种不讲信誉、弄虚作假的信用缺失症。中华民族素有的讲诚信、守诚信的优良传统，受到冲击和考验。针对当前社会上存在的一些问题，习近平同志指出，比较突出的一个问题就是一些人价值观缺失，观念没有善恶，行为没有底线，什么违反党纪国法的事情都敢干，什么缺德的勾当都敢做，没有国家观念、集体观念、家庭观念，不讲对错，不问是非，不知美丑，不辨香臭，浑浑噩噩，穷奢极欲。现在社会上出现的种种问题，病根都在这里。”这些论断入木三分、切中要害。我们应清醒地看出我们的国家民族已经到了一个关键路口，要么欣欣向荣，要么放慢脚步。城门失火，殃及池鱼。皮之不存，毛将焉附。我们必须认识到任何社会毒瘤，总是直接或间接地危害着每一个中国人，任何人都难免受其害，你在食品中放添加剂赚钱，你认为自己不吃就不害自己，但你难免要受过度医疗之苦，你的儿子升学晋级可能遭遇造假加分、考试舞弊之苦，你的孙子可能由于迷恋网络而影响学业，我们自身也有可能时时刻刻遭受大气污染、水污染之苦，甚至我们自己在商店购物、公园散步时有可能不明不白遭受极端分子的袭击。休等闲啊？国家之福、即国人之福也，国家之害、即国人之害也，我们千万不要忘记上世纪日本帝国主义对我国发动的那场侵略战争给我们中华民族带来的巨大灾难，那场战争使我们几千万同胞丧生，大量资源被掠夺，国家失去了十余年的建设期。

国家落后人民就挨打，国不强则民不安。如果哪一天我们国家又落后了挨打了，大家的生命都难保，你费尽心机买下的别墅、银行的存款、收藏的珍宝随时都可能毁于一旦，那多可悲啊！所以每一个中华儿女要把祖国社会的事当作自己的事，从自身做起，从身边的事做起，自觉承担起社会责任，维护领土完整和民族团结，建设国家，造福民生，保护环境资源，维护社会稳定和公众利益，反腐节俭，发扬优良思想道德，坚守诚信正义，匹夫有责，“九万里神州共鼎，十三亿民众同心”，这样，习主席提出的“中国梦”才能实现，华夏神州才能长久雄立于世界之林。

写完这篇文章后，我虽知自己说了一些实话会使有些人不快而心生顾虑，但确有一吐为快、如释重负之感。历史是由千千万万的人民群众前赴后继创造的，中华民族的辉煌历史需要一代又一代的中华儿女在观察、思考中齐心合力共同推进，使其走向灿烂的未来。我们既要为我们国家所取得的巨大成就而高兴，但也不能对存在的缺失视而不见，听而不闻。

“生于忧患，死于安乐。”①

“祸兮福之所倚，福兮祸之所伏。”②

一个国家一个民族只有居安思危、警钟长鸣才能长盛不衰。值得高兴的是，现在以习近平同志为核心的党中央正在采取一系列新举措，如铁拳反腐，推进依法治国和各项改革。我们对国家的未来又充满信心，但一个国家、一个民族的强大绝不是靠少数人或个别群体的努力可以完成的，这需要全民族同心同德，共同奋斗。所以现在，正是每一个炎黄子孙为国家为民族的振兴发力的时候了。正是：

万人加炭火苗高，
牛众不忧独虎哮。
十亿炎黄同筑梦，
环球一笑我天朝。

---

① 出自《孟子·告子下》。

② 出自《老子》第五十八章。意为福与祸并不是绝对的，它们相互依存，可以互相转化。比喻坏事可以引出好的结果，好事也可以引出坏的结果。

【作者简介】

- 湖南省原人力资源和社会保障厅厅长、党组书记、省委组织部副部长
- 湖南省政协常委
- 中华诗词学会副会长
- 湖南省人力资源管理学会常务副会长
- 《大学语文—三江源赋》作者
- 湖南践行国学公益基金会专家委员会委员、特聘教授

吕锡琛｜《道德经》的管理智慧①

各位同仁：

今天，我和大家一起共同来领悟《道德经》的智慧。

《道德经》的智慧是超越时空的。有一位校长，跟我讨论过一个问题：几千年以前中国先贤的思想，为何至今还能成为启迪现代人类的智慧源泉呢？我们得出一个共同结论：因为它是直指人心的，它是植根于人性而又顺应人性的，人同此心、心同此理，因此，它能够穿越时空，引起我们的共鸣。

《道德经》的智慧，不仅是帝王之学，不仅是我们今天所说的管理智慧，同时也是平民百姓修身养性的哲学。还有人说，它是失败者的哲学，但它不仅是失败者的哲学，同时也是胜利者的哲学。它让一个胜利者能够胜而不骄傲，让一个失败者败而不气馁，能够宠辱不惊，能够从容豁达地面对我们人生道路上的成败得失荣辱等各种境遇。因此，每次和大家一起读《道德经》，都能够引起很多的思考，引发我内心很多的感受。今天，我简单地介绍一下《道德经》的大致框架和部分智慧。

《道德经》的智慧是方方面面的，它不仅针对管理层面，还有人生、养生、用兵、经商，种种，它都可以贯穿。它是一种贯通形而上与形而下的哲学智慧。《道德经》的作者是春秋时期楚国的老子，老子姓李名耳，人们将他的语录集结成一部作品称之为《老子》。所

---

① 根据吕锡琛教授在第8期企业家国学践行研修班（2014年7月6日）的讲课录音整理而成，并呈送吕锡琛教授审校。刘芳老师做录音速记，刘慧萍老师对录音速记稿进行文字编辑、整理。

以，《道德经》不是最初的名称，这是一部将“道”和“德”作为核心内容的经典，于是后人把它称为《道德经》。《道德经》的产生充满着传奇。老子曾经做过周朝守藏室的史官。用我们现在的话来说，就是国家图书馆和档案馆的馆长，负责管理国家的文献和档案，老子具有博古通今的素养。

在中国历史上先后有唐玄宗、宋徽宗、明太祖、清世祖等八位皇帝对《道德经》进行注释，一部作品得到过这么多最高管理者的深度关注和研究，这一现象可以说前无古人，后无来者。《道德经》深刻地影响了中国古代的哲人高道、帝王将相，乃至平民百姓，它给中国人的思想中注入了很高的智慧。同时，它还穿越了时空，对于现代科学、管理学、心理学、伦理学、哲学、医学养生等学科，都有很多的启迪。取其精华，将有助于我们更好地认识世界，认识自我，协调人际，平衡心理，优化性格，优化管理。

《道德经》有这样多的智慧，因此，它被全世界众多文化名人所崇尚。根据联合国教科文组织的统计，它是迄今世界上除了《圣经》之外被翻译成外国文字发行量最多的文化名著，已被译成三十多种文字，有五百多种外文版本。这是2007年以前的统计，现在每年还在递增。

《道德经》的智慧，融入进我们中国领导人的管理智慧当中。习主席首次接受外媒采访的时候，他就说，治理中国这么大的国家，这么复杂的国情，一定要有一种“治大国如烹小鲜”[①]的态度，谨慎地处事。我们国家的领导人，包括毛泽东、邓小平，他们都运用了很多道家的智慧。此外，国外的政治精英也同样崇尚《道德经》，美国总统

① 出自老子《道德经》第六十章：“治大国，若烹小鲜。”伊尹见汤是个贤德的君主，便向他提出自己的治国主张。一次，伊尹见汤询问饭菜的事，说：“做菜既不能太咸，也不能太淡，要调好作料才行；治国如同做菜，既不能操之过急，也不能松弛懈怠，只有恰到好处，才能把事情办好。”商汤听了，很受启发，便产生重用伊尹之意。商汤和伊尹相谈后，顿觉相见恨晚，当即命伊尹为“尹”（宰相），在伊尹的经营下，商汤的力量开始壮大。

里根在国情咨文中，也引用老子的名言“治大国如烹小鲜”来阐述治国方略。2010年时任俄罗斯总统梅德韦杰夫向出席圣彼得堡国际经济论坛的与会者建议：“遵循中国古代伟大哲学家老子的教诲来应对世界金融危机。”2011年，连任联合国秘书长的潘基文，在就职演说中援引《老子》“天之道，利而不害；圣人之道，为而不争”[①]的名言，表示将用老子这一思想践行《联合国宪章》的时代精神。可见，《道德经》的智慧，是让整个全人类受益的。

在管理的层面，很多的管理学家都把《道德经》的智慧奉为宝典。美国管理学家约翰·海德的《领导之道——新时代的领导战略》一书中，就引用了不少《道德经》的话；艾博契斯所著《二十二种新管理工具序言》特别推崇《道德经》中“善用人者为之下，是谓不争之德，是谓用人之力”[②]这句话，认为“管理的历史也就是试图实践这项基本观念的历史”。作为一个管理者，一定要让下面的民众作为你的支撑，一定要善于用人。

《道德经》的智慧的确是非常丰富的，一句话就可以给我们很多很多的启迪，今天主要从以下几方面来讲述《道德经》的管理智慧：一、通无达有之睿智；二、无为管理之治道；三、慈柔宽厚之胸襟；四、虚静平和之心态。

通无达有之睿智

《道德经》开宗明义：**道可道，非常道。名可名，非常名。无，名天地之始。有，名万物之母。**“道可道”，第一个“道”字是名词，第二个“道”字是动词，意思就是说，可以说出来的道不是最高的道，不是常道，不是作为本体的道。可以说出来的名，不是最高的

① 出自《道德经》第八十一章，意为天的法则是利于众人而不妄加伤害；圣人的法则是施惠众人而不与人争夺。

② 善于用人的人，对人表示谦下。这叫做不与人争的品德，这叫做运用别人的能力，这叫做符合自然的至理。

名。**无，名天地之始。有，名万物之母**，意思是说，“无”是宇宙的本根，“有”是万物产生的母亲。这句话告诉我们，“道”既具有无形无相的特性，又能通过有形有相展现出来，我们可以从“无”和“有”的特性去体察“道”。

故常无，欲以观其妙，从道具有无形无相的性质这个层面去看，我们可以观察“道”的奥妙。**常有，欲以观其徼**，“徼”指边界、边际，引申为端倪、迹象。意思是说，从“道”的有形有相这样一种特性去看，我们可以观察到“道”的边际或端倪。也可以理解为，从有形有相的这个特性观察“道”，能看到它的边界或迹象，但这同时也具有了认识上的某种界限或限制。

此两者，同出而异名，同谓之玄。玄之又玄，众妙之门。意思是说，“无”和“有”都是同出于“道”，只是不同的名称而已，它们都是非常奇妙的。玄妙啊，非常玄妙啊！这是了解众多奥妙的门户。

这段话是老子对“道”的一个总纲。在这里，首先就言简意赅地表达出了言语的局限性，有形有相的东西的局限性，提升和拓展了中国人思考问题的向度，启示中国人突破日常的生活场域。将“道”所具有的“有”跟“无”这两种特性揭示出来。揭示了“无”的重要性，也启示我们重视无形无相的东西。因为在我们日常的生活中，通常较为关注有形有相的，而无形无相的，我们可能就忽略了。因此，老子特别强调“无”的重要性，“无”不是没有，而只是无形无相的一种存在。老子还要我们超越有形有相的表象的世界，透过这个表象世界去把握表象背后其本源的东西，那个无形无相的本体。所以这个“无”其实是非常重要的。

从宏观的层面来说，这个宇宙百分之九十以上是暗物质，无形无相，但它确实是存在的。从我们自己生活的层面来看，我们的价值观，我们的胸襟，我们的精神，决定了一个人的发展，决定了我们事业的成败，甚至决定了我们整个企业的发展。因此，无形无相的东西，规律性的东西，精神性的东西，还有创造精神，都是无形无相的，能够主宰一切，它才可以真的“无”中生“有”。

实际上，能否透过有形有相层面将我们的关注焦点延伸到无形无相的层面，这与一些企业的创造动力也有关系。研究证明，企业的百分之九十以上的成果，是员工的隐性知识所创造出来的。什么叫隐性知识？这是国外一位名叫迈克尔·波兰尼的哲学家在上个世纪六十年代提出的一个概念。他认为，知识可以分为显性和隐性两大类。所谓显性知识，就是可以看得见、说得清的文字、图表、数学公式等隐性知识和显性知识相对，是指我们知道但难以言说的知识。

在现代企业管理中，通常将企业的隐性知识划分为两类：一类是技能类，包括那些非正式的、难以表达的技能、技巧、经验和诀窍等；另一类是认识类，包括人的经验、洞察力、直觉、灵感、价值观、心智模式和组织文化等。

在《庄子·天道》里有个故事，很生动地表明了言语的局限性和隐性知识的重要性。有一天，齐桓公在堂上读书，做车轮的工匠轮扁在堂下砍削木材制作车轮。轮扁放下椎凿的工具走上堂来，问齐桓公：“请问，公所读的是什么书呀？”桓公说：“是记载圣人之言的书。”又问：“圣人还在吗？”桓公说：“已经死去了。”轮扁说：“那么您所读的书不过是圣人留下的糟粕罢了。”桓公说：“我读书，做轮子的匠人怎么能议论？说出道理就可以放过你，没有道理可说就要处死。”轮扁不慌不忙地说：“我就从我做轮子的经验来看，砍削木材制作轮子，榫头做得过于宽缓，就会松动而不牢固，做得太紧了，又会滞涩而难以进入。我做得不宽不紧，得心应手，口里说不出来，但其中自有度数分寸在。这些经验是无法传给我的徒弟的，甚至无法传给我的儿子。所以我已七十岁了，还在独自做车轮。我一个做轮子的，我技艺的精华都无法用言语来表达，那更不用说那些古圣先贤的精华思想了。古代人和他们所不能言传的东西都一起死去了，那么您读的书不过就是古人留下的糟粕罢了！”的确，很多精妙的东西是无法用言语来表达的，它也说明了经验、灵感等隐性知识的重要性。

隐性知识还包括另外一个层面，那就是观念的层面，比如，我们的价值观，我们的精神境界，我们的胸怀，我们的理想，这些都是属于无形无相的隐性知识层面。我们一定要志存高远，有一个更好的思维的智慧，才能突破有形有相的世界和眼前的东西，更加高瞻远瞩。

说到有形有相的问题，作为企业界人士很容易陷入一种精细化的管理或操作模式。

现在的企业是否特别崇尚精细化的操作？是否特别强调规章制度的执行？这是现代企业管理的特征，强调规章制度的重要性。但奇怪的是，拥有多个企业和上市公司的管理咨询公司的老总、高级顾问——蒋伟良先生，他对精细化的管理提出了质疑，他认为精细化管理等于企业死亡。为什么这么说？因为精细化管理在西方经历了一百多年，已经非常成熟了，这种精细化成为一种常规的操作模式以后，就容易形成一种习惯性的势力，这种习惯性的势力，往往就会形成一种思维定式。企业要发展靠的是什么？靠的就是创新，就是生命的活力。但是很多大公司由于这些规范化的管理，形成一些习惯势力的条条框框，使得人们失去了创新的活力。他举例说，诺基亚等大公司，一个一个地倒下了。他说还有更多的完全靠精细化管理的大公司离死期也会不远了，因为它失去了一种让员工创新的活力，因为那些规章制度束缚住了人的手脚。所以他告诫我们，不要被那些规章制度、被那些冷冰冰的教条而束缚住了一个鲜活的人的创新精神。

俗话说，无规矩不成方圆，但我们不能仅仅关注于规章制度，一味依赖于规章制度，而是要有一个灵活的变通来激发员工的创造精神。作为教育家，如果只是死守一些教条的话，我们会扼杀学生的个性；作为一个企业管理者，如果一味依赖那些精细化的管理流程，那只会扼杀员工内在的活力和创新的精神。

很多高学历的、高层次的在大公司工作的员工，他们发现其实自己的具体工作流程技术含量不高，没什么意思，因为精细化分工，把每个人都局限在非常具体的小的环节，而他们往往没有施展自己学识的天地，缺少真正施展才华的机会，可能就是做着很简单、只是要花时间的事，做一个大学本科生就可以胜任的事。所以一些有抱负的白领，宁愿从大公司出来，自己去创业。因为在那些大公司，可能会压抑了自己的才华和创造精神，空耗青春，使人失去了活力奔放的机会。

所以，老子这段话让我们体悟了一个道理：要有通无达有的胸襟，这是我们今天所要掌握的一个很重要的内容。“通无”，我们要透过有形有相的现象世界，千万不要让有形有相的东西束缚住我们的视野。要有一个通无达有的眼量，要有一个大的胸怀，上溯到那个最本质的观念，要有一种探求精神。但是，也不要做一味的玄想。只是不着边际地一味玄想，那就只有“无”，没有“有”了。我们既要贯通形而上，志存高远，同时也不能忽略形而下的层面，要脚踏实地，经世致用。所以我们要有通无达有这样一种胸襟，才能够把事做好。这是第一个启示。

老子关于“无”和“有”的思考对我们还有一个启示，这是“有之以为利，无之以为用”，“无”和“有”各有作用。《道德经》第十一章说：“三十辐共一毂，当其无，有车之用。”古代的车轮子，是三十个车轮子的条辐共同插到毂上面的，毂中间是空的，才能够容纳车的条辐，因此它才能够发挥车子的作用。“埏埴以为器，当其无，有器之用”，意思是说，我们和泥巴做陶器，只有当它中间是空的时候，才能够发挥一个器具的作用。“凿户牖以为室，当其无，有室之用”，古人盖房子是凿木为巢，把山洞的泥巴掏出来，当这个中间是空的时候，它才能够发挥室的作用。所以老子从这样一个现象，推断出“故有之以为利，无之以为用”，也是告诉我们“无”的重要性。有形有相的东西给我们带来便利，但真正发挥作用的东西却是无。没想当我们做一个杯子的时候，如果它就是一团泥巴，中间是实的，那有没有杯子的作用？显然，它就没有杯子的作用，不能装水。我们盖一座房子，如果都是水泥，都是石头的话，它就是一个水泥疙瘩，中间没有形成空间，它也没有房子的作用。因此，“无”的作用其实是非常让我们受其实惠的。

但是，在我们的日常生活当中，说“有”容易，说“无”却是比较难。我们都注意我有什么，我拥有什么，占有什么，但是老子他就让我们突破“占有”这个概念，让我们要“空”起来，唯有“空”起来，才能有容纳、更新知识的可能性，只有把自己空掉以后，才能有一个更好的发展的可能性，有一个更新自己、创新自己的机会。所以，“当其无”，当器物存在一个空间时，才能够“有室之用”“有器之用”。这都是讲的“无”和“空”的功能性作用，它是无形无象的，但是它却实实在在地发挥着它的功能。

庄子《逍遥游》里面有一则寓言故事也讲到事物的功能性问题。宋国有人能制造保护皮肤不受冻开裂的药（不龟[jūn]手之药），因为他的家族以缫丝为业。缫丝是将蚕茧抽丝出来，天天和水打交道，手容易开裂，使用这种不龟手之药，能够保护皮肤让家人顺利地缫丝。有一个人非常聪明，他找到了缫丝业家族的人，要用百金买这个药方。于是这个家族的人聚族而议：我们辛苦到头，不也就是赚那么几两金子？今天有人用百金来买我们的方子，我们当然卖给他。当时吴越发生了战争，冬天要在水上作战，士兵的手都开裂了。于是，这个人将方子献给吴王，吴王士兵的手涂了药不开裂了，战斗力加强了，打败了越军。于是这个人得到了吴王的赏赐，得到了封官赐爵的利益。所以庄子说：**"能不龟手一也，或以封，或不免于洴澼絖，则所用之异也。"**同样是一个保护手不开裂的方子，有的人靠它得以封官赐爵，有的人只是用它保护双手来做工，却免不了漂洗缫丝的辛劳。可见，同样一样东西，其价值和效用却大不一样。我们如何去发挥它的功用，发挥到极致，这才是大智慧。这些具体的东西就是"有"，"有之以为利"，"有"能够给带来实际的好处，通过这个"有"而发挥功能，**"无之以为用"**，具体事物的各种功能就是"无"，无形无象。这也进一步启示我们，要善于发挥我们创造精神去探索，将事物的价值发挥到极致。

有一些激发人的创造性的题目，比如说：一块砖头，你能够在几秒钟之内想出它有多少种功用吗？这是激发我们创造性思维的一个很好的训练方法。砖头可以盖房子，但如果我们发挥创造性思维，它还可以有多种用途：可以用作武器，可以用来垫坐，还可以用来做尺子，用来做锤子，甚至还可以用来研粉末，它可以发挥很多种作用。因此，怎样突破一个有形有相的事物固有的作用，深入发掘它的价值，让它更多地发挥功能，把它的功能和价值发挥到极致，这是需要我们进一步思考的。

“有”和“无”是对立 、相反的一对矛盾，但在老子看来，一切对立面都是相互联系、相互转化的。所以《道德经》的第二章中说，**“有无相生”**，第四十章说：**“反者道之动。弱者道之用。天下万物生于有，有生于无。”**[①]“有”和“无”是相互转化的。这样的一种思维，实际上就是一种变通、发展的思维。道是贯通于天下万物的、生发万物的本源，那么，“道”的规律是什么呢？那就是**“反者道之动”**。向相反的方面转化，这是“道”运动发展的一个规律。

太极图是一个非常典型地体现“反者道之动”思想的图像。当“阴”最大的时候，“阳”像一个小尾巴，在这里悄悄地长出来，然后它不断地发展壮大；当“阳”发展到最大的时候，“阴”又像一个小尾巴，在这里悄悄地生出来。也就是说，当某一种性质发展到最大的时候，代表它反面的另外一种性质已经在悄悄地生长。而太极图的两边，阳中有阴，阴中又有阳，阴和阳这两个对立的方面，共同组成了圆满的一个球。这就是中国式的思维里一个最智慧的表达：万事万物都是由对立的两方面组成的。从人来说，有男有女；从大自然说，有白天有黑夜，有月亮有太阳；从方位说，有南北东西。整个世界就是阴阳互补、阴阳和合，阴阳相互依存，相互转化的过程。所以，向相反的方面转化，就是道运动的规律。

接下来是**“弱者道之用”**，这句话我们等一会儿再讲。**“天下万物生于有，有生于无”**，这是讲了一个万物不断变化发展的过程。著名的美国作家雷默是高盛集团的高级顾问，基辛格基金会的主任，他写了一本书，叫做《不可思议的年代》。他揭示了这个时代很大的一个特征：不可预测，不断变化。这样的一个时代，我们应该怎么去应

① （1）有与无就像东方与与西方那样相反相成，而不是相互否定。（2）由有而见无，由无而见有，有无相互对照。（3）任何事物在变化过程中都是从无到有，再从有到无，有与无相继替代与变动。塞翁失马，焉知非福，有无之间是可以相互转化的，有可以转化为无，无可以转化为有。

对？那就是用不可预测对不可预测，用不断的变动，去应对不断的变动。这就和道家“**反者道之动**”的思维是一致的，我们处在一个不断运动变化的时代。雷默给我们举了一个例子：沙堆事件。当沙子从高往下掉的时候，沙可以形成一个圆锥，但是当沙不断地往上加的时候，圆锥还会不会继续保持一个完美的圆锥？不会。当有沙子不断地加入到这个圆锥上，圆锥不知道什么时候就会崩塌。然后再不断地加，它又形成一个圆锥，不知道何时它又崩塌了。但这个沙堆何时崩塌？科学家们做了很多的实验，最后得出的结果是：这个崩塌的时机是无法预知的。因为它里面有太复杂的因素，所以它是一种不可知，不可控制。道家告诉我们，要运用一种变动的思维，去把握一个不断变更的时代，所以“道”是一以贯之的，贯通古今的。“道”的永恒的规律是什么？那就是不断地变动，不断地向相反的方面转化。这是对事物发展的一种非常深刻的辩证思维，启示我们不要固执于某一个或某一种固定的思维模式，一定要及时地调整自己，不断地适应这个变化的时代。

无为管理之治道

我们讨论“道”，体悟“道”，最终是要落实到生活的层面，如何去遵道而行。当“道”的理论落实到管理的层面，老子提出了一个著名的管理模式——无为管理。无为管理经常会引起人们的一些误解。经常有人问：“老师，无为管理是不是就是行政上的不作为？是不是什么也不做？”这是一个大大的误解。我们看第三章：“**为无为，则无不治。**”就是说，奉行无为而治的结果，就是天下井然，无所不治。第三十七章也说：“**道常无为而无不为。侯王若能守之，万物将自化。**”意思是说，道的特性是顺应事物之本性而不妄为，因此能够发挥大家各自的特性，让万物井井有条，无所不能为，没有做不好的事。作为一个管理者，如果能够谨守无为的管理之道，那么万物都将能够自动地归化、服从于他。

以上这几章都点出了无为而治的功效。具体来说，“无为”在老子，在道家，是有特定含义的，“无为”不是无所作为，简单地说，它有三层含义。

第一，不要主观妄为。作为一个权力在手的管理高层，一定不能主观妄为，不能以为有了权力，就可以为所欲为。我们一定要打破这样一个思维模式。这是非常符合道家思想的。身居高位却不要任意主观妄为，而要尊重客观规律。这个客观规律就是“道”。天地之间、万物之间，万事万物的运转，都有“道”在支配着。不能违反那个内在的运行规律。这个“道”就是一个万事万物生长发育的运行的规律，我们一定要很好地去体悟这个“道”。这是第一层意思。

第二，就是要让民众自我管理，让民众自为。管理者要留一个空间，让下属、让百姓有一个自己安排自己的生产、生活的空间，有一个可以发挥特性的空间。这样的管理智慧，其实是非常符合我们现在的发展趋势的，也是最符合人的特性的。

我们现在最重要的时代特征是什么？那就是互联网时代。互联网时代造就了一种完全不同的管理情境。在互联网时代，个体的作用凸显出来了。我们可以看到很多的微传媒，很多微小的企业，它们非常灵活，拥有很多的机会，有很大的发展前途。美国作家雷默先生在他的作品《不可思议的时代》中讲到，现在的时代是一个互联网时代，它的特点就是由很多很多的自由体组成的一种高度灵活运转的自由者的组织。以往的控制性的思维是违反人的本性的，因此我们要改变控制型的思维。

人其实是非常厌恶外在控制的。有一个心理学的实验表明：人性本身是很愿意控制别人，但很不愿意受他人控制。心理学家做过这样一个实验：噪声实验。有A、B两个房间，告诉A房间的实验者：这个房间的噪声有一个按钮，当你不能忍受那个噪声的时候，你去按一下那个按钮，噪声就会降低。B房间处在一个噪声环境里，完全不可控。实验开始以后，发现A房间的受试者对于噪声的忍受能力远远高于B房间的受试者。为什么？因为他们感到自己是能控制这个噪声的。但实际上按钮是假的，并不能够控制，但是他有一个自己能够控制的暗示。当我们觉得事情不可控的时候，会觉得非常害怕，会觉得非常紧张，B组就是这样一种状态。B房间，噪声很大，但是人完全不知道噪声到底会到一个怎样的程度，所以他们感到非常害怕，当噪声达到一定程度的时候，他就觉得受不了，因为他感到自己处在不可控的状态下。这一个实验充分说明，当人觉得自我能够控制、自我能够有自决权的时候，他的心理感受是不一样的。他的心理感受是不一样的。所以让民众自为自治，其实就是给民众一定的弹性空间，给民众一个自作主宰的发展机会。

曾有一个企业家学员认为目前中国不能实行无为而治的方法。他说："美国很多公司已经在利用这种方式，这个已经不奇怪了。但作为发展中国家，我们还没有到那个程度，我们不能实行无为而治。"但在事实上，中国企业中已经有了实行无为而治的成功例证。著名的企业中原地产的管理者施永青曾经在"国际道德经论坛"上谈到自己在企业中践行无为管理的经验。他说，他在管理当中，就奉行了这样一个主张：让员工有一定的空间来自作主宰。他的员工经常加班到很晚，不是管理者提出要他们加班，是任务没完成，常常会自觉地加班。而且不仅自己加班，还把自己的男朋友带来陪着一起加班。员工的积极性或者说创造精神，从内心被激发出来了。

这种例子在其他发展中国家也不少，巴西有一个公司在这方面同样给我们一个很有力的印证。我们知道，巴西的经济形势很不稳定，随时都有可能面临很大的危机。因此有一个企业的企业主觉得太不可控了，经济太糟糕了，想把企业关闭掉。可是老板不想干了，这些工人怎么办？工会代表找他谈判，我们来加入管理，盈利了我们也要得一份。工会加入管理以后情况马上就不一样了！老板要用一笔钱，要经过工会，代表要互签。公司的每一分钱都与工人有关系，因此工会要实行监督。很奇怪，在巴西经济极不稳定、非常糟糕的情况之下，这个公司利润却翻了一番。很多大的事情都由工会决定，他们决定要盖一个新厂房，由工人去选址，工人选在另一个工厂的旁边，那个工厂是经常闹罢工地的地方。董事长心里就嘀咕：这里老闹罢工，我的工人会不会受到影响呢？但是他也不管了，反正就交给工会了，就在那个经常闹罢工的地方，他们就盖了一个厂。但是很奇怪，旁边那个工厂经常闹罢工，经常抗议，但是这个工厂的员工整天就在工厂里干活，在工厂里钻研如何革新技术，甚至有的工人还提出来，原本九点上班，能不能八点就上班，我们能不能早点做事。但有一个开叉车的不干，他说我要去接孩子，我不行我还要九点来。结果工厂叉车间里的几乎每一个工人都学会了开叉车。你不来没关系，我们自己来开。员工的积极性全部调动起来了，因为他们觉得，这个工厂是我自己的，我有一份。

所以，让民众自为自治，就是要有敢于放权松梆，要让人感到，这个企业，这个世界，都是和我息息相关的。因此，人的工作积极性、人的创造精神，就在这种自为自治的过程中被激发出来了。

去年六月我在美国讲学期间，纽约政府发布了一个工薪阶层灵活工作时间的提案。就是说不用朝九晚五，特别是女性，可以根据你的家庭情况，灵活掌握。这个提案得到了很多企业和组织甚至个人的赞赏，因为这样一个提案让人能够有更多的时间协调工作与家庭的矛盾，能更好地稳固优秀的人才。我们很多企业乃至于学校是打卡上班，但这个打卡上班，慢慢的可能会要有所改变了。因为很多调查表明，特别是创造型的企业，打卡已经不能很好地适应人的发展的需要了。我有一个亲戚在美国的一个公司，老板为人很刻板，每天要他们七点半就要上班，迟到了十分钟，老板还要训斥他们。他经营的是一个投资公司，员工有很好的意见他不听，经常有上百万的赢利机会就失掉了。而且，老板对这些员工非常刻薄，员工喝一瓶矿泉水他都要嘀咕半天。他要员工早上七点半就来上班，到五点钟多下班。但是，他的员工根本没有心思为企业工作，在这整整一天的时间里，好多人都在偷偷干私活。老板也没有什么具体的办法可以控制员工的心。打卡有什么用呢？缺乏人文关怀的管理，虽然管得了员工的身，却管不了员工的心。人在心不在，员工根本就不会为企业全心全意地出谋划策，大家都是在混日子，这个企业的效率就可想而知了。

雷默讲的这种自由人高度联合的组织，其实在互联网时代是具有更强竞争力的。因为许多事实已经证明，很多大公司的严格控制的管理机制，已经无法面对很多由自由人组合起来的灵活的组织。华为这样的大企业，也在考虑组织变形，要及时面对这个不断变动的时代的需求。一个严格控制的大组织无法把个体的积极性和智慧很好地激发出来，因此无为之治、自我管理是很重要的。

无为之治的第三个含义是，上无为而下为之，分层负责。我们知道，汉初是实行黄老之治的，黄老之治的核心就是无为而治，让民众有一个休养生息的机会，这是一种不干预政策，不干扰市场自由运转的规律。汉文帝和大丞相陈平有一段对话，汉文帝首先问右丞相周勃：“我们一年讼狱几何呀？”这是问打官司的有多少起。周勃说：“不知道。”汉文帝又问：“我们一年钱谷几何呀？”这是问有多少财政收入。周勃还是说：“我不知道，对不起。”周勃是个武夫，他当然在这个方面不会有管理的心思，君主两问两不知，他都汗流浃背了。汉文帝就不高兴，于是他转头去问左丞相陈平。陈平说：“各有主者，你别问我。”汉文帝不高兴了，“那我去问谁呢？”陈平说：“财政收入，应该去问治粟内史，即财政部长。讼狱你要去问廷尉，即司法部长。各有主事之人，这不是我管的具体事。”汉文帝更不高兴了，各有主者，那你丞相干吗呀？陈平不慌不忙，回答了以下一段话：“丞相者，上佐天子，理阴阳，顺四时，下亲附百姓，外镇抚四夷，使卿大夫各司其职。”我这个丞相管的是宏观的调控，我辅佐你这个君主去主理阴阳。古代非常强调人天合一、人天和谐的。安排四时、安排农业生产，使百姓能够亲附我们，让周边的小国家对我们心存敬畏，使得卿大夫各自司其所职，使得官员能够各有所职，能够分层负责。这番话让汉文帝点头称是，陈平不愧是一个良丞。

这段话实际上道出了无为之治的第三个含义：上无为而下为之，各司其职，分层负责。最高的管理者不应是事必躬亲，而是要让你的下属发挥他们各自的积极性，各自管好分内的职责，而不是越俎代庖。这样的一种管理就使得我们的员工也好，中层也好，他们各自的能力都被调动起来了。无为而治的管理模式就是让最高管理者非常谨慎地收敛自己的权利欲、自以为是的狂妄之心。有权不能任性，有时候可能主观愿望是非常好的，但是，人的主观意志是无法改变客观规律的。

“道”是事物发展运行的客观规律。你不顺从“道”，那一定会碰得灰头土脸。所以老子的另一句话就是要我们“治大国若烹小鲜”。小鲜是什么呢？小鱼小虾。我们治理一个大国，管理一个大的企业、一个大的学校，要非常小心地像煎小鱼小虾那样地谨慎，不要朝令夕改，你把小鱼小虾炒过来翻过去，炒碎了就不好吃了。所以治大国要非常小心谨慎。里根总统也引用这样一段话。

里根总统个人的执政风格也和道家相似。唐代贞观之治的盛世在很大的程度上也是运用了道家的治国之道。有一次会议我们讨论这个问题，有一个美国学者告诉我：其实里根总统就很有道家的风范，他治国很注意尊重发挥专家的智慧，他也很注意发挥下属的积极性，懂得妥协退让，因此，他的管理很有效率。里根和他的前任卡特的管理风格形成了鲜明的对照。卡特是事必躬亲，自己累得半死，但是成效并不怎么样。里根就善于调动众人之力，善于授权下属，因此他过得比较轻松，但效率却非常高。里根就任以后，很快地扭转了当时美国经济的颓势，扭转了自越南战争以来美国国内不景气的状态，他后来被美国人民评选这最受尊敬的总统。这样的管理事例有很多，包括贝尔实验室的所长也是有道家管理智慧的。

这里就反映出道家做事的一个特点，也就是司马迁之父司马谈在《论六家要旨》中所概括的：道家行事的风格是“**事少而功多**”。也就是一种高效成果节约的管理，事半功倍。为什么道家能够做到这点？因为顺应了规律，顺应了人心。

《道德经》第二十九章中告诉人们说：“**将欲取天下而为之，吾见其不得已。天下神器**[①]**，不可为也，不可执也。**[②]”“将欲取天下”就是说我们要管理天下的话，当然要“为”，我们要进行管理，肯定要“为”。但这个“为”，“**吾见其不得已**”；这个“为”，这个控制，是不得已而为之，要有一个适度。但天下人是非常神圣的，“天

① 天下是神圣的东西。

② 意为，不可勉强作为，不能用力把持。

下神器，不可为也，不可执也”，就是不可过分地去控制他们、强迫他们，不要强人所难，不能用高压和强力的手段去压制员工，更不能用暴政去欺压他们。老子警告说：“**为者败之，执者失之。**”过分的高压和压迫一定导致国败身亡，江山社稷难保。短命的秦王朝的教训就印证了老子的这段话。接下来老子再次强调：“**是以圣人无为，故无败；无执，故无失。**[①]”“无为”不是无所作为，而是要顺应人心，不强作妄为，所以不会败亡。不过分地压迫强制老百姓，所以不会有太多过失。

为什么？因为人性是不一样的。“**夫物或行或随；或嘘或吹；或强或羸；或载或隳。**”我们古典文献经中谈到“物”这个字，有的时候是指物质，没有生命的东西；但有时候也指人。所以这里的“物”是指包括个体生命在内的所有东西，既指人，也指物。这里的意思就是：天下的万物是各有其性的。“**或行或随**”，有的善于开拓前行，但有的人却是喜欢跟随，不喜欢开拓，他没有积极前行的那样力量，只喜欢跟随在别人后面。“**或嘘或吹**”，“嘘”就是轻轻地吹，温柔地吹，后面的“吹”则是非常强劲地吹。就是说有的人是非常温柔的，有的人则是非常强劲的，办事是大刀阔斧的。“**或强或羸**”，有的人非常强壮有力，有的人生性比较懦弱。“**或载或隳**”，有的人善于承载、善于承担，但有的人就是不愿意承担，甚至是善于破坏。因此，天下所有的事物，包括人，都是各有其性的。我们不能过分地去强迫他们。“**是以圣人去甚，去奢，去泰。**”“去甚”，去掉过分，过分容易走向极端。“去奢”，去掉奢侈。“去泰”，去掉过大、过头的事物。总而言之，要保持一个适度，保持一种恰到好处的中和状态。中国智慧就体现在“中和”二字。一切都要保持一种平衡、和

① 意为，因此圣人从不妄自作为，所以不会失败，从不强行把持，所以不会失去。

谐。阴阳要平衡，整个世界要平衡，财富也不能过分两极分化。总之就是要中和，去掉过分，去掉极端，去掉奢侈。

所以“无为而治”的核心是强调尊重被管理者的人性和心理需求。这和现代管理中的自主管理是相一致的，我认为，这是人类历史上出现较早的以人为本的管理模式。我们现在讲以人为本，即道家特别强调的一种管理风格。“以人为本”是什么？尊重个体的独特性，实际上这就是最符合人的需要的。

人的需要层次是多层面的，根据马斯洛提出的理论，人的需要层次是从低到高。最低的是生理需要，饿了要吃饭，渴了要喝水。然后是安全的需要，人们需要有一个安全的环境。还有归属的需要，人需要友情、爱情、亲情，需要相互关爱，有归属感，也称为爱的需要。归属满足后，我们还希望得到他人的尊重，就是尊重的需要。重重的需要满足后，人们还希望自己的潜能得到不断地发展，最后实现自我的价值。这些是高层次的需要，都是人格发展必不可少的，缺失了某一个方面，人格发展就不完善，就一定会出现问题。

所以，管理者不能仅仅只是满足员工生理需要和安全需要，给他一个吃喝拉撒的条件，同时，还要让他的自尊需要得到满足。因此，要给他们自主管理、弹性管理的空间，给其一定的自主权和发挥创造能力的空间，才能更好地实现上层的管理目标，才能让员工有一个可以发挥自己能力的天地。

这也就是“为无为，则无不治”。当管理者不强迫控制员工，而是尊重他们各自不同的特性，给他们发展的空间，适当地满足他们的尊重需要、自我实现的需要，员工才会感到身心愉悦，他们的工作积极性和内在创造精神才会被激发出来，同时，当每个员工都有自作主宰的弹性管理空间，感到这个企业、这个组织跟自身的发展是息息相关的时候，那当然就会达到“无不治”了。所以，“无为而治”也是对以往管理经验的一种总结，对历史教训的总结，其实也是对封建统治者苛政暴政的一种抗议，它顺应了管理的内在规律。

要实行无为管理，不是随随便便可以做到的。企业真正实现无为管理，一方面要求员工有相应的素质。如果员工是一个好逸恶劳的人，你给他/她一个管理的空间，不用打卡上班，他/她有可能天天在家带孩子。这样的员工也是很可怕的。所以员工要有一定的素质，因此我们还要加强教育。同时，作为管理者，你要具备自我修养，具有人格魅力。

慈柔宽厚之胸襟

无为管理不是轻易可以做到的，要实施无为管理，实现无为管理的目标，管理者必须要有宽阔的胸襟，要有一颗慈柔的胸怀，要有一个高远的眼光，这是实施无为管理的前提。所以，道家的管理智慧，很重要的一点就是管理者个人的修为。老子说：“**我有三宝，持而保之。一曰慈，二曰俭，三曰不敢为天下先。**”前两个很好理解：“慈”就是对人要慈爱、宽厚，“二曰俭”就是要节约。“**三曰不敢为天下先**”。大家知道，我们长沙精神有一条就是“敢为人先”，老子却要我们不敢为天下先，是不是过时了？是不是一个消极的主张？“**慈，故能勇**”，爱我们的下属，慈爱你的士兵，才能激励他们勇敢杀敌，勇往直前。“**俭，故能广**”，节俭，我们的事业才能越做越大。“**不敢为天下先，故能成器长**”，我们如果能够做到不敢为天下先的话，就能成为“器之长”。古人所说的“器”或“物”，有时指人，有时指物，这里是指人。意思是说，不敢为天下先，我们才能成为一个合格的行政长官，成为“人之长”。所以，不敢为天下先不是要我们甘居落后，而是提醒管理者不要自以为是，要管理民众，首先要做群众的先生，要向群众学习，然后才能管理民众。每到一个地方，要先了解情况，要先倾听群众的意见，集思广益，而不能瞎指挥，自以为高明。

我很认同和赞赏原来湖南省科技厅长的做法。他刚刚到任科技厅时，不是急急忙忙下指示，瞎指挥，而是“不敢为天下先”，首先去多个单位调研，先做群众的学生，先了解情况，然后再做决定，再做计划。所有的计划都是在集思广益的基础之上才能做出来的，而不是领导者脑袋发热，一拍脑袋，任意想出来的。这也是我们群众路线教育的核心内容：“从群众中来，到群众中去。”做群众的学生，向群众学习，向社会学习，才能够成为一个合格的行政长官。

老子接着对照反省当时一些错误的管理方式说：“**今舍慈且勇，舍俭且广，舍后且先！**”没有一颗慈爱之心，只是一味逼着士兵去勇敢作战；不知道爱惜财物，而只是一味地开疆拓土；不懂得先向群众学习，而是自以为是，狂妄自大。老子在这里非常严重地警告管理者，如果舍慈且勇，舍俭且广，舍后且先，那就必然是死路一条。这段话最后总结说，慈是最重要的：“**夫慈，以战则胜，以守则固。**”能守住“慈”这个品德，我们能让士兵、员工义无反顾，勇敢向前。因为他知道，你会善待他的家属，他一定会勇敢杀敌，这样必然战无不胜，攻无不克，“**天将救之，以慈卫之**”。老天爷要帮助你，一定要让你具备慈爱的品质，这是帮助你维护这个国家、维护这个组织、维护这个企业、能够让你无往而不胜的一个很好的品质。

《道德经》指出，为人和为己是互动的，相互支撑的。这就是第七章所说的：“**天长地久。天地所以能长且久者，以其不自生，故能长生。**”为什么会天长地久？因为天地不是为自己而生，它不自私，把阳光雨露洒向大地，滋润众生，因此能够天长地久。所以，圣人要效仿天地不自私这样的美德，把自己放得后一点，才能得到民众的推崇。**“外其身而身存”**，他不是一事当前先为自己考虑，而是多替群众考虑，把自己的利益置之度外，得到民众衷心的拥护，反而能够更好地保全自己。**“非以其无私邪！故能成其私”**。难道不是由于他无私吗？难道不是他能够勤政爱民吗？所以能够成就他的大业，后面这个“私”，就是指管理者的大业。我们知道，古代是家天下，家天下是他的大私。由于他“无私”，他能够把自己放得后一点，多替民众着想，因此能够成就他的事业，能够国治民安。这里其实就给我们道出了一个利己与利他、为人与成己的辩证关系。

关于这个方面其实也有很多的例子。大家都知道康拉德・希尔顿的故事。希尔顿是酒店服务员，当一对老夫妻来到他的酒店却没有地方住的时候，他把自己的房间让给这对老夫妇住，这种为顾客着想的精神得到了这对企业家由衷的赞赏，最后让他独立经营这家酒店，这就是今天闻名全球的希尔顿酒店。

事业的成功靠“善心”，“善心”有的时候还能让人保命。在这方面有不少令人感动的事例。有一支考古队，他们要进入一个被称为“死亡沙漠”的地带进行考古。一路上，他们看到了前面的考古队员暴尸荒野，于是队长就说：“他们也是我们的同行，我们不能让他们暴尸野外，我们把他们掩埋了吧。”于是考古队沿途都注意把这些同行掩埋起来。一路走过去，尸骨太多了，有的队员就抱怨了：“我们是来考古的，我们不是来给前人收尸的，这得耽误我们多少时间啊？”但是长说：“这都是我们的同行，我实在不忍心让他们这样暴尸于荒郊野外，我们虽然耽误一点时间，还是好好把他们掩埋吧。”沿途过去，他们给许多的同行筑起了坟，在高处插起了树枝或木牌作为木标，以示他们对为事业献身的同行的敬仰和敬重。他们继续往前走，发现了很多很多古代遗留下来的遗迹，收获非常大，他们非常高兴，但没多久，气候骤变，刮起了狂风，他们陷入了非常可怕的迷失方向、不知回路的绝境。这个时候他们才知道，为什么沿途会留下那么多的尸骨。正当他们束手无策的时候，他们的队长告诉大家，不要着急，我们来的时候不是插了很多的木牌和树枝吗？沿着我们来时一个一个的坟堆上的木牌和树枝，不就找到路径了吗？于是这些木标在他们最危急的时候，指引他们走向生路，他们成功地回到了大本营。最后这些考古队员深有感触地说："善良是我们走出死亡的路标，是我们给自己留下了一条退路。"所以老子告诫我们，**"是以圣人后其身而身先，外其身而身存"**[①]，正是深刻揭示出了为人与为己的相互促进作用。

过去我们常讲无私奉献，教育学生要毫不利己，专门利人。这种精神当然是非常崇高伟大，但这是圣人的境界，普通老百姓其实很难得做到。人性是趋利避害的，一般人实际是会考虑"为己"，这是很正常、很普遍的。老子正是洞察了人情世故，揭示出社会生活中利人与利己相互联系、相互促进的规律，他的教诲直指人心，针对人性的特点而发。这对社会的道德氛围的营造，对于人心的向善，可能更有作用。因为这样更贴近我们的人性，贴近百姓之心。

老子一方面是讲"慈"，与"慈"密切相关的另一方面是"柔"。《道德经》说：**"天下莫柔弱于水，而攻坚强者，莫之能胜。"**[②]为什么？因为水有一种柔性，它能够滴水穿石，能够平定高下，能够摧枯拉朽，最柔的东西是非常有力量的。老子告诉我们，"柔"这种力量是非常重要的。所以"反者道之动"，接下来是"弱

---

① 意为因此，胜任把自身置于众人之后，却能得到大家的推崇而占先；把自身置于度外，却能保存自己。
② 意为，天下没有比水更柔弱的了，但是冲击坚硬的东西没有能胜过水的，因为它是无可取代的。

者道之用”，意思是说，“弱”是“道”的特性，是“道”发挥作用的方式。“道”生长了万物，“道”滋生了万物，但是谁看到过“道”的作用？谁看到过“道”在哪里指挥？它默默无声，它润物细无声。因此“道”的作用是以一种非常柔弱的方式来显现的，这样的智慧就是要让我们善于用一种柔和的心来善待民众，善待员工，用柔性的力量去解决问题。

现代管理中一个很严重的问题是什么呢？那就是上下脱节，上下对立的情况非常多，在这种情况之下，我们如果多用柔性的力量，就能更好地化解矛盾，缓和对立。

这里有一个很好的例子，北京反扒民警张为民的事迹对我们有很大的启示意义。有一次，他在抓扒手的时候，死死地抓住扒手的手，不让他把刀拔出来，最后这个扒手被制服了。张为民对扒手说：“你知道我为什么不让你把匕首拔出来吗？一旦你把它拔出来，那你犯罪的性质就变了，你要在监狱里多蹲几年。“这个扒手后来进了监狱，改造得非常好，出狱后，他重新做人，发愤图强，最后成了一个不错的企业家。后来他专门拜访这位民警，他说：“您知道吗？就在您说为什么不让我把匕首拔出来的时候，我就已经被你改造了，我感受到了你对我的爱心，你的出发点是对我负责，是希望我好。我当时就发誓一定要报答你，所以我在监狱里非常努力地改造自己，重新做人。”

一个人犯了罪，要受到法律的制裁，这是理所当然的，但人性中的恶是不可能靠硬性的制裁而得以消灭的，所以，在监狱里有对他们的改造，有对他们的教育，有对他们的感化，这个是最重要的。人性中的恶是不能靠暴力铲除的，人性的善却可以通过爱心、通过慈心来唤起，来培育，让它生发长大。所以，我们无论对学生、对员工、对孩子，一定要用柔性的力量，用柔性的力量才是深入人心的，才能唤起人们心灵中、人性中最美好的东西，这也是老子所说的“弱者道之用”。

虚静平和之心态

要发挥柔性的力量，没有一个虚静平和的心态是不可能生发出的。试想一下，一个性情非常暴虐、浮躁不安的人，对员工会有一种柔和慈良或善意吗？可能很难做到。一个柔和、慈善的人，一个非常有仁爱品德的人，他往往有一个平和的心态。而这个平和的心态，就是“道”在我们心中能够存留的前提，“道”是万物的本源，它体现在具体的事物上就是“德”，心安才能体悟大道，才能顺道而为。

中国传统的管理首先就是强调管理者的自我管理，而不是像西方那样制订出一系列的规章制度去规范员工。怎么才能管理好他人呢？首先我们要管好自己，管好自己的心。因此黄老道家的作品《管子·心术下》说：“心安是国安也，心治是国治也；治也者、心也，安也者、心也；治心在于中，治言出于口，治事加于民，故功作而民从，则百姓治矣。”就是说，作为一个管理者，你的心中安定才能使国家安定，民风平和。作为管理者，你的情绪平和，心理很健康，治理国家才能够言语得体，决策才能够正确，才能够使得国治民安。如果管理者的心非常暴虐，动荡不安，那政策一定会朝令夕改，没有那种柔性的、仁慈的力量生发出来。所以，如果我们内在情绪调控好了，“治心在于中”，才能够“治事加于民，故功作而民从，则百姓治矣”。这实际上点明了管理者的心态对于管理活动的重要性。

在《道德经》中，老子提出了治心的一个方式，这就是致虚守静。

第16章说：“致虚极，守静笃。万物并作，吾以观其复。夫物芸芸，各归其根。归根曰静，静曰复命，复命曰常，知常曰明。不知常，妄作，凶。知常容，容乃公，公乃王，王乃天，天乃道，道乃久，没身不殆。”[①]

就是要我们将心灵放空，让它安静下来，暂时什么也不想，什么也不听，什么也不看。“极”和“笃”都是表示程度的副词，是要让心灵安静达到一个很高的程度，把我们的心放空达到很高的程度。万物生长，我看它回复到原来，万物生长非常茂盛，但它终要回到根本，回到生命的根源，这个就称为“静”。回复到生命的根源，就能够把握常道，就懂得了这个“常”。把握了这个常道，就可以称之为明智。不懂得常道，往往就会妄作，就会胡作非为，导致非常可怕的结局。能够懂得常道，人就会非常宽容；懂得宽容，做事就会非常公正、公道；做事非常公道，就会非常周全；能够很周全的话，就会合乎天道；合乎天道就是合乎大道，生命和事业才能够很好地发展，而不会招致凶祸。这一段话就是告诉我们要保持心灵的虚静的重要性。

静坐是很重要的一个休息的方式。我们平常忙于工作，忙于学习，忙于很多世俗事务的处理，我们的心是动荡不安的，这种动荡不安的心态会影响我们的身心健康，因此我们一定要给自己一种虚静的状态，坐下来静坐一会儿，哪怕只坐十几分钟。因为静坐实际上是很好的自我身心滋养的一个过程。

静坐在很多发达国家都很盛行，像乔布斯、希拉里等人，很多美国精英人物、很多中国古代的高贤大德，他们都是有静坐功夫的。中

① 意为，达到极端的空虚无欲，坚守彻底的清静无为。万物一起生长，我来观察其中循环往复的规律。万物纷繁众多，各自回归根本。回归根本叫作“静”。静叫作“复命”，复命叫作“常”，认识把握“常”叫作“明”。不认识把握“常”，就会轻举妄动干出凶险之事。能够认识把握“常”就能包容，能够包容就能公正，能够公正就能全面、普遍，能够普遍就能符合天地自然，能够符合天地自然就能符合道，能够符合道就能长久，终生没有危险。

国历史上的一些文化名人，如屈原、白居易、陆游、朱熹、王阳明、王夫之，等等，都是有静坐体验的。在这样一个静坐的状态之下，身心的能量耗费很少，脑部获得的能量就比较高，脑部的运动就会更加顺畅，产生灵感，产生直觉。而且，进入到虚静状态的时候，我们会进入一个潜意识的层面。所谓潜意识，就是被我们遗忘了的，或者是无意识的、对周边的刺激不知不觉地接受的这样一种状态。所谓意识，就是人们对外界和自身的觉察与关注程度。无意识或潜意识就是没有感觉到的、被遗忘了的东西，但是我们现代人呢，很遗憾，我们只会注意意识层面的东西，而忽略了无意识或潜意识层面的东西。但潜意识其实是我们人的整个的心理结构当中非常重要的。著名心理学家荣格告诉我们，人的心理结构好比一座巨大的冰山，露出水面的尖尖一角就是我们的意识，人的潜意识好比在水下那个巨大的冰山底座。潜意识蕴含着我们人类几十万年以来很多的信息，我们能够控制自己进入到潜意识的话，很多原来被掩藏的潜能就会被发掘出来。所以，老子所说的致虚守静，就是自觉地进入一个潜意识的状态，这个时候它会激发我们很大的能量。

因此，致虚守静的状态能让我们身体内的各个系统进行自我调节，进行自我修复。另外，它能让我们潜意识里蕴含的一些能量和信息有序地排列，可以激发我们很多的潜能。古代的一些大家，为什么都有静坐的修炼，他们的成就和他们静坐的修炼其实是有密切的内在联系的。

总而言之，我们吸收《道德经》的智慧，从一个哲学的高度来调整思想观念，它能够让我们开阔胸襟，能够透过有形有相的表象世界，体察无形无相的世界本体和生命的本源。我们通无达有，脚踏实地，因时而动，顺性而治，最后能够广采众长，凝聚人心，养精蓄锐，成就大业。让我们共同领悟《道德经》的智慧，创造更加美好的未来！

谢谢大家！

【作者简介】

- 中南大学教授、博士生导师
- 中南大学宗教文化研究中心主任
- 中国老子道学文化研究会副会长
- 湖南省伦理学会副会长
- 湖南践行国学公益基金会专家委员会委员、特聘教授

肖长江｜《黄帝内经》的养生之道①

《黄帝内经》是我们中医的四大经典之一，其他三部是《难经》《伤寒杂病论》《神农本草经》。《黄帝内经》大致成书于先秦和战国时代。

《黄帝内经》蕴含着丰富的养生智慧，其中最伟大的思想就是“未病先防”。

“圣人不治已病，治未病不治已乱，治未乱，此之谓也”，就是说，高明的医生（圣人），是在人没有病的时候进行预防，不是等人得病才去治疗的。如果等到病已经成了，再去治疗，就像临渴掘井，我口渴了，这个时候才去挖井，临阵磨枪，等到要打仗了，我们还在那里去造武器，这个时候已经晚了。所以，中医提倡“治未病”，就是在人没有得病的时候进行干预。只要我们把预防思想学习好，掌握好，其实有很多疾病是可以预防的。

我本人在湖南省中医药研究院附属医院心血管内科从事的是心脏介入工作：主要是给心脏供血的冠状动脉里面安支架、起搏器等心脏介入手术。我为什么要利用自己的业余时间来给大家讲养生？其实就是明白了疾病预防具有重要的意义。

我的博士后指导老师、湘雅医院八十六岁高龄的孙明教授曾跟我讲过：80年代他想研究急性心肌梗死，根本找不到病人！那时候心血管病房住院的都是风湿性心脏病为主。但是现在，风湿性心脏病已经

---

① 根据肖长江教授在第13期企业家国学践行研修班（2015年9月19日）的讲课录音整理而成，并呈送肖长江教授审阅。胡旭老师对录音速记稿进行了文字编辑和整理。

很少见了；代之以冠心病、高血压病，甚至心衰、心律失常等严重的慢性心脏疾病为主。孙明教授的老师，我国治疗糖尿病的鼻祖，湘雅二医院的伍汉文老教授，当年发现2型糖尿病患者，就会要到病人家里去看，看他究竟怎么吃的，居然吃出了糖尿病。现在我们看到2型糖尿病，根本不用跑到病人家里就知道他是怎么吃的。2014年，我国的糖尿病发病率接近12%。这一切，都说明我国的疾病谱发生了非常大的改变，慢性病开始蔓延。原因在哪里？我认为主要在于我们丢掉了《黄帝内经》的养生智慧，也就是中医最伟大的思想：预防！

现在，我们恰恰对预防不太重视，整个国家投入到预防的经费不足。所有的医生都在忙于治病，我们发明了很多精致的工具到下游去捞人，可是上游洪水泛滥，我们却不去植树造林，不去修筑堤坝。不少医生捞人的时候还把自己给捞进去了，有的医生年纪轻轻就因为劳累而病倒或猝死：最近省人民医院四十二岁的神经外科副教授在手术台上倒下，再没起来，后来不幸去世；前不久北京友谊医院四十八岁的心外科副主任因劳累猝死；去年解放军301医院的脊柱科名专家张教授在上海开会返回期间心脏猝死……我们整个医学链条是破碎的，太不重视慢性疾病预防这个环节了！

现在，我们必须要发动人民群众加入到疾病预防工作中，大力发展健康教育事业，将健康教育深入到每一个单位、每一个家庭、每一个个人，这就是群众动员。

所以，我们要学习《黄帝内经》，治病的同时，更要注重预防。

接下来，我们正式开始《黄帝内经》养生之道的学习之旅。我们先了解《黄帝内经》中疾病的分类和人的“精、气、神”三个方面。

《黄帝内经》把人的疾病分为两大类——外感病和慢性病。“虚邪贼风，避之有时”，这是指外感病，如感冒、发烧、咳嗽、拉肚子等。还有一类就是现在占据着医院大多数病床的疾病，叫做慢性病，例如高血压、冠心病、糖尿病、中风、癌症，等等。

中医认为，精、气、神三个方面才组成一个人，“精”就是物质系统，“气”就是能量系统，“神”就是信息系统。中医很重视从精、气、神的整体，也就是从物质、能量、信息这三个方面来研究我们的生命，研究我们的健康。

物质系统：我们到医院做体检，查一下身体，抽个血、做做B超、照照片，就是看物质系统有没有问题。现代医学比较注重物质系统的研究。

能量系统：中医把脉、看看舌苔，望、闻、问、切四诊合参，基本上对疾病有一个大概的把握，是阴虚、阳虚，还是气虚、血虚，一目了然。中医把人的体质分为九种，这都是对能量系统的评估。

信息系统：前几天我病房来了一个病友，是某大学的体育老师，四十二岁，老是感觉心慌、乏力、睡眠不好，担心自己是不是有冠心病，在外院逼着医生给他做冠脉照影检查，冠状动脉基本正常。今天早晨查房我去给他看病，他说：我就是有问题，你看我的冠脉照影，我有一根血管狭窄了25%。我说你狭窄25%，一般不会有任何症状，甚至有些病人狭窄75%的也没有症状。他的问题出在哪里？由于心理的焦虑和抑郁，他这个病就是信息系统的问题，导致了一些类似躯体或者心脏病的症状。

中医很强调“精”“气”“神”三个层面的健康，中医治病的目的实际上就是实现物质、能量、信息三大系统的和谐统一。中医非常擅长调理人的“气”，也就是调理能量系统。

通过以上关于疾病分类和人的“精、气、神”三大系统的介绍，我们就不难理解：慢性疾病的预防，要遵从《黄帝内经》提倡的“恬淡虚无”。

“恬淡虚无”四个方面做好了，“真气从之”。真气就是正气，《黄帝内经》讲“**正气存内、邪不可干**”，就是说一个人只要正气在身体里面，邪气就不会进来，所以“真气从之，精神内守，病安从来”。“精”和“神”就处于“内守”的健康状态，人就不容易得病了。

如何才能做到“**恬淡虚无**”呢？“恬”字，一个“心”和“舌”，表示心情要愉快，舌头要说好听的话，才算是“恬”。如果一天到晚生气，性格急躁，那就不“恬”了。“淡”，是三点水和一个“炎”字，“炎”就是“病”的意思；加了三点水，“炎”字就叫“淡”字，就不是一个“病”了。

怎么样理解“淡”？首先是饮食方面要吃得淡，因为很多慢性疾病如高血压、冠心病、糖尿病等都是与饮食重口味有关的，这个问题后面我会详细阐述。

“淡”的第二个层面意思，就是我们对万事万物都要看得淡。如果我们能够真正认识到宇宙人生的真相是“虚无”，真正认识到我们每个人所拥有的这一切，它都不是有永恒的，就能理解“虚无”的含义了，这样我们就不会执着于我们看得见、摸得着的这个花花世界，就不会被我们所拥有的这一切束缚。我们每个人来到这个世界，最多活一百二十年左右，这一百二十年的时间，相对宇宙、地球这几十亿年历史而言，真的是非常短暂的，如同白驹过隙，稍纵即逝，就像《金刚经》所说的“一切有为法，如梦幻泡影，如露亦如电，应作如是观”，当我们建立这样的世界观之后，那就认识到了人生本质上“虚无”的真相了。

有的人做不到“淡”：男朋友跟她分手了，她就跳楼了，以为这个男朋友永远是属于她的。其实男朋友也是阶段性拥有的，包括老婆、老公、孩子也是阶段性拥有的，都不是永恒的，按照佛家的说法，就是“缘聚缘散”。现在每四对结婚的夫妇，就有一对要离婚的，所以夫妻也不是永恒的。一百年前你在哪里？我又在哪儿？我有必要为了掉一个钱包三天不开心吗？我们有必要因为丢掉了一个男朋友就跳楼吗？完全没有必要，所以这就是我们需要理解的“虚”和“无”。人如果认识到了这一点，每天心情都会很愉快，这样子病从哪里来呢？

以上我们学习了《黄帝内经》里“恬淡虚无”的道理，接下来再来谈谈《黄帝内经》养生重要的方面：养阳气。

《黄帝内经》的第一篇是“上古天真论”，提到了真人 。真人是什么样的？**“春秋皆度百岁，而动作不衰”**，可见上古时代的真人是很长寿的，一百岁还动作没有衰老。到了现代，经济发展了，人的欲望也随之增加，各种各样贪求多，最后把病也贪过来了。很多人不到五十岁就老了，有的三四十岁就得了慢性病死了，全国最年轻的2型糖尿病患者八岁，最小的动脉硬化患者四岁。我们很多人都没有办法达到“年半百而衰”，更不可能“度百岁，而动作不衰”，慢性病年轻化趋势越来越明显。

据现代研究，人的理论寿命是一百二十岁左右。大脑神经细胞是分裂和代谢得最缓慢的，大概每2.4年代谢一次，总共五十个周期。所以人的理论寿命50乘以2.4，正好等于一百二十岁，所以人活到一百二十岁没有大问题，这是人的天命。很多人说活八九十岁，认为自己长寿，够了。现在我们知道了，这还不是死于“天命”，而是死于“非命”。

为什么上古时代的人能够“春秋皆度百岁，而动作不衰”？他们生活起居“法于阴阳”，太阳起来了要起床，太阳落山了就会休息，不会深更半夜还拿着手机刷微信、看电视、玩电脑。这就是上古时代的人长寿的原因，我们现在的人能做得到吗?

“和于术数”，要知道养生的方法。有人在微信说3月18日到22日要喝红糖生姜、红枣水，必须要上午十一点前喝，很多朋友问我这个对不对?当然有道理。春夏养阳，3月20日左右是春分之日，阳气越来越旺，自然界的阳气在午时（中午十一点至一点）达到最高峰（过了午时之后阴气就开始增长）。这个时候，我们借助自然界的阳气，喝一点生姜这样的温阳之物，当然有好处。这也是“冬病夏治”，也是“春夏养阳”的道理，这就是“和于术数”。

如果我们知道“养生术”，饮食有节，起居有常，不妄作劳，这样就可以终其天年，活到一百二十岁不是不可能的。如果不这么做，相反，“以酒为浆，以妄为常”，经常是“醉以入房，以欲竭其精，以耗散其真”，这样的人很快把自己耗散完，就像一节电池，人出生时是充满了电的，但是有的人三四十岁就走了，他的电已经用完了，也根本不知道怎么充电（静坐是最好的充电）。

中医讲养生，最重要的就是养人的阳气。《黄帝内经》说“阳气者**若天与日**”，阳气就像天上的太阳，**“失其所则折寿不彰”**。在《易经》六十四卦有一个卦很好，叫做“泰”卦，其实就有“**三阳开泰**”的意思在里面。自然界每年农历十一月“一阳生”，十二月“二阳生”，到了正月立春了，就是“三阳生”，所以“三阳开泰”。而人体的“三阳开泰”内涵是：动则生阳，喜则生阳，善则生阳。

我们怎样才能实现“三阳开泰”呢?

第一，**动则生阳**。要多动一动，（展示）这个计步器我带了三四年了，我每天要走一万步，不仅如此，我们科每个出院的病人都可以带一个这样的计步器回去，提醒自己每天动一动。我太太曾经有一个熟悉的朋友，三十多岁女性，什么家务事都不用做，平时连自己的衣服都是公公婆婆洗的，确实是很令人羡慕的。我太太经常在我面前就念叨，说和她比较，自己真是没有福气，除了上班还要做很多相夫教子的家务工作。我经常安慰太太说，你别羡慕人家，人还是动一动为好，家务事做得多，动得多，动则生阳，对身体是有好处的。我太太一直不以为然。但是在2013年，这位朋友患了肺癌（晚期），小孩才几岁呢，那天检查结果出来，我太太知道了，回来就跟我说：你说的是对的，人还是要多动一动好。所以从那以后家里有什么事，我太太很快就做完了！我们心血管科里面也如此，虽然病人很多，临床工作任务特别很重，大家却明白一个道理，“动则生阳”，所以每天加班加点都把事做完，经常有护士告诉我：肖主任，我今天在病房走了一万多步。我告诉她们，从这个角度讲，上班做事很辛苦，表面上是很吃亏，但是**吃亏是福**！

第二，喜则生阳。喜是什么？开心。人怎么样才能欢喜和开心呢？唯有改变观念！我给大家讲一个例子，我以前也掉过钱包，很不开心，掉的钱包里面钱越多，越不开心。但是现在学了国学，我明白了，需要改变观念：这个钱包谁捡了我就当是捐给了他，说不定他们家里正好需要这笔钱，那我是不是行善积德？在中国传统文化有一种说法，叫作“德者寿、仁者寿”。有德的人，有仁爱思想的人他容易长寿。掉了钱包，如果不开心，那我就无法“喜则生阳”。如果我很开心，认为我行善积德了，我就“喜则生阳”，延年益寿啊！也许我可能多活一两个月，至少退休金一个月几千块钱还是有的嘛，从钱财上而言，我们最终还是赚啦！我们要能这样，学着改变观念，逐渐把坏事都当好事看。同样，对身边的人也要转变观念，学会把坏人当好人看。那人一辈子，生老病死谁都逃不掉的，得了病，也应该把病当作朋友看待，哪怕是癌症也应该如此。这样我们就会天天开心和快乐，喜则生阳。

第三，善则生阳。行善积德，增加自己的阳气。

中医讲“有阳气则生，无阳气则死”。动则生阳，喜则生阳，善则生阳，学习《黄帝内经》里养阳气的智慧，做到以上三点，我们的身体就会更健康。

接下来，我们讲讲《黄帝内经》中有关养生的四个层面：

第一层，就是养“身”。把自己看得见的身体养好，把饮食、运动、睡眠调理好。养“身”最重要的就是预防“病从口入”。

第二层，就是养“心”。怎样才是养好了呢？要没有贪心和私欲，像前面讲的，掉了钱包也要开心。养心是养生的关键，如何养心？最后的部分我会跟大家详细分享，只有深入学习国学，才能真正养好自己的心。

第三层是养“性”，更高一层了。中国传统文化的“性”就是真如本性，我们今天不讲那么深，只讲最低层面的。

首先，养“性”就要任何情况不发脾气。打不还手，骂不还口，没有脾气了，性就养好了。很难做到啊，那如何才能做到呢？换个思维：别人打我们骂我们，很有可能是我们的语言或者行为伤害了他，我们是不是该被打骂？如果我们没有伤害他，他也打我们骂我们，那他是不是打错骂了？我们是不是就可以放大心量，原谅他算了？这样想，这样修炼，当然就没有脾气了。

其次，养“性”，就是不能性情急躁。我有天查房，发现九个病人都是性子急躁的人。我总结出了一个所谓的“肖氏定律”：性急的人最终都不急了——躺在床上动不得！自然界也有这样的规律，小鸟性子急躁，动作飞快，但是寿命很短；乌龟不急躁，三百年没有问题，据说活八百年的乌龟都有。我们长沙市的出租车很急躁，四年报废，家用车跑十几年没事。赚钱也一样的，不要太性急了，一个亿本来要用一辈子来赚的，才三十多岁赚完了，那会怎样？有可能会走人啊。这类的情况很多。湖南一位著名电商的老总，几家公司上亿资产，但是他三十六岁就把一辈子的钱赚完了，他就走人了，就在我的重症病房。基督教有种说法，上帝派我们每个人来人间都是带有使命的，如果我们早早把使命完成了，那上帝就得把我们召回去。吃饭也一样，一个人一辈子吃九吨粮食，你如果早早吃完了就得糖尿病，再也不能多吃了！吃饭吃得多也不行。所以性子不能急躁，做事得慢慢来。

第四个层面，也是养生的最高境界，叫“养命”。“行善积德”可以养命。有一本书叫做《了凡四训》，这本书是影响近代日本最大的一本书，日本著名的企业家稻盛和夫深受《了凡四训》影响，曾国藩先生是中国传统文化的最后一个圣贤，他也是受《了凡四训》这本书的影响。作者袁了凡是明朝的，这本书是写给他的两个儿子的家书，讲他自己如何通过行善积德，改变命运，大家有空可以上网去读一读，也有在线讲解可以看。

通过以上养生的四个层面，我们不难看出，养生的关键其实是“养心”。健康不仅是医学问题，更是一个文化问题。养心、养性、养命都是靠文化的！下面来了解一下世界卫生组织认为决定健康的四大因素：

第一是遗传因素，但遗传只占15%贡献，所以得了病不要只怪父母的遗传基因不好。

第二是自然和社会环境，但也只占了17%，所以得了病也不要只怪环境污染。

第三是医疗因素，我们在座有很多来自医院的医生同行，现在医生累得要死，病人在还经常拿着刀来砍医生，其实医疗因素对人类健康的贡献只有8%，所以我认为治不好病，不应该拿刀去砍医生，因为我们医疗行业对人类健康的贡献只有8%，你老拿刀来砍医生行吗？这显然是不对的。

第四是生活方式因素，占了60%贡献率！这才是决定健康的主要因素。那么生活方式是由谁决定呢？由自己的心决定的！上来了一大桌菜，有肉有鱼，我们的筷子去夹什么吃是由谁决定的呢？当然由心决定！

很多医生都知道抽烟不好，在病人面前说不要抽烟，但是背后他就开始抽烟。他的理由是：我告诉病人不抽烟这是我的职责，但我抽烟是我自己的事情。他无法驾驭自己的心。我自己也曾经喜欢大鱼大肉，喜欢喝酒。我做了心血管内科博士后，难道不知道喝酒吃肉太多不好吗？我当然知道，但我依然无法驾驭自己的心。

但是现在我基本吃素食，基本不喝酒。我能够驾驭我的心，因为学习了国学，学了《弟子规》，知道了“身有伤，贻亲忧”。一个人把身体吃喝垮了，让父母担忧，是非常不孝的表现。所以孔子在《孝经》讲“身体发肤，受之父母，不敢毁伤，孝之始也”，就是说一个人落实孝道，就要从爱护自己的身体开始。这就是文化对健康的积极影响，所以说健康问题也是一个文化问题。

下面进一步给大家介绍一些疾病方面的信息，帮助大家去驾驭自己的心，进而改变我们的生活方式。

心脏病：我国心脏病死亡率超过40%，每10秒钟就我一个人死于心脏病。年轻人现在一种主要的死法就是心脏骤停，猝死了。心脏病等很多慢性病，包括高血压、冠心病、糖尿病、癌症、中风，等等，治疗经费惊人。不注意预防慢性病，即使我们赚再多钱，将来都要交给医院。所以周立波讲：今天不养生，明天养医生，今天不保健，明天养医院。很可惜，好多人没机会养医生，连养医生都没机会。去年11月10日走的一个上市公司的老总，四十三岁，广东江门人。他的公司股票连续几天涨停，他的资产从二十八个亿变成三十三亿的时候，他一下子就心脏骤停去世了。当年的天津首富张祥青也是死于心脏病，才四十六岁。

心脏病很重要的风险因素就是吸烟。有人说张学良也抽烟，什么都来，他不也活了一百多岁？正如我之前所讲，他也没有活到“天命”，还是没有活到一百二十岁，死于“非命”。的确不是每个抽烟的人都会得病，就像闯红灯一样，不是每个人闯红灯都会被车撞到。但是我们不能因为今天闯红灯没事，就每天闯红灯吧？从概率上讲，抽烟的人得病的概率高得多。省卫计委过几天就要在湖南宾馆举行控烟大会，可见政府的重视程度。要知道，湖南税收每年有一千亿来自烟草行业，开个控烟大会，要突破重重阻力。我每次在微信朋友圈呼吁戒烟，烟草公司的朋友们就说你再推广下去好多人没饭吃了，湖南地方财政60%的收入来自烟草。我说这个没有关系，抽烟得病了，把这一千个亿将来交给医院也一样划不来啊。

嚼槟榔：槟榔是明确的口腔黏膜癌的一个发病原因。去年上半年中央电视台采访湘雅二院的口腔科，上半年做了二百四十六例口腔癌的手术，其中嚼槟榔是一个重要的致病原因。

癌症：肺癌排第一，抽烟是贡献之一。消化系统的癌，如食道癌、胃癌、肝癌、肠癌达到二百多万例一年，都是吃出来的。另外就是乳腺癌每年也有五十万例以上。

因为身患癌症，很多名人都提前走了。湖南电视台快乐先锋传媒有限公司的老总，去年癌症去世，四十六岁。快乐男声、快乐女声这么多高收视率的节目做出来了，但是他也早早走了。癌症的主要致病因素，就是饮食不当，作息不规律，精神紧张，工作压力大。

现在人的压力都大。压力怎么来的？我通过在自己身上的分析，找到了根：就是每次有压力的时候，我都考虑了我个人的感受和得失。也就是说，压力的来源，在于考虑了个人的感受和得失。比如说我爱面子，我什么都要争第一，我就有压力；我什么都要争个名，那也有压力了。后来我学习国学，“以天下为己任”，“为天地立心，为生民立命，为往圣继绝学，为万世开太平”，读来读去，越读就越觉得要干这个事，越干就越没有压力。就像我们践行国学公益基金会的很多红马甲奉献者，他们不论回报只管付出，越奉献就越没有压力。

2013年6月高考前，我曾经到《潇湘晨报》96360接电话咨询，指导高考的考生，这些考生压力大。我问他们，是不是爸爸妈妈说高考是为你自己考的，考生说是的；老师和校长是不是说高考是为自己考的？考生也说是的。我就告诉考生们，为自己考就压力大。90年代初我们高考时候没太大压力，因为教室墙上写着“为中华之崛起而读书！”。是啊，我们为中华之崛起而读书，有什么压力？没有压力去考试，是不是发挥会好一些？我女儿所在学校有一个规律，每年高考最看好的那个学生总是考不好，最看好的学生最后考不好是什么原因？压力山大！没有什么压力当然就会考得更好。

所以，压力的来源，最终还是没有放下这个小小的“我”。从今天开始，我们做任何事都要放下小我，放下压力。

冠心病：现在发病率很高。我们去年收了两个四十岁以下的急性心肌梗死的病人，都是肥胖，一个三十三岁，二百斤。还有一个三十八岁，一百八十斤，是我的永州老乡，两个病人心脏都已经扩大，缺血性心脏病，三十几岁的人心脏像八十岁了。

冠心病的人除了肥胖、大鱼大肉、血脂高等之外，常常有个特点，很多是A型性格。人的性格分为三种，A型、B型、C型。A型性格是怎样的？第一，性格急躁，容易生气。第二，好强。第三，控制欲强。第四，追求完美。第五，就是平时目标感特别强。A型性格的人恨不得一天做两天的事，一年赚两年的钱。B型性格就相反，性格像乌龟一样的淡定和从容。最后A型性格走了，B型性格在享福。很多企业家、单位领导都是A型性格。A型性格的人是推动社会进步的中坚力量，但是很可惜，他们把单位搞好了，把社会推动前进了，最后自己也早早走了。的确显得太不公平了，我们不要这样的结局，所以我们要调整自己的性格。

冠心病还有一个致病因素是高热量饮食，大鱼大肉。高血压、糖尿病、高血脂，这些富贵病，也是因为吃得太好，上个世纪七八十年代想得这个病都难。很多慢性病都是吃出来的！

“饮食之男女，人之大欲”，吃是人最大的欲望，是人的第一生理需求。我们国家现在这些慢病爆发，年轻化趋势越来越明显，主要是与我们抛弃了中国传统的饮食结构有关。养生的第一层面养“身”，最重要的也就是预防“病从口入”，下面着重讲讲这一块。

国务院2014年2月颁布了《中国居民营养纲要》，明确提出要恢复中国传统饮食，什么样的饮食是传统饮食？以植物性食物为主的饮食结构就是中国传统饮食。给大家推荐一本书叫做《救命饮食》（又名《中国健康调查报告》）。是美国康乃尔大学的坎贝尔教授与中国疾控中心的陈君石院士合作，在中国的华北农村地区调查了六十五个县的六千五百个男性，跟踪将近二十年得出的结论，是世界营养学历史上最大规模的一次营养与疾病的流行病学调查。

《中国健康调查报告》显示：慢性病是吃动物性食物比较多的人得的。动物性食物促进肿瘤的发生，而植物蛋白可以减少肿瘤，每天如果吃的动物蛋白超过了16%，可能启动癌症。

现在癌症特别多，我们医院的肿瘤大楼，从2007年的一层楼变成现在的四层都不够用，马上开第五个肿瘤病房，床位根本不够用，走廊都加满了。癌症的“癌”，三个口一个山，怎么解读呢？第一口吃天上飞，第二口吃地上走的，第三口吃水里游的，堆积如山容易得癌。还有人说第一口是吃出来的，第二口是抽出来的，第三口喝酒喝出来的，我都同意，癌症跟吃，跟吃肉、喝酒、抽烟等不良饮食习惯有着极其密切的关系。

另外，动物食物里面的农药含量比植物要高。因为这些动物吃饲料，饲料以玉米作物为主。玉米是所有的谷物里面含农药最高的，打了农药之后日晒雨淋农药出不来。玉米用来做饲料，被猪、牛吃了；我们再去吃那块肉，那个农药最后就到了我们人身上。所以肉食妈妈的母乳被农药污染了，是素食妈妈的三十五倍。

报告还显示：美国男性心脏病死亡率是中国男性的十七倍。从这以后，坎贝尔教授自己十五年来不再吃肉，六到八年几乎不碰动物性的食品。动物性食物危害的证据显示，它们增加肿瘤的发病率20%到40%。还有一本书推荐给大家，叫《肠胃会说话》，台湾的版本叫《胃肠会说话》，这是日本的消化科医生新谷弘实先生写的，他在美国纽约工作，他发明了无痛胃镜，他总共做了二十五万例的胃肠镜检查。这本书是什么个观点？他的结论是：素食主义者肠像比较好，而肉食主义肠像不好，美国每年十五万人得肠癌，跟肉食过多有着极其密切的关系，所以他自己每月吃肉不超过一次。

去年世界卫生组织WHO公布：红肉（猪、牛、羊等四个脚动物叫红肉），它导致患癌的概率比较高，属于二类致癌物质。而加工的肉食，就是那些香肠、火腿、腊肉之类的，是一类致癌物。牛奶是第四类的致癌物质。

牛奶和乳制品会导致骨折率增加，明显增加癌症发病率。牧场为了要让牛一年四季产奶，必须使用一些激素，而这些激素会导致钙的丢失，引起水钠潴留，导致血中容量负荷增加，从而引起血压升高；激素还导致血糖紊乱，增加糖尿病的发病率，激素同样可以引起免疫力下降。同时，牛奶里面的蛋白质85%是酪蛋白，我们东方人有乳糖不耐受症，所以其实我们对牛奶吸收率是很低的，不到30%对酪蛋白的吸收率。所以大家要注意，牛有四个胃，所以牛奶是给牛喝的。大家要补充蛋白质，我后面会告诉大家怎么补。

改吃素食之后，身体会有哪些变化呢？下面是些例子。

美国前总统克林顿，做了两次心脏手术（冠脉搭桥和支架）之后，美国克利夫兰医院的医生就建议他吃全素，体重下降了十公斤，他女儿结婚的时候就上的是全素宴。

《快乐老人报》去年8月20日对我的采访，题目是“心血管专家科学吃素赶跑脂肪肝”，我吃素半年脂肪肝没了，而且体重也减少了十多斤。

浙江大学附属邵逸夫医院心内科主任傅国胜教授，国内著名的心脏介入专家。他自己正餐基本吃素，五年体重减了三十斤。《钱江晚报》对他进行采访，标题是：《39个心内科医生正餐基本素食》。他在里面讲，我为什么吃素食为主呢？因为我不想将来给自己心脏里面安支架。

我们一起来看美国责任医师协会徐嘉博士提供的一个病人两次的冠脉造影对照：1996年11月，冠状动脉最严重的狭窄达到80%以上。到1999年7月，吃素不到三年的时间，原来那么严重狭窄的血管居然完全畅通了，有些原来不显影的血管也显影了。这都是真实的案例。

我们再看一个糖尿病的数据。一百九十七个口服降糖药的糖尿病病人，经过密集的生活方式改变，二十六天之后，需要吃降糖药的人减少到五十七个人，有一百四十个人停了口服降糖药。怎么改变？第一是吃低脂的素食，第二是每天步行，就这么两种方法。

我的父亲就是糖尿病患者，在我的建议下，换了一种生活方式，尽量少吃肉质品，虽然他没有吃全素，但是他的血糖控制得很好了，吃了五年的降糖药二甲双胍已经停掉了，这几年血糖都完全正常。

最近我的病房收了某大学的一个老师住院，进院的时候空腹血糖13.8mmol/L，三十三岁的女老师。住院十多天，出院的时候血糖6.8 mmol/L，体重少了八斤，她就是按照我提倡的生活方式，基本吃素，每天走路，没有服用任何降糖药。

其实，人类原本就是以吃素食为主的。从解剖结构上看，我们人类是磨牙发达，而那些肉食动物是切牙发达，磨牙发达适合咀嚼粗纤维，而切牙发达适合撕咬，它不嚼的，老虎，狮子、狼吃了肉之后，它就直接吞下去了。还有我们的消化道，我们人类的消化道很长，是脊柱的八至十二倍长，肉食在我们体内需要九十六到一百个小时才能排出去，而植物在我们体内只要二十四至三十个小时。所以便秘的人，在改变饮食结构一段时间以后，大便通畅了。一个正常的人一天应该解两到三次大便，一天一次大便的叫作轻度便秘，一天吃三餐就该解三次大便。

经过以上的介绍，大家了解了吃素的好处。但也会有疑惑：吃素食有没有营养？国外的科学研究显示，植物蛋白是优于动物蛋白的，以下是具体的资料。

动物和植物里蛋白质的含量比较：蛋白质是三大营养成分之首。100克鸡蛋里有11克蛋白质，虾有18克，猪肉有12克，牛肉有16克，100毫升牛奶里只有3克蛋白质。植物蛋白质含量是什么状况呢？黄豆、豆腐皮都在30克以上，花生都有24，紫菜达到28。看完之后大家会很震惊。植物蛋白吸收率虽然只有60%，但60%乘以30克也远远高于这些动物性食物的蛋白质成分，哪个的营养好？好多人问我，肖博士，那小孩怎么办呢？我问他，你爱这个孩子吗？他说我爱。我说你爱这个孩子就给他多吃优质蛋白（植物蛋白），你不爱他就让他多吃劣质蛋白（动物蛋白）。很简单的道理。

动植物钙含量比较：现在人们天天喝牛奶补钙，100毫升的牛奶中只有110毫克钙，羊奶只有124毫克，肉中钙含量更低。同样是100克里植物的钙含量，黑芝麻最高，黑芝麻是补钙之王，达到1200毫克。还有黄豆也有200毫克。苋菜，长沙话讲旱菜，都有300毫克，圆包菜有300毫克，紫菜达到850毫克。草原上奔腾的骏马是不用每天吃什么纳米钙的，它是吃草的，草里面就有钙。山上的猴子没有一天到晚去补钙，我没有看到它跌倒，它天天在树上跳来跳去，没有看到它跑到骨科来看病，说骨折了。现在小孩子动不动就骨折，家长还跑去找老师赔钱，这是他自己造成的。天天吃肯德基、麦当劳，激素吃那么多，激素导致钙的丢失。2008年一个冰灾，所有医院的骨科爆满，骨质疏松。再看看动植物中铁含量，铁合成血红蛋白。鸡肝、猪肝这些都是我们传统意义上用来补铁的，但是其中含铁量很低，而植物里，100克紫菜有98毫克铁。

吃素还有什么讲究呢？我主张吃素食越杂越好，根茎叶花果种子样样都要吃，不要天天只吃青菜萝卜。

人都是带着欲望来到这个世界上的，有人说连肉都不吃，这人活着有什么意思？怎么平衡？

我主张向地中海国家如意大利、西班牙、希腊等国家学习，这些国家的心脏病、糖尿病、高血压病和癌症的发病率比中国要低得多。他们一个月才吃一次红肉，红肉就是猪、牛、羊，四个脚的。一周吃一次白肉——鸡、鸭、鱼（是鸡或鸭或鱼，不是鸡和鸭和鱼，那等于一周吃了三顿）。每天吃的都是些五谷杂粮，水果坚果等。

我们做不到像和尚一样都吃素，但是既然植物蛋白优于动物蛋白，以后在我们的饮食结构上就应该大量增加；动物蛋白不如植物蛋白，在饮食结构上就要大量减少。我用“大量”两个字，大家就明白。

我们对素食要有信心。红细胞是给各个组织器官供氧的，我和一个平日吃大鱼大肉的人对比过红细胞，大家看我的红细胞很有活力，一个个亮晶晶的，圆圆的，红细胞是携带氧给全身的器官供血的。但是这个大鱼大肉的人的红细胞就不容乐观了，他的红细胞一个个都是衰老萎缩的。他是在非洲做项目的建筑公司老总，年龄比我小了五岁，他在非洲经常吃穿山甲，还吃蟒蛇等野生动物。当时他还没有听我的课，他看了我们的红细胞对比之后说：肖老师我不用听你讲课，就要向你学习，多吃素食。

吃素食还要注意，素食偏寒凉的多，所以在菜里面放点生姜、胡椒、花椒等平衡一下素食的凉性，虚寒体质的人尤其要特别注意。

《黄帝内经》很重视饮食，也很重视运动。运动很重要。我有一个广告，贴在我科病房的墙上，“每天一万步，健康到百年”。我们基金会常务副理事长何学东师兄，他曾经的信念是“让完美成为习惯”，追求完美不好，压力太大，我就改了两个字贴到墙上去，“让运动成为习惯”，我觉得挺好。

国内著名心血管专家胡大一教授是中国控烟协会的会长。七十岁的老人，他每天走路一万步，在机场等飞机，别人坐在那里看手机，他就在机场里面走来走去；在外面吃饭要等十分钟上菜，别人在那里坐着，他就在外面走九分钟再回来吃。他的母亲就是感动中国十大人物胡佩兰老医生，九十七岁还在一个社区诊所给人免费看病。所以我们科室就是建议每个出院的患者带一个计步器回家，每天坚持走路锻炼身体。

运动是良医！每天持续走路四十到六十分钟，能减少70%的肿瘤、60%的糖尿病，对高血压、冠心病都有好处。每周运动三到五次，以有氧运动为主，可以预防“坐以待毙”综合征。

如何健康饮食，预防“病从口入”，要注意五点。如上所言，首先要减少动物类食物的消费，其次就是要减少高淀粉的主食。

我们国家现在糖尿病成为一个主流。最近国家决定要开发土豆作为第二主粮，土豆种植量将来要从八千万亩增长到一点五亿亩。土豆含淀粉只有17%，白米、白面含淀粉量达到70%。好多糖尿病病人不敢吃土豆，我说你敢吃饭吗？他说那我吃一碗，我说你把这一碗饭换成一碗土豆，生血糖指数要低得多。

好多甘油三脂高的也是吃主食吃得多。以前讲“人是铁，饭是钢”，现在不能这么讲，这是以前没饭吃的时候讲的，现在饭吃多了会导致甘油三脂升高。米太白了，一个“米”字加一个“白”字，就是糟粕的“粕”字。健康的好东西在哪里？一个“米”、一个“康”字是什么字？“糠”。湖南中医药大学附一医院的程丑夫老院长现在专门研究糠。他跟我开玩笑，说以后糖尿病病人要吃“糠”了。他在老家益阳老家跟当地政府在合作，因为我们国家每年有几亿吨的糠浪费了。

第三，就是要减少油脂。一天二十五克，就是半两油——我们有的人一餐就吃了半两油。减少盐，一天五克，原来六克，现在降到五克。五克盐是什么概念？啤酒瓶的盖子一瓶盖子，这是一天的量，中国人的高血压大部分是盐敏感型，我们湖南人平均每天吃十克以上的盐。

第四，减少深加工的食品。现在深加工的食品里添加剂、色素、香精越来越多。有些小男孩暑假、寒假要到儿童医院泌尿外科去排队，去做生殖器康复。生殖器发育不良，阴茎短小，将来没孩子生。我有两个亲戚小孩就是这样。怎么来的？就是添加剂吃多了，各种深加工的食品，尤其是喝饮料。80年代没有这个病，那时候家里买不起饮料，90年代开始慢慢增加。烟、酒、槟榔、烧烤等这些味道特别好的，都不健康。在《易经》里我们讲一句话，“美好者，不祥之器”，就是越美好的就越不吉祥。长得漂亮的这些蔬菜不吉祥，有虫眼的它可能就吉祥一些，打农药打得少。

我们平时的饮食要增加蔬菜、糙米。糙米在超市里卖得贵一些，六块钱一斤，要跟精米，白米搭配着吃，或者熬粥吃也可以。我们的消化系统有两大不同爱好，胃喜欢精细的，肠道喜欢粗糙的，纤维性的东西肠道最喜欢，所以饮食上要粗细搭配。

第五，减少饭量。成年人每餐不能吃饱，五到八分饱就可以，根据年龄来。二十岁以上每餐吃七八分饱；四十岁以上就要减，因为代谢已经下降了；老年人吃八分饱肯定多了。**“给肚子留点空间，可以给生命延长时间”**，这是我的一句口头语。前面我说过，一个人一辈子总共大约吃九吨粮食，别很快就吃完了，留着点慢慢吃。我现在基本上吃五六分饱，好多人说那你不吃饱，你不饿吗？我说习惯了就好。其实是这样的，中年人新陈代谢缓慢了，五六分饱已经够了。我们现在吃得太多太好了。

我们平时的饮食，还要增加蔬菜、糙米。糙米要跟精米、白米搭配着吃或者熬粥吃。对于有糖尿病，还有肥胖、甘油三脂高的人，我们主张“饭当菜吃，菜当饭吃，蔬菜当饭吃，动物少吃，少放油盐”。以上这些，都可以预防很多慢性病。

谈完了健康饮食，最后我们讨论如何养心。现在都提倡身体健康，心理健康。身心健康才是真的健康。

如何养心？首先我们来看疾病。什么叫疾？来得快去得快的，感冒、咳嗽、发烧、拉肚子，来得快的叫“疾”。得了这个“疾”老是不好，心理压力大，那就演变成“病”。我们再来看这个“病”字，里面有个“丙”，所以《说文解字》里，“病”为“疾之加也”。“丙”字在天干里面，南方是属丙、属“火”的，“火”在五行里面对应的五脏就是“心”。病由心生，它是这么来的。古代得了疾是找医生开药，《弟子规》说“亲有疾，药先尝”，没有说“亲有病，药先尝”。有“疾”就去找医生开药，那得了“病”怎么样？找和尚道士开导一下，古代是这样的。

我曾经有个失眠的患者，她的失眠70%是心因性的。她是长沙理工大学的教授，四十多岁，压力很大。我跟她聊了半个小时，当时她就号啕大哭，哭完之后当天晚上失眠就好了。过了三个月告诉我她的失眠完全好了。这就是病，病由心生，开导一下就好了。

中医讲，病由心生。“心死则身健”，清朝的医官讲的。**“心空则自化”**，佛家的观点。我曾经在手腕上面长了一个腱鞘囊肿，当时我太太还担心是不是癌。我说你放心，我已经请骨科吴主任都看过了，是腱鞘囊肿，他们说做个小手术或者把它挤烂或者用注射器把它抽掉就好了。我就想我来个“心空则自化”试试看。我就不担心它，我有空就跟它说：“对不起，请原谅我，谢谢你，我爱你。”讲了三个月，它消得一干二净。这个原因我就不懂了，反正我只是想证实一下是不是“心空则自化”。好多人得了癌症，我说你把癌症当朋友，每天跟它说：“癌症朋友我好喜欢你啊，我爱你啊，对不起，我以前吃吃喝喝吃出个癌症来了，你要原谅我。”经过一段时间，这个人慢慢地心情愉快，他活得就要更久一些。

《黄帝内经》强调“心”，它讲“心为君主之官，主明则下安”。心弄好了，别的地方就好了。胡大一教授提出“双心健康”，哪两个心呢？一个心脏，一个心理。世界卫生组织认为：23%的这些疾病都是心理因素造成的，得了器质性的病，有的还更加引起心理恐慌。所以中医特别注重“情”字治病，认为“怒喜忧思悲恐惊”过度了都会导致人得病。佛家也讲“五毒”：“怨、恨、恼、怒、烦”。五毒俱全就是这个意思，不是吃喝嫖赌，那才四毒。

一个人天天抱怨，抱怨领导，抱怨家长，抱怨父母，这些都是怨，怨别人。传统文化强调“行有不得反求诸己”，找自己的问题，就不会得病，所以我们要调整好自己的心态。我们要去掉自己的各种贪婪、怨恨、痴迷、傲慢、多疑。现代人多疑得多，痴迷得多，傲慢得多。

我们怎样才能活得长久，才能保命？大家看“命”这个字：一个“人”，一个“一”，一个“叩”，加起来就是一个“命”字。人一“叩”就能保命，就是说我们要谦虚。在《易经》六十四卦里最好的卦是“谦卦”，其次还有“泰卦”也挺好。所以，我们能克服自己的傲慢就能保命。

有个真实的案例：一个下岗的修车师傅在路边上修单车，一辆宝马车开过来，女孩自己剐到了修车师傅的摊子，结果这个女孩还找修车师傅要几千块钱，这就是傲慢。这个工人拿不出，女孩就把爸妈叫来就把这个工人打一顿。打完之后，这个工人说好，你们等一下，我去拿钱。拿了钱来吗？没有，拿了什么？袖子里抽出一把刀，把三个人全捅了，当场死了一个，重伤两个。这就是人不谦卑，保不了命。我们今天还有来自星城监狱的师兄们，现在监狱里很多人就是一时冲动，傲慢，大街上为一个小事情争争吵吵，最后动了刀子，坐牢了。

所以，我们要尽量按照我们前面讲的，把坏事当好事，把坏人当好人，把病当好东西，这样我们的心态会调整得更好。我们的心态变好了，情绪改变了，直接影响健康。

人在情绪紧张的时候是分泌儿茶酚胺和去甲肾上腺素等成分的，会让血液往四肢跑，导致内脏系统和免疫系统的血液减少，这样子当然容易得病。负面情绪下身体分泌的有害物质也会影响我们每个器官的工作。人在开心的时候心脏本身就能分泌一种物质，这是一种缩血管物质，一种缩氨酸，它能够杀死癌细胞还能修复身体的各种病变。这种物质是由美国南佛罗里达州里大学的威斯里教授发现的。

一对英国夫妇是威斯里教授的朋友，本来一个得了癌症，一个得了严重的心脏病，医生判断他们俩只能活三个月。临死之前他们有一百个愿望，希望能在这三个月完成，完成了九十九个，还剩一个愿望没完成，就是周游世界。他们想，反正是丁克家庭没有儿女，不用操心财产给谁。于是商量找一家旅行社，这家旅行社安排他们坐着游轮去环球旅行，如果其中一个人死了，中止合同，剩下的财产就给这个旅行社。旅行社一看有利可图，马上签了合同。另外一个朋友也是癌症，医生说最多只能活三个月了，他也想加入他们环球旅行的行列。

这位美国的南佛罗里达州里大学健康中心首席科学家威斯里教授听说之后，就劝他别跟他们去送死，说我们现在有治疗癌症的新药，用这些新药或许能多活一段时间。这位朋友就听从建议，留下来治疗。那对夫妇去旅游了，今天是格陵兰的冰川，明天是夏威夷的海滩，这样子游啊游，不知不觉过去了一年，两个人不仅都没死，而且心脏还好多了，癌症好像没事了一样的。回到英国皇家医学院检查，癌症没了，心脏病稳定了，马上打个电话给威斯里教授。威斯里教授说你们怎么还活着？他们说我们不但活着，现在情况还挺好的，那个朋友情况怎么样呢？威斯里教授就郁闷了，因为那个朋友已经病逝了，半年前就走了。威斯里教授觉得非常内疚，觉得自己如果不劝说这位朋友留下了，也许他还活着，慢慢自己得了抑郁症。当然最糟糕的还是旅行社，按照合同，还要安排夫妻俩去旅游，快要破产了。威斯里教授得了抑郁症以后不能上班，怎么办？这对夫妇建议他到欧洲去旅行，旅行了四十天后回到美国，抑郁症完全康复了。威斯里教授说我一定要找到这个原因，为什么旅游能治病？不找到这个原因，对不起这位死去的朋友。经过辛勤的实验室工作，他最后如愿以偿找到了原因：旅游时人很开心，注意力不在自己身体的疾病上了，人在开心的时候，心脏就能分泌一种有益的物质，它能杀死癌细胞，还能修复身体的各种病变。所以人们常说：笑一笑，十年少。

下面给大家分享一个国外的研究：**人的情绪对生理的影响**。这个研究发现，人的情绪从负面到正面，意识能级从20到1000不等，情绪越正面，意识能级越高。我们先看负面的：羞愧的能级只有20，严重摧残身心的情绪，内疚30，冷淡50，悲伤75，恐惧100。骄傲是多少？175。据调查，大部分人的意识能级在200以内，因为他们的情绪里面充满了这些东西：担忧，紧张，压力，怨恨，恼怒，烦躁等，没有安全感。正面情绪的能量级在200以上的有勇气，还有淡定，现在网络流行“淡定”两个字，“淡定”的能量达到250。爱的能量级也很高，达到500，两个250！开悟的能级达到1000。什么样的人是开悟了？孔子、老子、释迦牟尼佛，真主、基督耶稣、特蕾莎修女、南丁格尔，还有雷锋，等等，这些人的能量级都是700到1000的。国学的思想也是传播更多爱，更多智慧，就是这样的能量。

再给大家一个案例，温雪珍老太太。温老太太是社会主义学院高级顾问，香港人，她全家三代人吃素，心态宁静，充满了爱，致力于在全国乃至全球推广国学和素食。她今年八十多岁了，但照片完全看不出有八十岁，像五六十岁。她为什么能够不显老？因为每天都是正面的情绪，饮食又很清淡，想变老都很难！

情绪很重要，怎样保持好的情绪呢？接下来，我们看看佛学的智慧，“吃苦了苦，苦尽甘来，享福了福，福尽悲来”。我们做任何事，“要用心、细心，但不要操心、烦心”；用心、细心就能把事做好，操心、烦心虽然也把事做好了，但容易把身体做垮了。

刚刚我们谈到“爱”的能量达到500。台湾慈济基金会的创办人证严法师说：“用爱化碍，心中有爱，就不会有碍。”我们现在的医患关系不好，完全可以用爱来化解，实现医患和谐。如果医生、护士都用“爱”对待病人和家属，病人和家属也都用“爱”来对待医生和护士，那谁还拿刀来砍医生？肯定不会了。所以我们在医院传播《弟子规》“凡是人，皆需爱，天同覆，地同载”，也就是在传播儒家仁爱思想，这是一种使人和人之间和谐的理念。

《金刚经》里讲：“过去心不可得，现在心不可得，未来心不可得。”很多老人很操心，身体患病了来看门诊，我就问他：你是操过去的心，现在的心，还是未来的心？他说：我都操！我只好写下这样一个处方给他，要他回去每天念一念："过去心不可得，现在心不可得，未来心不可得，我操心白操了。"这样他就慢慢活明白了。我们操心，无非就是为过去、现在、未来操心。实际上有什么需要操心的？《金刚经》又说："一切有为法，如梦幻泡影，如露亦如电，应作如是观。"我们所能拥有的一切，就像做了一个梦一样的，就像一个湘江里的水泡泡一样的，也像地上的露水、天上的闪电，都是短暂的，有必要执着吗？地球已有四十六亿年，我们的一生，相对于地球几十亿年来说，那不就是白驹过隙吗？有什么好操心的，有什么事值得操那么久心呢？

国学是可以解决人内心深层次的烦恼问题的。儒家讲"行有不得，反求诸己"，佛家讲"念念不为己，念念为他人"，道家讲"天之道，利而无害；圣人之道，为而不争"，这一切最终都是为了实现一个目标：让我们每天快乐、健康。儒家通过学习《弟子规》让大家处理好人际关系，每天会很快乐。佛家通过处理好身心关系，也让我们很快乐。道家通过处理好天人关系，同样让我们很快乐。所以儒释道这三家，最终都是为了让我们活得更快乐，身心健康是重要的目标。

民国时期的农民思想家王凤仪先生说："贤人争罪，愚人争理。"什么意思呢？一个贤明的人，明明知道是别人错了，反而把"罪"争过来，说自己错了；而一个愚笨的人，明明自己错了，还要把道理争过来，说别人错了。像我们很多就是典型的"愚人"，每天在外应酬，一个月也难得在家里吃几餐晚饭。太太有意见了，我们还要跟她争道理。现在学了国学就不一样了，太太批评我们的声音一出来，我们马上跟她鞠个躬说：对不起，我错了。这样子就没有争吵，没有那些家庭的不和谐。

《弟子规》是儒家经典《论语》中演绎出来的，启蒙教育教材，强调仁、义、礼、智、信，这是五种正常的状态。对于各种慢性病，高血压、冠心病、糖尿病等，如果按照它说的去做，“对饮食，勿拣择，食适可，勿过则”，“年方少，勿饮酒，饮酒醉，最为丑”，发病率会降低很多。《弟子规》追求的境界是“孝顺父母，行善积德”，一个孝顺的人是爱惜自己身体的人，他不是一个打麻将熬夜的人，睡懒觉的人，也不是一个大鱼大肉、天天喝酒的人。一个人不修身，不修身如何齐家，将来如何治国、平天下？一切无从谈起。所以，我觉得《弟子规》是目前所见处理人际关系和修养身心很好的一个参考标准。

现在很多企业都在学《弟子规》。我们医院心血管内科的病房，每一个健康教育宣传牌底下都有《弟子规》的一段话，每周五科室所有医生护士都一起诵读、学习、分享《弟子规》。学习《弟子规》后，我们科室的医患关系确实改善了很多。医护人员“事诸父，如事父，事诸兄，如事兄”，把别人的父母当自己父母，把别人兄长当自己兄长，医患关系当然会非常好。

国学的智慧可以解决我们很多人深层次的问题，所有的烦恼都将会因为国学的践行而烟消云散。我们践行国学公益基金会做了很多工作：主办湖南省首届双心健康公益论坛，主题就是“健康从心开始”。我们的国学俱乐部在推广素食，推广辟谷，国学进校园公益大讲堂，在省委党校组织一千七百人诵读《弟子规》，在省委副省级以上离休老干部中推广“双心健康”（心脏—心理健康），在长桥戒毒所推广《弟子规》，星城监狱、少管所都有联动活动，长沙市中心医院、浏阳市妇幼保健医院、怀化市妇幼保健医院等医院都有“国学进医院”的活动……

我相信，随着传统文化深入各个领域，将会有越来越多的人获益于国学。

今天我们学习了《黄帝内经》的养生之道，学习了中国优秀传统文化的养心智慧，这些思想，简而言之，就是让我们做一个“简单”的人。“简单的人得简单的病，复杂的人得复杂的病。”我是心脏介入医生，每次我们给病人做完冠脉造影检查就知道这个人可能很操心，为什么？他的那些分支血管特别容易扭曲，很复杂。复杂的人连心脏血管条件都是复杂的！

要在哪些方面简单？饮食要简单，以素食为主。思想要简单，淡薄名利。家庭要简单，避免争吵，尤其不要随便闹离婚。社会交往要简单，减少各种在外面的应酬。

感谢各位，祝大家简单生活，身体健康！

【作者简介】

- 湖南省中医药研究院附属医院心血管内科主任、教授、博士后
- 国家中医药管理局中医药文化科普巡讲团巡讲专家
- 湖南践行国学公益基金会副理事长
- 湖南践行国学公益基金会专家委员会委员、特聘教授

尹一丁 | 企业成长战略中的文化因素[①]

今天很高兴跟诸位交流，我对国学的兴趣也是由来已久，今天主要分享我调研西方和中国一些企业的心得，以及探讨企业与国学之间的关系。我在美国生活了八年，读了六年的博士，又工作了两年，然后去了英国剑桥大学执教十二年。所以，从我个人的经历和体验来说，经常会有一些关于中西方文化对比的思考，所以我也很愿意在这里跟诸位分享。

我今天主要讲企业的成长战略。应该说我讲的一些理念，是三岁小孩子都懂的理念，就像《弟子规》上所有的道理，如果用到了企业管理，那这个企业就会无往不胜。但问题就在于“三岁小孩子都知道，六旬老翁做不到”。所以，我也是通过这样的演讲或者讲座来提醒自己，我其实有很多地方也做不到，所以我们在一起都是同修，我们一起来互相勉励，让我们的思想境界再提高一层。这就是我今天来跟诸位交流的本意。

企业如人

我们先来分享做西方企业研究的一些简单的道理，其实是非常简单的常识，提醒大家从这些角度再思考一下。

企业就是一个生物体，企业和我们人是一样的，比如说资金就是血液，技术就是心脏，人才就是肌肉，文化就是一个企业的大脑和心灵，企业的组织机构就是一个人的骨骼，企业的制度就是人的中枢神

---

① 根据尹一丁教授在第8期企业家国学践行研修班（2014年7月6日）的讲课录音整理而成，并呈送尹一丁教授审校。刘慧萍老师对录音速记稿进行了文字编辑和整理。

经系统。所以企业和人是非常相像的。

这个理念在西方的管理学领域第一次被系统地提出，是壳牌石油的前任高级总裁阿里·德赫斯（Arie de Geus）先生，他在西方管理学界有一定的声誉。他写了一本书叫作The Living Company，如果翻译成中文就是《活体企业》，如果你能够看到英文原本，我强烈推荐这本书，这本书是哈佛大学商学院出版的，当年获得了最佳商业图书奖。

企业就是一个生物体。那么企业生物体有什么样的意义呢？就是说企业如人，企业有身体，也有灵魂，所以讲企业的成长战略，我主要就是讲企业的灵魂和心灵是怎么成长的。

这个理论其实是生物体的理论，就是西方的所谓Learning organization（学习型企业），这是一个很大的理论，也是现在比较流行的理论。它的主要创始人和发起人，是一位管理学大师，叫作彼得·桑吉。他的整个关于学习型企业的理论就是得益于前面那位先生的"企业如人"的思维的启发。那么企业之所以能够学习，因为企业如同生物体一样，我们生物体就是在不断地学习。

企业身体长大

企业成长战略有两个层次，第一个是企业长大，就是它的身体长大。这可以是一个自然而然的过程，比如说机会比较好，中国的很多市场在前期的发展阶段处于跑马圈地，所有企业可以迅速长大；或者由于政府的保护，或者有些企业战略可以让这个企业迅速长大，比如说亚马逊前期的低价战略，包括我们现在京东商城的低价战略，使它们迅速长大。但企业长大存在一个问题就是企业有可能大而虚，它只是很大但并不强。中国现在上榜财富五百强的大概有二十多家企业，都属于大而弱的企业，并不是强大的企业。中国企业善于做大。为什么我们中国人喜欢做大？这里面有个务虚文化在里面，这是我们需要反省的一个问题。

但是西方企业善于做强，比如苹果是小而强的典范。苹果比惠普、诺基亚和三星都小很多，但是苹果的利润率、员工的利润率是全球最高的。所以我们企业应该做强，不只是做大。当然做大在特定的历史时期是有它的意义的。但是你要做强，做强可以自然而然地做大。你的运气好就可以做大，但做强一定要磨炼你的企业，甚至要磨炼你自己，所以做强很不容易。所以今天我要跟各位交流的就是第二个层次：我们企业如何做强？

企业如何做大？企业做大有三个方向：

第一个跨市场。比如说中国跨到印度，跨到德国，跨到美国。

第二个跨市场区间。比如说你是低端市场跨到中端市场，跨到高端市场。

第三个就是跨行业。你是餐饮业，你想做汽车业，你想做航天业，企业成长就这三个方向。

实现这三个方向有三种方法：

第一种方法是自我成长，这种方法比较慢但比较踏实；

第二种方法是合作；

第三种方法就是收购。

其实，企业成长战略一言以蔽之就这么简单。

那么，我们在MBA和EMBA学什么呢？就学朝哪个方向成长。那我们就要做用户分析，竞争者分析，企业分析，环境分析，合作者分析，我们叫Five C 的分析，然后找到一个最有增长潜力的方向，同时你的企业也往最具有竞争力的区间去增长。简而言之，这就是EMBA、MBA课上讲的所谓的理论。

企业成长过程中要突破两个瓶颈：

第一个就是从游击队变为正规军。大概三十人左右的企业可以是游击队，一百人左右的企业还可以是游击队，但三百人到五百人之间的企业就不能是游击队了，你要变成正规军。

第二个就是从小部队变为集团军。从三百到五百人的中型企业，到上千人的大企业就要突破这两个瓶颈。

怎么突破呢？就是要制度化，正规化，职业化。

企业成长最大的瓶颈是企业家本身。

我们为什么要办企业家国学践行研修班？就是要让大家来继续学习，突破我们自己内心的瓶颈，放下我执。传统儒道佛修心的核心问题，也就是放下我执，这样你的企业才能成长。

企业心灵变强

1. 执行力强

很多成功的企业家，并不太注重这套战略的思考。大名鼎鼎的宗庆后说："我其实根本没有什么战略，我就是做好每天该做的事。"他们讲究的就是执行。战略的思考有一定的意义，但关键是执行。

我相信很多人看过日本的经营之圣稻盛和夫写的那本书叫《活法》，一共有五册，其实看第一册就够了。他也说他没什么战略，就是踏踏实实做人，先做好自己，然后做好自己的企业。这都是讲究执行力。对稻盛和夫有很大影响的是本田宗一郎，他是本田公司的创始人。后者是日本三大经营之神之一，另外两位是索尼公司的创始人盛田昭夫和稻盛和夫，他们讲的也都是执行。

我们看看今天本田的表现怎么样。如果你们是在做企业的话，应该知道Interbrand Global是全球最大的品牌咨询公司，他们每年都推出全球品牌百强，这实际上就是企业实力的晴雨表。到今天为止，中国企业没有一家上榜，日本企业有六家，韩国企业有三家，那么，根据

Interbrand Global公布的排名，本田排在全世界第二十名。所以我们可以看到这些企业都有独到的成功之处，那就是他们都强调执行力。

所谓强大的企业，不是战略思考很强，而是执行力很强的企业。

从某种意义上说，战略思考没有用。我们都知道，一般的战略如果执行力很强就会变成很好的战略；一个很好的战略如果执行力很弱也会变成一个很差的战略。

2. 心灵强大

执行力很强的企业就是心灵很强大的企业，员工有凝聚力的企业，它的执行力才强。所以我们要想让我们的企业执行力强，就要让我们企业的心灵强大起来。我们讲企业如人，有身体、有灵魂、有心灵。今天我们就讲怎么让我们的心灵强大起来，这才是企业发展的核心。

我以前对中国的战争史很感兴趣，红巾军和太平军，动不动就百万人，一行军就几十里路，但是呢，大而弱，在巅峰对决的时候一打就溃。想当年曾国荃围南京攻打太平军时湘军才五万人，而太平军动不动就一百万人，最后还是不堪一击。所以大而弱是不行的，一定要小而强。小而强就是心灵要强大。企业心灵强大就凭它的内力，我们在座有些中医就知道，人的健康其实不是肌肉的强势，而是它的气很强。企业也是如此，全凭它的内力，内力是形而上的东西，很虚，但它是决定一切的基础。

企业怎么变强？

其实我们可以从共产党和人民解放军的建立得到很多启示。人民解放军为什么这么强大？当年毛泽东在安源，孤家寡人，最后发展为统领百万雄兵的一国领袖，靠的是什么？其实美国有个管理学专家写过一本书，叫作《向人民解放军学习企业管理》，所以美国人都在向中国人民解放军学习，学的就是毛泽东的思想政治工作教育，即思想意识形态。人民解放军之所以强是因为他的心灵做得很强。毛泽东强在哪里？就是思想意识形态，就是心灵强大，思想境界强大。人民解放军要解放天下所有被压迫的人民，所以这个理念是非常高超的。因为形而上指导形而下，这个我们都知道。

3. 商场如战场

在座的很多企业家其实都相当于是统领一支部队的统帅，我们就从中国的战争史来研究怎样让一个企业的心灵强大起来。

我非常喜欢读历史，我非常骄傲中国几千年来出现了很多战神，如战国时的白起、孙武，汉代的霍去病、卫青、韩信，等等，简直不胜枚举。不论是中国战争史还是西方战争史，我看这些将军的传记会有一个很大的启示，那就是战场与商场非常相像，所以，我教企业战略时一定要研究一些战争案例。

我发现中国战争史一个非常奇特的现象是，中国人人会打仗，而且打得非常好。在西方战争史上这样的例子并不多。从汉代开始讲，韩信受胯下之辱，他手无缚鸡之力，却可以统领百万兵，他说统兵要多多益善。明朝的王阳明先生，他不只是手无缚鸡之力，而且常年肺病，还是个官二代，他爸爸是状元。韩信毕竟是在市井上混的人，有可能在平日里打架的过程中悟出了一些作战的道理，而王阳明完全是科班出身，但他打仗用奇兵无人能及！再讲曾国藩及其统领的湘军。湘军是我非常感兴趣的一种文化现象。湘军是什么？湘军在前期就是一帮书生兵，都是文人，除了曾国藩之外，还有“中兴四大名臣”[①]，还有大名鼎鼎的罗泽南，他是个举人，还是个大理学家，却带了一帮

① 晚清中兴四大名臣：曾国藩、左宗棠、胡林翼、彭玉麟。还有种说法是曾国藩、李鸿章、左宗棠、张之洞。

学生去打仗，可惜去世太早。还有王鑫是个秀才，刘荣是个大文学家……这些人都是湘军的主要将领。所以，这个现象非常值得研究，为什么中国文人会打仗？西方没有这个现象。这是中华文化的强大之处，我们都需要好好地思考，从中受益。

企业成长的最关键要素不是资金、人才、技术，是境界和格局，即企业的心灵。总之，形而上的东西最关键。毛主席可以从两三条枪打出一支百万雄兵，我们从中可以学到什么？你的企业为什么做不大？你问问自己，你的境界有没有那么高？所以说，心灵有多大，你的舞台就有多大。

企业成长“八字诀”

我研究了很多中外企业，发现企业成长可以用八个字来概括。我今天就跟诸位分享这八个字，前四个字是“道”，后四个字是“术”。一个是形而上，一个是形而下。“术”和“道”都很重要，“道”其实很简单，就是三岁小孩都知道。我希望大家现在就要努力做到。

正

我认为我们办国学班的一个核心和精髓就是学习如何“正”，我们整个国学包括儒释道，说到底就是一个“正”字。

什么叫“正”？“正”就是要打压你的私心，就是少私，就是善。什么是善？善的概念就是无私，无私就是圣人境界，因为在生命的更高境界是没有人我区别的，叫人我一体。我相信诸位肯定有修行境界很高的，那么你会有这种主体的体验，你会看到在冥界都是一个人，没有任何区别。所以佛家讲“色即是空”，所以，我们个体现象都是一种幻象。“正”和“善”就是没有私心，我们修行的核心就是修无私心，打破“我执”，这说起来简单，却非常难以做到。

什么是正确的人生观？我认为人生观就是我们为什么活着。这是生命最基本的问题，我相信大家都对这个问题有自己的思考。中国古代讲人“四十而不惑”，我们究竟“惑”什么？我已经过了四十，我觉得就是“惑”这个“人为什么活着”的问题。这么多年我一直在思考，也在读很多古今中外的古圣先贤的书，**我觉得人生的意义就是磨炼我们的灵魂，就是让生命不断进化、升华。**所以儒家讲要成圣贤，做圣贤，佛家讲要成佛，道家讲要成仙。从修行的角度看，这三个境界还很不一样，但其实大方向都是要磨炼自己的灵魂，让生命不断地提升。

那要“磨”什么？要磨掉“我执”和私心。因为“我执”和私心就像是罩住我们的一个钢壳，我们的灵魂为什么不能升华，我们的能量为什么不能体现出来，我们为什么和宇宙的大门完全间隔开来？就是因为“我执”这个钢壳，我们要把它磨掉，这就是人生的意义。

找到了人生观，我们自然就知道企业观和职业观。

我们为什么要办企业？不是为了赚钱，而是为了通过企业让自己的生命和灵魂得到升华，通过企业让你的员工灵魂和生命得到升华，通过企业让这个社区、让这个社会、让一个国家、一个民族的灵魂得到升华。这就是我们办企业的真正意义，如果说你办企业就是为了赚钱，那我相信今天的场合可能不太适合你。

我们为什么工作？工作不是为了填饱肚子。我们人是有灵性的动物，我们工作也是为了让灵魂不断地升华，磨炼自己的灵魂。为什么现在的80后、90后对工作要求很高，他们反而对工作没有什么耐性，工作半个月、两个月、三个月就辞职，因为工资不够高，是因为他们的职业观完全扭曲了，他们认为工作就是为了赚钱，但工作是生命的一种提升，是一种修行，这个非常重要。所以在跟80后、90后员工打交道，你要提升他们的生命境界很难，但可以做到，那就是你自己先要提升自己的生命境界。把“我们为什么做企业和为什么要工作”这个问题想清楚了，我们就“正”了。

“正”就是心学的精髓“致良知”，良知就是无私。王阳明先生说格物致知，他和朱熹先生讲的完全不一样，他是“格”心物，朱熹先生是“格”外物，有点像禅宗的渐悟和顿悟的区别，王阳明是“格”私心，“格”掉私心之后就是“正”。如果你做企业有“正心”就一定可以成功，因为它符合宇宙天理的大道。所以说“大学之道，在明明德”。

这就讲到了教育，我认为当下的中国教育出现了极大的偏差。教育首先是教人如何做人，如何树立好正确的人生观，但我们的教育却在崇尚西方把人教育成一个技术工人。西方把人教育成技术工人不要紧，因为他们有宗教作为精神依托，他们的人性还是完整的。而我们中国经历了“文革”的浩劫之后文化几近凋零。所以，我不远万里从剑桥来到长沙做报告，就是出于对祖国前景的忧虑，我认为国学是救中国的唯一之路！因为我们已经没有正确的价值体系，没有正确的人生观了！

所以，在座的每一个中国人都承担着巨大的使命，舍我其谁？我们要有这种精神和境界。所以，“明德”就是让你人生的观念正直起来。

真

第二个字是“真”，**真心真诚。**

中西方文化最大的区别就是西方真的东西很多，假的东西很少；中国是假的东西太多，真的东西太少。所以，在中华崛起的过程中，如果我们国家的价值体系虚假的东西太多，那我们这个大厦是建在沙滩上的，是不可能持续的。而西方的价值体系是真的东西多，所以它是强大的，是符合宇宙大道的。所以，我们怎么可能跟西方进行竞争?

宏观上讲，我们的文化现在处在弱势，空心的。对企业界来说，我们的企业没有一个真诚的文化，我们今天还是义和团的这套做法，怎么能够与西方的坚船利炮去竞争?

中国现在就一家企业我最佩服，那就是华为。他可以跟西方企业打得不相上下甚至占上风，其他企业都是举步维艰，我研究了很多国际化的中国企业，都是在交学费，交了三十年还在交学费，真是没出息呀！说到底，这些企业太多地关注于战略、战术，而没有关注**最核心的“道”，就是“真”，“真”**非常重要！

1. 真诚对人

你对员工真诚吗？为什么员工不听你的？为什么员工没有忠诚度，为什么80后、90后不好管？扪心自问，你对他们真吗？你做产品是不是发自真心？日本人、德国人做产品踏踏实实，真心去做，真正把心血倾注在里面。

我相信诸位有很多是爱好收集古董的，我喜欢文化，所以我对古董文化有浅浅的研究。我的很多朋友在英国从事这个行业，他们说真货假货表面上一模一样，但还是看得出来。因为真货有一种灵魂在里面，而假货就没有。当然了，中国做得最好的假货你真是分不出来，为什么呢？因为造假的那些人也倾注了真心。所以你如果倾注了真心，就可以把假货做成真货，所以“真”字非常重要，我们一定要扪心自问：我做事是不是发自真心？我为人是不是真诚?

2. 差一点点差别很大

我在剑桥见过一位法国排前三的小提琴大师，他那把琴大概值一百万美金，所以，他去任何地方都搂着这把琴，他和琴形影不离，把它看得比老婆还重要。我跟他私下交流："你们小提琴家拉的都是同样一个曲目，都是经过多年的训练，那拉琴的差别在哪里？"他当时就笑一下。他说差别2%、3%都不到，就是拉的时候稍微快一点，或稍微慢一点；弦稍微紧一点，或稍微松一点，就那么一点点差别，最后的效果却完全不一样。所以差一点点就差很多。

所以说，做企业一定要完全的、纯纯真真的"真"，你的产品就一定可以做好，你相信我。

3. 倾注真心

汝窑为宋代五大名瓷之首，当时非常名贵，"纵有家产万贯，不如汝瓷一件"，而现在全中国处处可见。可是当年中国古代的建筑，你现在怎么建也建不出来，为什么？因为现代人做建筑的时候天天想的就是老板会不会拖欠工资？我儿子今年能不能考上学？心里太乱，根本没法倾注真心。你去西方旅游，看到西方的教堂，美轮美奂，漂亮极了。西方人今天也造不出来那个教堂，为什么？因为当年那些人在建教堂的时候，是抱有一颗虔诚的心，认为是在给上帝建造他的殿堂，所以每一块砖头他都倾注了真心。

为什么妈妈做饭最好吃？因为妈妈做饭的时候，把她的爱倾注进去了，所以饭就好吃。这不是形而上的虚化，我们一定要有形而上的思辨。

诸位很多也是学佛的，可能在庙里打过禅，我也打过。庙里的伙头在古代是修行最高的人。不是一般的人去做饭，因为做不好，道行不高的人做的饭是不干净的，会影响其他同修。为什么？因为修行好的人把爱心注入进去，饭菜的味道就会不一样。所以做产品也是一样，一定要做到用真心。

4. 以身作则

总有企业老板抱怨80后、90后太难管，天天挠头。其实80后、90

后并不是坏孩子，但他们这一代痛恨虚伪，看穿一切虚伪。所以作为老板冠冕堂皇地告诉他们，做人要正直，要诚实，背后自己却在做男盗女娼的事情，他们难道不知道吗？

80 后、90后怎么管？要以身作则。所以今天能够来到国学班，能够共同交流的人，都要担起这个担子来，这个担子不好担，以身作则是很难的。我有很多时候也私心很多，所以很愿意跟各位一起来共勉，鞭策我自己。一定要真诚对他们，言行一致，这才能够管得起来。所以要反省，一定要反省。

拼

我们在座的中国企业家都知道，我们都是游击队打出来的，都会拼。

为什么要“拼”？就是拼命地干活，拼命地突破，你肯定可以突破。为什么？因为佛家讲得很清楚，**“心物一元”**[①]论，你心理强大到一定程度，就可以改变世界。

“拼”，不是说简单拼一拼，而是投入生命地去拼，日本企业做产品就是这么拼出来的。剑桥的学生来自全球一百多个国家，因此很容易分辨出哪些国家的学生聪明与否。我在剑桥教了很多读MBA的日本留学生，我也做过一些日本企业的调研。我发现日本人实在不是很聪明。我有时候在同一天面试东京大学和北京大学的学生，北京大学的学生简直像人精一样，而东京大学的学生就木木的。但是，日本人为什么能够做到全球第二大经济体？我们千万不要沾沾自喜，虽然我

① 此处所说的心物一元是非心非物亦非一的，也就是心物不二。云何非心？心无形相故。云何非物？物本质空故。云何一元？物由心知，由心变现假立故。心之所以名为心是因为具有分辨、了知、思维的能力。心是无有形相可言的，外境一切事物都必须依赖于心而存在，离开众生心，外境的存在是不能成立的。心是观待境而安立的，若离开有形相的境，那心也失去了分辨、了知、思维的所依，它是不可名状的。心可分为清净心和杂染心。杂染心就是八识心，是有染污的。清净心是离染污的，它是本来清净的。有形相的外境与无形相的心相互不可分离，所以二者统一于一元。云何非一？因为这个“一”是假借名言而安立，并非平常人们所说的一个两个的一，是超越数量的一，故名为元。

们的GDP超越日本，其实还差得远呢！日本的隐性经济不可思议，虽然日本的经济一直在衰退，他们衰退也比我们大很多。所以日本不是靠聪明，而是靠这个拼劲，就是往死里干，一定能干得出来。

当然了，我们西楚霸王破釜沉舟，这个也是拼。“三千越甲可吞吴”[①]，这个故事大家耳熟能详。

英国有一对明星夫妻，男的叫SEAL，他长得非常难看。他的太太叫Heidi klum，是全球第一名模，德国人，漂亮得不得了。这应该是全球第一丑男和全球第一美女的组合，就是美女和野兽组合。当年Heidi klum嫁给他了，全世界的影迷们跌破眼镜，因为Heidi klum是全世界所有亿万富翁的梦想。我当时就觉得很奇怪，我看过BBC对这个黑人的采访才知道，SEAL从小到大家境非常贫寒，他是一个被英国家庭收养的弃儿，从小到大养父母对他也不是太好，并且因为他是黑人，长得又难看，所以在学校受到欺负，那他当年是怎么活下来的呢？他说就是不断地去观想，和我们东方的观想一模一样，用强大的心灵来观想他人生最美好的生活是什么。他就那样想，想到最后头都想痛了。他有的时候仿佛生活在恍惚之间，他分不清想象和现实的区别，其实想到这个境界就差不多快成了。他当时说：“我认为的理想生活就是住很好的房子，娶一个美丽的金发碧眼的妻子……”后来真让他观想成了。但他没有去思，他在想美女，他这个起点不对，所以他的结果是什么？他们现在离婚了。

“心物一元”，我相信在座每个人都听过，我们昨天下午有高僧在讲课，但是我能肯定有99.999%的人不相信。佛家讲信，你信了肯定可以修成。我们为什么修不成？即使在庙里修一百年也不行，是因为

① 卧薪尝胆，三千越甲可吞吴。越国本已亡国，但凭着君臣忍辱负重、从大处着想，结果非但越国得以保全，还在最后一雪前耻，反灭了吴国。“精诚所至，金石为开”，越国臣民的坚忍得到最终的成果。

我们不够信。为什么古代的人能够修成？就是信。基督教为什么有些人也可以有很高的成就，就是信。所以修行的第一要务就是信。我们讲心物一元，你信吗？你肯定不会非常信。我信不信？坦率地讲，我也不是那么信。所以我对自己不是非常狠。但在理论上我知道这是真的。

我一直喜欢王阳明的心学，走到哪里都带着他的《传习录》。其中有一段话，一个学生问他说："先生，你老是说物在心内，不在心外。那我们深谷中的花，我们没看到它的时候，它一样开放，怎么可以说它在我们的心内，不在心外呢？"王阳明就说："你看花的时候它鲜艳，你不看花的时候它寂寞。所以花是在你的心中。"当时我看完了确实没有看懂，后来我就想，从一般的哲学角度和认知角度来讲，就是你对花的认识是在你的心中的，花是在你的心外的。后来我发现这样理解是对不起王圣人的。王阳明刚开始是从佛和道入手的，后来转到儒家，他的修行境界是非常高的。王阳明讲的就是"心物一元"的道理。

我先讲量子力学。我到西方以后对量子力学非常感兴趣，我觉得朱清时教授讲的量子力学和佛学讲的是一个道理。所以，我有一个心得，**科学也是宗教**。只是科学的修行方法不一样，它是向外寻求。佛家和道家都是宗教，是向内寻求。这可以说是殊途同归。科学家走到最后也找到了世界的本原，就是"本我"。我们向内寻求还寻不到，因为我们私心太多，所以千万不要轻视科学，科学、佛学、宗教，其实到最后是一样的，而且科学家在做研究的时候，那种全神贯注的状态就是禅定，比一般人打坐的功夫要好很多。

再讲薛定谔的猫。薛定谔是奥地利的大科学家，他是量子力学的奠基者，地位基本上与爱因斯坦齐平。他就提出一个悖论说："如果在一个密封的箱子中放进去一只猫，再放进去一个装有氰化钾的一个玻璃瓶。毒药瓶上有一把锤子，锤子由电子开关控制，电子开关由放射性原子控制。如果原子核表变，刚放出阿尔法粒子触动电子开关，锤子落下，打碎药瓶。氰化钾蔓延出来，猫就会死掉。但原子核的衰变是个随机事件。怎么得知这个猫是死是活？”这就是薛定谔的悖论。说猫是死的还是活的，那大家肯定想它或者死，或者活。不对，从量子力学角度来讲，它可以是死的也可以是活的。猫的死活由什么来决定？由观察者的心态来决定。这就是“心物一元”在量子力学的解释。所以为什么要拼？**因为拼到最后，心一定能够改变物。**

谦

读过《了凡四训》和《易经》的朋友都知道，“谦”非常重要。关键是，**懂得谦虚不重要，做到谦虚最重要！**因为谦虚其实最难做到。在座的都是成功人士。成功人士的概念是“我就是最高”，这是一个悖论，因为只有真正放下“我执”，才能真正做到谦虚。为什么谦虚很重要？《了凡四训》第四章就讲谦虚。云谷禅师讲“君子可立命”字字千金，“立命”的基础就是谦虚，**因为谦虚就是放下“我执”，你一定要放下“我执”，把你这个铁壳打开，你跟宇宙的能量完全接通，你的命马上就不一样，就这么简单。**《易经》强调“念念谦虚”。所以，《易经》六十四卦，每一卦都有好有坏，只有谦卦，卦卦皆吉，放下“我执”，才可以谦虚。

“正、真、拼、谦”这四个字堪称企业成长之道。道，知易行难，容易知道，很难做到，却最重要。

定

下面分享企业管理之“术”。

第一个字是“定”。企业要做强，一定要“定”。

做农夫不要做猎手。安定于你自己能够干好的行业，不要到处乱窜。日韩企业为什么在三十年间做得这么强？其实三星也就花二十年就做成国际品牌，中国为什么三十年做不来什么国际品牌？就比如华为和联想，我在剑桥问我的学生有多少人听过华为，你们想有百分之多少的人会举手？少于10%。有多少人听过联想？大概才多少人？10%。联想的知名度稍微高一点，因为联想是个人电脑，但总地来说知名度还是很低的。为什么？因为日韩企业都是农夫，中国企业都是猎手，所以中国人聪明，猎手到处找机会，中国人做企业做到一定程度马上就融资，马上就开始套空，中国所有的这些企业都有这个问题。所以，“定”就是踏踏实实去做。日本人、韩国人这一点做得非常好，而我们中国人天天就想如何融资，挣快钱。

我给大家分享一个小的案例。我去联想做企业调研，联想的研发总监告诉我，他们收购了日本的一个研发团队，这个团队中有一个人二十五年时间就是做键盘。做键盘做什么？就是研究触摸键盘的力度。他做了二十五年，每天如此，孜孜不倦。所以联想收购IBM Thinkpad，那个键盘的舒适度、感觉度及人性化程度到目前为止都是世界上最好的，这就是日本团队做的，日韩企业就可以这么做。

我还读过一篇关于日本一个做汽车轴承企业的文章。这个企业是一个做了一百多年的家族企业，一名中国记者非常震惊，这要在中国，做个五年十年以后就想上市了，然后就套现，然后就搞房地产了。有人会觉得日本人简直脑子进水了，做了一百年轴承，你有病吗？日本人说我热爱这个行业，我觉得轴承做一辈子都做不完，因为它可以改进的地方太多了。这就是中国人打不过日本人的原因所在。如果再来一次战争的话，我们还会输。现在企业之间的战斗就像军队的战斗一样，我们打不过他们就是因为这种不“定”。

湖南人都喜欢吃麻辣，在座都吃过老干妈吧，剑桥也有老干妈。老干妈是贵州人，没什么文化，但有一点令我非常佩服，那就是她的安定，她现在做到三十个亿，没有说要融资，没有说要上市，没有说要做房地产，依然踏踏实实做她的酱，这才叫“定”。

我们为什么要做企业？如果只是为了赚钱，你绝对不会安定下来，如果是为了让自己的生命得到更高的提升，让员工的生命得到更高的提升，你肯定会踏踏实实去做。所以要反省自己最上层的东西，关注你心中在想什么。

“定”，相当于高僧修行的沉淀一样。我们做事、做企业、做产品的时候，心中一定要安定，全神贯注做进去。你一旦精通了一件事，就会有很多的感悟，你如果天天扫地，你把全身心放进扫地，你会对人生有很多的感悟，这就是朱熹先生说的格物致知。因为做任何事情最后的道理都是一样的。王阳明先生是上上根器，他一下子顿悟。朱熹先生就是慢慢地修，每件事情好好去做，比如装修房子，插座你好好做，甚至做漆也好好做。比如你喜欢摄影，好好去做，直到把摄影搞通了……做到最后，你对人生，对企业，对做人，都会有很多的感悟。你要真正搞通，这就叫“定”。只有“定”才能“通”；只有定，才有洞察力。

洞察力非常重要，因为商场瞬息万变，给你一个很短的时间，你要马上做出判断，你拿什么去分析去研究？靠的是洞察力，就是直觉。直觉从哪里来？就是每天训练对细节的安定，做事的安定。每件事情都非常定，达到禅定的境界。所以稻盛和夫讲：“要极其认真地过好每一天。”所以，他成为了企业经营之圣。《大学》云：“知止而后有定，定而后能静，静而后能安，安而后能虑，虑而后能得。”所以说，定而后能得。王阳明打仗为什么能赢？他说：“此心不动，随机而动。”[①]做企业也是如此，做企业与做人是一模一样的，所以安定非常重要。

庸

第一是雇用才能平庸但道德高尚的人。这个非常重要，为什么？足球曼联知道吧？它在曼彻斯特横扫天下无敌手，但自从曼联统帅艾丽斯·韦根森两年前退休之后再没有赢过一场球。团队还是一模一样的团队，球星还是那些球星，为什么他们的统帅一离职就会溃不成军，到现在连二流球队都算不上？现在曼联的统帅是罗尼，你看他天天抱着头，那个脸苦瓜一样，很痛苦。

下面分享一个关于人才和智力的伪命题，这是国外最新研究的领域，国外心理学家和神经专家早就得出这个结论：智力是一种情商，不是智商。因为每个人的智力都差不多，而且我们DNA的结构97%和文字都是一样的。智力是情商，人的智力高低取决于情商的高低而不是智商的高低。如果你的小孩学习不好，不是因为他笨，而是因为他不够专注，他对学习没有激情。

所以什么是人才？人才就是充满激情的人，一旦没有激情，那他就不是人才。曼联就是最好的案例，总裁卸任之后，整个球队缺乏激情，缺乏灵魂，从此一败再败……所以说老总手下没有人才，说明你不是一个合格的老总，你吸引不来德才兼备的人才，你没法点燃员工对工作的激情。我们如果能够点燃员工的激情，那每一个员工都会成为人才。

为什么你没法点燃员工的激情，是因为你的生命境界有问题。

做企业老总，第一个最重要的领导才能是什么？不是去做个老

---

① 此心不动，随机而动：王阳明的军事秘诀，一是要把大脑“放空”，不要有“执着”和“偏见”；二是看问题有大局观，全面、透彻；三是能听得进不同意见，能做正确判断，知错能改、从善如流；四是经常冥想、禅修，保持一种平稳、清澄的心理状态（静而后能定，定而后生慧），不偏激、不发怒，不为物喜，亦不为物悲，心如止水，拈花一笑；五是要经常“事上磨炼”，在“承受自己能承受的风险”的前提下，从实践中提高自己的协调、应对水平，提高自己的本领、智慧。

板。中国的老板不管大小，一看就是老板，“我执”太重，在国外很大的老板看起来都像个普通人。

老板的第一要务是什么？就是点燃你员工的工作激情。怎么点燃？要有更高的理想才能点燃。你说现在员工都很低俗，唯利是图，不对！好好听王阳明先生讲，满街都是圣人，你要去引发他的良知。你要没有这种本事，你的企业就做不大，你再学国学都没有用。

所以人才和智力是个伪命题，我们的人力资源管理要从这个角度重新调整一下，因为人的才华完全寄托于激情之上。

第二是管理企业要甘当“平庸”，这点非常重要。

中国企业就喜欢做大，让全国人都知道，就喜欢摆谱。所有的企业家就怕别人不知道。陈光标就是最好的案例。

为什么当年项羽败了？因为项羽他就是“富贵不还乡，如衣锦夜行”。这是非常狭隘的一种心态。所以他的一个谋士说：“唉，我知道楚人沐猴而冠耳。”所以项羽把他给杀掉了。这些都是我们民族要反省的东西。东西方很不一样的地方是，西方国家自我意识很强但“我执”很弱，中国自我意识很弱但“我执”很强。想一下，他们之间谁胜谁负，这不很明显吗？所以，企业要甘当平庸，就是踏踏实实做好每一件小事，不要天天就想去做大事，一夜成名。

我们老说国有企业搞不好是因为政企不分家，其实私营企业也是政企文化不分家。我们中华文化是一个务虚的文化，所以做企业就是为了成名，让全社会都知道。大多数企业都是如此，但不是每个人都这样，也有企业踏实、低调地做，丰田就是一个很好的例子。

丰田变成全球第一大汽车制造商，超过了所有企业。但我是做创新研究的，我发现丰田这么多年没有做过什么突破性的技术性的创新，它只有生产方式的创新。丰田在英国的厂家做得非常成功。丰田成功靠的是渐进式创新法，每天一点一滴地改革，每一个员工参与一点一点的改革。所以我们现在讲所谓开放式创新，在西方被当作一个很新的理念，但丰田已经做了几十年了。

开放式创新就是员工参与创新。每个员工都把自己的激情调动起来，改变每一个微小的步骤。所以企业要甘当平庸的企业，踏踏实实做好你的事，每天微小的改变，这是我们中国人做得最差的地方。细节决定成败。大野耐一是丰田精简制造体系创建人，是丰田的传奇人物。他说：“**员工不是去公司工作，而是去公司思考。**”如果你把企业做到这一步，你的企业就做好了，相信我。

要甘当平庸，平庸最后得到的就是辉煌。

英国去年奥运会办得非常成功，金牌数排在第四，非常好。英国最强的体育项目是什么？不是足球和马术，而是自行车。中国是自行车大国，但我们比不过它，英国去年拿了十二块奖牌，八块自行车金牌。为什么它的自行车项目能够以压倒性优势拿到金牌？这是因为他们有个团队，叫作微小提高团队。

这个微小提高团队的主任麦特帕克尔在英国BBC对他的专访中谈到，英国自行车队击败全球那么多自行车队靠的是微小创新。他们微小创新团队有十五个专家，从各个层面进行微小的改革。比如运动员的鞋垫是个人定制的，这个小小的创新竟然就把速度提高了半秒；每次骑完车之后，在轮子上喷点酒精；中场休息的时候用很简单的方法让肌肉马上恢复原始的动力；紧身裤紧身到什么程度最合适……这些微小的创新积累起来最终造就了英国最强大的自行车团队。所以，诸位回去每天对员工、对客户进行微小的创新，日积月累不得了，差一点点就差很多。可是我们做不到日积月累，为什么？因为我们不定啊！我们是猎手，老是要想挣快钱，打快枪。日韩人能够做到，德国人能够做到。所以他们强大并没有任何秘密，就是你做不到。丰田公司这么多年一直开放，让所有的竞争对手来参观，丰田毫不保密，什么都告诉他们，参观完他们说："唉呀，太服了！我们做不到。"这就叫高深！我告诉你我怎么赢你的，你都做不到。所以不用遮遮掩掩藏什么商业秘密，经商就这么简单，做人也这么简单，不用把它复杂化。

第三是细节决定成败，决定生死。

二战时有一场经典的战役叫阿登战役，熟悉战争史的人一定知道，阿登战役是在法国东北部的阿登森林打的，那是纳粹在崩溃前的最大一次反击。他们组织了一支十万人的部队，希特勒的战略是派德国最具才华的天才将军龙德施耐特领导这场战斗。他们的对手是以美国兵为主体的盟军。那是美军损失最大的一场战役，美国人损失九万人，德军损失九万人，听上去好像是打成了平手，不是！因为当时德国已是强弩之末，盟军的火力绝对压制德国的火力，而且美军的统帅是战神巴顿将军。在巴顿指挥下都损失这么惨重，如果是别人指挥，他们就败了。为什么败了？细节决定成败。因为这场战役是在冬天打的，士兵都趴在壕沟里打仗，一打就是两个星期。美国的军靴是毛面在外面，德国的军靴是毛面在里面。仅这个细节就让美国人损失惨重。为什么？毛面在外面吸水，所以美国士兵在战壕中的靴子吸水。美国很少训练在雪地打仗，很多的士兵就是因为足部溃烂丧失战斗力而死亡。所以说细节决定成败。

我们都知道隆美尔，北非之狐。他跟蒙哥马利在北非对决，那是二战的转折点。当时隆美尔为什么打败？有很多原因，当时德军也是强弩之末了。我们都知道英国绅士文化深入到每个军人的心中，英国人在沙漠上大小便是在打仗的间隙就去解决一下，因为讲究绅士风度，解决完就会用沙子把它埋好。而德国人解决完就走了，因为时间来不及，要打仗嘛！结果发生什么问题？大便到处都是，苍蝇到处飞，就导致德军大量感染疟疾，包括隆美尔将军都得了疟疾，这还怎么打仗？所以细节决定成败，最后隆美尔输在了蒙格马利身上，后来BBC做过一个纪录片，就说他输在了英国绅士的风范上，细节决定生死。

珍珠岛战役是美国和日本的最关键的一场转折战役。当时美国其实害怕日本人，为什么？日本人有零式战斗机，了解军队的就知道，零式战斗机非常敏捷。但美国一个工程设计师想出一个非常简单的办法与零式战斗机对决。飞机都是带油箱的，他把油箱加了一个橡胶的内胆，所以油是放在橡胶内胆中的。零式战斗机油就放在油箱中，油用得越多，那个内胆就缩小，越来越小。所以子弹打过油箱，根本不会引起飞机着火。但是零式飞机的油直接在油箱中，只要子弹打到油箱上，飞机马上着火。当时美军就说，零式飞机是个一点就着的打火机。这个小小的技术改变，决定了这场战争的转折。

所以，我们回去做企业，不要想那些很复杂的事情，就想怎么从细节中决定生死。

临

我经常参观一些公司，发现公司老板的办公室是最豪华的。中国的老板办公室都是一个样，首先都是红木家具，然后柜子里都摆着“毛泽东选集”之类的书，恐怕都没翻过，墙上贴的都是跟领导的合影，这就是中国的企业文化。

我认为，老板不应该只待在豪华的办公室中，而应该到现场去，这叫“临”。“临”就是亲临一线。这样你可以看到很多细节，为什么细节决定成败？上帝照顾有心人。亲临一线的观念非常重要。这在西方叫作时光研究法。那么，你的市场人员和产品开发人员应该亲自到用户的生活中去观察，因为观察是最重要的获取用户需求的渠道。

现在西方越来越多的企业重视观察，派自己的人员到用户的生活中去观察他们怎么使用这个产品，因为不观察永远找不到细节上所不足。所以很多人之前能够做好生意，是因为乱中取胜，中国情况太乱了。但现在市场已经规范了，你要开始让自己企业的运行升高一个档次，需要更加专业化、职业化。

我给大家举一个简单的例子。左图是一个学英文的电子词典，它的制造商是一家加拿大企业。这家企业当时做了一个英文词典，投放到大陆，还是蛮受欢迎的。后来这家企业又做了一个日本版的日英词典投放到日本，结果这个产品遭受“滑铁卢”，市场表现非常差劲。他们就不理解，为什么在中国可以成功，在日本不能成功？因为这两个国家对英文学习的需求都很大，而且这两个国家文化也很接近，他们的工程师就重新改造产品，把产品做得更轻、更好看一些，还是没有用。他们觉得不行，一定要亲自去看看日本人是怎么用他们的产品的，于是就派了一个团队到日本去。当然用这个产品的人并不多，他们寻找很多天，在东京发现一些人在用这个产品。日本人和中国人学英文的态度完全不一样。改革开放早期，中国人以学英语为荣，你经常在公园里、在公共汽车上看到中国人拿着个《新概念英语》在那里大声朗读，有点显摆的意思，我很西化，我在学英文！但日本正好相反，日本人认为语言这么差是一种耻辱，所以他们学英语是遮着盖着。所以，这个词典在中国，在任何地方，都是以90度这样的斜角拿着看，可以看得到。但在日本所有人都把它平放，放在膝盖上，这样周围的人不知道他们在看什么，电子词典一平放，这个显示屏的角度不对，他根本就读不好，所以这个产品根本无法满足用户的需求。研究人员捕捉到了这一点，这个小小的观察，让他们改变了显示屏的设计，然后这个产品在日本就有了一定的销售。

乐高几年前也曾经崩溃，于是他们派研发人员到现场去看孩子们怎么玩乐高，结果发现孩子对乐高的需求不只是简单地盖盖楼，搭房子，而是智能型乐高。所以现在乐高发展成了高端智能型乐高，成人都在玩。所以通过实际观察，亲临现场，获取用户需求让乐高得以涅槃重生。

简

第一，产品一定要简单，产品线一定要简单，生产过程一定要简单，制度一定要简单。比如说苹果每年就推一款机，三星一年有几十款。虽然三星的市场份额一直在抢苹果，但三星的利润率比苹果低得多。三星的用户消费并不赚钱，他们赚钱的是这个B2B，是针对于商业用户赚钱。如果把用户消费都拿出来跟苹果巅峰对决，三星不是苹果的对手。苹果的产品每年就那么一两款，简简单单，生产线非常简单。

第二，生产模式一定要简单，产业一定要简单。在座的有很多搞风险投资的企业家都知道，投资的企业一定是简简单单的企业，所以你们回去要精简。我知道企业老总都很热衷于企业文化。我每到一家企业，发现除了企业老总办公室长得一模一样，企业文化也都一模一样，都是“改革、创新、求实”几个大字贴在进门的大墙上。而且还有十条纪律，二十纪律，看得人头都疼了。其实就俩字“正、真”，做到就好了，别的都是废话，一切都要简化。我们看苹果简单，产品设计简单，产品线简单，生产过程简单，应用模式也简单。还有飞利浦也简单。飞利浦的这个广告词是什么？Sense and simplicity，感性和简单。它所追求的就是感性和简洁。简洁非常重要。老干妈简洁，什么都不干，就做酱。简洁能做三十多个亿。不得了吧？

遵循“八字诀”的企业及人物

上面分享的这八个字有道有术。有人可能会想，这些东西太虚了，哪个企业可以这么做？我研究了很多国外企业，我发现能这样做的企业真不少。真正能够做得很强的企业，往往都部分或全部符合这八个字的“道”与“术”。

第一个是京瓷公司。京瓷公司就是稻盛和夫先生创立的公司。他一生创立了两个财富五百强公司，京瓷现在已经不是财富五百强了，但第二家企业还是财富五百强，就是遵循这八个字。他创立的第二个企业叫KDDI，现在排名是第二百二十位。他一个人创立了两个全球五百强，这在商业史上是个奇迹。

稻盛和夫写过一本书叫《敬天爱人者成》。“敬天爱人”说的不就是我们的国学吗？日本人没有本源的文化，他们都是从我国儒家学来的文化。心学在日本大盛其道，我们中国人做不到，日韩反而做得到。稻盛和夫说他以前不会做企业，他专业学的是化学。当年日本一个企业快崩溃了，他临危受命去拯救这个企业，他说我并不会做企业，我没有学过MBA，也没有学过EMBA，我就按做人的方法去做企业，结果他就做成了。就这么简单。

所以企业经营一点也不复杂。

再比如ZAPPOS在西方是非常有名的企业，这是网上最大的卖鞋店，2009年被亚马逊以十二亿美金收购。我在《新财富》有个写企业战略的专栏，我写这个公司的战略分析题目就叫《ZAPPOS》，ZAPPOS干了什么？ZAPPOS就是快乐工厂。它的整个理念就是遵循这八个字，尤其是“正、真、谦”。他做企业的目的就是为了让员工生命成长，让自己生命成长，让整个社区成长。ZAPPOS的创始人叫谢家华，他是在美国长大的华人，父母是台湾人，哈佛大学毕业。他创立了一个非常年轻的企业，Delivering Happiness就是传递快乐。他建立企业的初衷不是为了赚钱，而是为了传递快乐。他的利润率只有3%至4%，是很低的。当然比我们工作的一些加工制造型还要高一点，我们加工制造企业1%、2%利润的都有。但他说让员工快乐，让用户快乐，他的使命是在全球传递快乐和幸福，传递激情，而不是为了赚钱。

以上介绍的都是美国和日本的企业，我们中国的企业怎么样？

我大概听说过三家企业，但它们并非没有瑕疵，都有各自的问题。

首先是海底捞我相信各位都听过。其次是德胜洋楼，还有就是胖东来。胖东来业界对它还有些争论。诸位如果有兴趣的话，可以去调研一下这三家企业。他们的企业利益都不是赚钱。当然你说从长远来看，他们有可能赚钱，那有什么不好。他们的安身立命之本，就是为了让员工具有更高的道德水准、更高的职业操守，让这个社会更加繁荣。

当下许多人都热衷于成功学，经常会找大师去看“八字”，我认为下图就是企业的“八字”。你的企业能不能成功，你去批一下，给自己打个分。如果打分不高的话，你要真能成长，你就会创造一个奇迹，你成长之后来跟我们分享你的经验。不但是给自己打分，也让你的员工给你打一下分。这个“八字”如果都很好的话，你的企业一定会做好的。

企业八字批表

	指标	得分						
1	我和我们企业具有高远正直的目标。	1	2	3	4	5	6	7
2	我和我们企业从来都秉持诚实认真的原则。	1	2	3	4	5	6	7
3	我和我们企业做任何事都拼搏到底。	1	2	3	4	5	6	7
4	我和我们企业从来都遵循谦卑的态度。	1	2	3	4	5	6	7
5	我和我们企业定心于自身的主营事业而不浮躁。	1	2	3	4	5	6	7
6	我和我们企业聘用和提拔员工时都重德胜于才。	1	2	3	4	5	6	7
7	我和我们企业都很善于现场观察自身和用户需求。	1	2	3	4	5	6	7
8	我和我们企业都遵循简易的经营原则。	1	2	3	4	5	6	7

回到马斯洛人性需求。企业如人，所以企业有身体，有灵魂，企业也有需求。一个人的生命境界，完全可以从马斯洛的这个境界看得出来，如果你天天考虑的就是生理需要和安全需要，其实就是天天想着赚钱，这个生命层次是很低的。我相信在座的诸位都有更高的生命需求，所以我们今天坐在这里学习。企业也一样。如果企业每天就是考虑赚钱，给员工发工资，你就属于在一、二层级的企业，叫作X型企业，这是境界比较低的企业。那么三、四层级的企业就是Y型企业，Y型企业的境界就稍微高一些。我们现在流行的马斯洛理论是错误的，马斯洛后期自己又增加了一个新的层次。他在认为这个理论是不完善的，最高境界不是自我实现，是超自我的实现。而超自我实现就是打破"我执"了。他说为社会、为宇宙谋福利，这已经超越个人了，所以最高境界是超我的。我前面分享的这几家企业都处于这种阶段，他不断自我实现了，企业的最高境界不是说成为一个优秀的企业，赚很多钱，而是超越了自我实现，形成了"大我"；国际一流的企业家都具有这个更高层次的需求。

我们中西方企业的生命境界是有差距的。就像我们天天最喜欢看的一档综艺节目《非诚勿扰》，我们中国女孩子对男人的需求就是宝马车，这是很可悲的。当年我们读书的时候，男孩子有才才能找到老婆，现在男孩子有才没有用，你没钱没房子就找不到老婆，你有钱有房子，就是个傻瓜，你也可以找到老婆。所以说，我们的价值体系扭曲了。我们中国企业家的生命境界到底在什么层次？我们可以跟这些雄才大略的企业家比较一下，他们都是值得我们敬佩的人。

图48这个人就是特斯拉电动汽车的创始人，叫作ELON MUSK。他是中外企业界我最佩服的一个人，超过所有人。他做电动汽车，电动汽车将会彻底改变人的生活，改变人类社会。他还有一个航空公

司。他准备把人移民到火星去，他天天想的就是这些事。

我第二个佩服的人就是亚马逊的总裁jeff Bezos。他的目标远远不是赚钱。

还有谷歌的两个小伙子图49胸怀远大的理想，他们做的就是引领人类向前。

我们中国企业家里这样的人物目前为止就是任正非一个，第二个人我还没有看到，我们真是要反省。

打造企业灵魂之要

我现在不用企业文化的说法，企业文化是一个太粗浅的词。我用的是企业灵魂。怎么样打造企业的灵魂，企业就是人，企业的老总就是一个企业灵魂的载体，要怎么样来打造?

1. 正直真诚

打造企业灵魂之要，首先要从企业“八字”的前两个字开始，做到正直真诚。

这是个非常著名的故事，战神吴起为什么能够百战百胜，因为他爱兵如子，他亲自吸士兵身上的毒疽，这个士兵的妈妈听到就哭了。她说我老公也是他的士兵，他也被吸过，后来他就死了，因为打仗为吴起拼命啊。所以第一个就是正直真诚。

2. 赏罚严明

商鞅立木建信的故事大家都听过。这是战国时期发生在秦国的一个事件。当时商鞅变法推出新法令，生怕民众不信任，放了一根木头在城墙南门，贴出告示，如有人将这根木头搬到北门就赏十金，众人皆不信。直到将赏金提升至五十金，才有一壮士将木头搬到了北门，商鞅如约赏给了他五十金。商鞅想以此建立政策权威并取信于民，也称商鞅徙木立信。

打造企业灵魂，还要做到定义清晰、反复宣讲、方法适当这几个要素。

3. 打造“三 C”

我再跟诸位分享一下ZAPPOS的经验。

首先从三个C入手，这个非常重要。如果把这三个C打造好了，你的员工的激情就会被调动起来.

第一个C，英文是Control，员工自控。

员工的升迁和福利一定要给他足够的自主权，你给员工制订一个升迁的具体法则，按照这个法则，他达到了这个级别他就得到这个升迁。像海底捞、德胜洋楼都是这么做的，让员工自己控制自己的升迁而不是按照老板的喜好。中国的升迁更多的是看老板的喜好和脸色，还有就是这个人是不是跟对人，而不是靠自己的才能。

ZAPPOS制订了一个非常清晰的员工岗位职能的升迁表，你如果到达这个职能，修了这么多课，你就得到这么多钱，得到这个职位，非常清晰。总共有十八层，所以每个员工清晰地知道自己在哪个层次，他需要做到什么才能上升到上一个层次，所以，他对自己的生命有自我控制，人的快乐很大一部分就来自对自我的人生有所控制，人最大的恐慌莫过于不确定性。员工最大的恐慌就是不知道哪天把老板得罪了，把主管得罪了，自己要倒霉。ZAPPOS完全是制度化，你达到了这个级别，我就一定提升你，这就是Control。

第二个C，是Connecting，员工相联。

Connecting是人和人之间深层关系的建立。要成为一个员工之间互相喜欢的集体。做不到这一点的企业是有问题的。这就好比人气血不畅会出问题，你这个企业气血不畅会死掉的。所以，员工与员工之间建立良好的同事关系，每个人都要认识对方，每个人都要了解对方，每个人都要喜欢对方。如果实在不合群的害群之马就开掉，不管多有才全部开掉。做老板应该知道，从长远来看，道德不高但才能很高的人，绝对是祸害你的人，这样的人要开掉。才能不高的人只是因为他激情不够，不是因为他才能不够，你把他激情调动起来，他只要有德，就会成才。因为才是可以培养的，德是不能培养的。德是一个人从小在家庭环境下，社会环境下，慢慢形成的，到你公司打工的时候已经太晚了，“德”已经形成了。但是才能是可以培养的，你多训练他，多教育他，很容易。所以做人力资源管理这点非常重要。

第三个C，是Creating，员工创意。

人最大的快乐来自创造，我们为什么来到这个世界？为了磨炼灵魂。怎么磨炼？通过创造。我们做每件事情都在创造，所以人的创造的快乐是无与伦比的。所以你要给员工足够的空间让他们创造，即使产品不能让他们随便创造，工作环境也可以。ZAPPOS做了一本非常有意思的企业文化书，是员工自己写的：我们企业文化是什么？他每年都出版这样一本企业文化书，每个员工都写，写一句，两句，几句都可以，让员工自我发挥。他还给员工充分的时间来创造。ZAPPOS允许外面的客人来参观。我们到很多企业去参观，穿个白大褂，被人带着按照固定的轨道走一圈，看的都是企业最好的地方，都是形式主义。ZAPPOS让外面的人来参观，不管是竞争对手还是客户，随便选择，走到哪里都可以。而且他让员工来负责当天的参观内容，所以这些员工就会创造出很多很多有意思的参观方式，有的时候穿得像长颈鹿，把墙壁都搞成热带雨林让客户参观，这对企业文化带来很好的促进作用。你看他们的工作环境和一般的企业完全不一样。

我参观过中国很多的企业，一看就知道这个企业肯定很难长大，因为一进去就没法呼吸。办公室设计成一个一个小小的间隙，把员工塞在里面，这是非常糟糕的做法。我们一定要给员工空间，至少在物理空间上，当然你会受到成本的限制，也许租金会很高，但是一定要想方设法让员工的心灵和身体开放出来，这个非常重要！

4. 打造企业文化

我们目前讲文化都是一些概念，比较空。我们要把它落到实处。

第一是**概念识别**。就是我刚才讲的概念。

第二是**视觉识别**。比如说我们今天参加国学班，奉国学班每个人都要有统一的制服，这会影响整个企业文化。我们今后的国学班长期开班，就要选择一个颜色代表我们。我往下一看，万紫千红都挺好看的，但那不行，要选择一个颜色来展现我们统一的精神面貌，人民解放军的视觉识别就是最好的一个案例。因为一旦有了这个仪表，我们就会自觉约束自己的行为，不是读十分钟《弟子规》就能约束你的。当然，我们读《弟子规》要站起来读，穿着制服读，大声地读，发自丹田来读，这样才叫读，不然就是形式主义，就不要读了，浪费时间。我们好比是一个临时的、隐性的企业，影响企业文化。

5. 企业家的修炼

王阳明先生是我最崇敬的一位先哲。南怀瑾先生讲，中国古代有两个半圣人，一个是王阳明，一个是诸葛亮，半个人就是曾国藩。我对这句话不赞同，我个人认为，中国就一个半圣人，就是王阳明一个圣人，曾国藩半个圣人，诸葛亮差太远了。

曾国藩在武功上远远超过王阳明，王阳明只不过平了一次乱。他不平别人也可以平。但如果没有曾国藩，大清在同治年间就已经毁掉了。虽然曾国藩打仗老打败，但他把湘军统领起来了。曾国藩弱在哪儿呢？就是立言，他在学问上差一些。王阳明在历史上被称为“立德、立言、立功”三不朽。他创立的心学把中国儒道佛三条文化线完全打通了。所以在理学上很多人批判他是禅宗，他心里很不高兴。但其实他禅宗的东西很多，他把儒释道完全融为一体，所以我非常佩服他。

为什么王阳明和曾国藩都会打仗？他们都是理学大师啊。其实做人、做企业和打仗说到最后都是一颗人心。你如果做人能做到了极致，自然就能得到人心，就能打拼天下。当然战略上也很重要。

所以，我觉得儒家这套修行体系是最完美的。我知道在座很多是学佛的，我对佛家大概有十多年的研究。后来我越来越发现儒家的博大精深，用王阳明先生的话说就是“简易广大”。王阳明先生认为儒家以前败给佛家和道家，是因为形而上不够，所以宋明理学就吸收佛家的东西，开始讲形而上，朱熹先生没有讲透，他后悔说做学问太早，应该先修行后做学问，但那时候他身体已经不好了，没法改了。王阳明不一样，王阳明天生就是上上根器，他修行的功夫很高，他结婚的时候跑到山里去打坐。他把形而上完全打通了！其实儒家形而上，形而下，全部都并在一起，完美无缺，真是大哉美哉，中国人太伟大了。看国学，看儒学你就知道，太伟大了！

我在国外待了二十年，我在外国人面前从来都是挺起胸膛，因为我有底气，我的底气就是中华文化。受我父亲的影响，我从小就喜欢中华文化，我们中华民族足可以够得上“博大精深”这四个字，西方文化没什么东西，形而下的东西比较多，跟我们中国文化比起来差别太大了，所以我们今生能够身为一个中国人是多大的福报！

虽然我们有雾霾，有地沟油，有腐败……但我们有这么璀璨的文化，如果我们作为中国人不好好地吸收它，领悟它，不好好地用它来治国，救国，真是太可惜了！那我们就枉生为一个中国人。所以，作为中国人我们要双赢，我们要把中华民族的传统精华开发出来，这个非常重要。

讲到企业发展战略、企业瓶颈，我相信在座的很多人都有瓶颈，这个瓶颈是精神境界的瓶颈，你回去考察一下自己，企业不突破，说明你的精神境界不够。企业家本身往往就是企业发展的最大障碍，你回去让自己心灵境界提高一下，你不提高了，你的企业不可能变大变强。

福泽谕吉是日本的大政治家。他说，什么才是真正的企业家？**“思想深远如哲学家，心术高尚如武士，加上小吏的才干，老百姓的身体，才能成为实业界的俊杰。”**所以要做一个很好的企业家，我们今天在国学班学习，希望把企业做大做强，这是对每一个企业家提出了非常高的要求。我今天能够站到这里跟大家交流，也是对自己提出了更高的要求，因为我自己说的话，我自己要经常做得到。所以我们今天能够坐到这里，都是有勇气来挑战自己的人。这是要承担责任和义务的。

所以企业家要成就精英企业应该干三件事：第一是读书；第二是锻炼身体；第三是修行或者修心。

其实工作就是最好的修行，你不用天天到山里去打坐，你全神贯注地做你的工作，你就进入了禅定状态，禅定就是念念分明。六祖惠能说：“内心清净无染。”没有任何杂念，心静，挨打也能入定。“佛法在世间，不离世间觉。”所以，儒家的一套修行方法，形而下，形而上，全部都有。求学不用去远方。

我个人对中国近代的湖南人非常仰慕，我最敬佩的两位古圣先贤，一是王阳明，二是曾国藩。曾国藩离我们更近些，因为我还能够看得到他的照片，王阳明只有画像传世，我甚至不知道他到底长什么样。

杨度先生更不用说了，他说：“若道中华国果亡，除非湖南人尽死。”所以湖南人是有血性的，有倔强之气的，这代表我们中华民族的精神，国家复兴是要靠企业复兴，我希望各位企业家今天来这里，不只是周末稍稍接触一些文化，好回家给孩子讲讲道理，更重要的是要有使命感，要担起这个担子来，你们就是当今的湘军，国家崛起和复兴要靠你们。我去过中国的很多省份，最有希望的也就是湖南，因为湖南人踏踏实实做实业，有这个精神，所以我最看好你们！

岳麓书院门口的对联写着“惟楚有才，于斯为盛”。这其实是《左传》跟《论语》中的话拼起来的，待会儿我希望去看看岳麓书院，那是我非常仰慕的地方。当年朱圣人和王圣人都在那儿讲过课，我非常非常仰慕。

我们要开放我们的心胸，让我们的生命境界提高起来，我们中国这条船一定会扬帆出海，一定会崛起，希望就在你们身上，希望我们成功，谢谢！

【作者简介】

- 英国剑桥大学商学院教授、博士生导师
- 剑桥大学终身荣誉教授
- 湖南践行国学公益基金会专家委员会委员、特聘教授

颜爱民｜国学宇宙观与现代时空论的统一及企业家心智模式改善①

教育是中华文明形成和存续的根本

教育是中国能够成为四大文明古国中唯一得以存续、为人类保存了非常宝贵的智慧和知识财富的根源所在。众所周知，儒家的创始人孔子一辈子从事教育，而佛教的创始人释迦牟尼佛从悟道之后，讲经说法四十九年。从佛家的经典书籍中可以看出，佛家修炼达到最高境界的过程是通过教育来完成的。比如佛家《楞严经》中的二十五圆通，讲的是二十五个大菩萨怎么样修炼达到圆通境界，最后大智文殊师利菩萨教化大众："此方真教体，清净在音闻，欲取三摩提，实以闻中入。"根据佛家的观点，我们娑婆世界众生最利的是耳根，所以讲经说法才是最合适的度化方法，"讲经说法"其实就是教育。中国古圣先贤几千年前就发现了这个奥妙，而且非常有效地在使用。

在中国传统教育中，"启蒙"含义深刻，如通过诵读《弟子规》可以让小孩子在朦朦胧胧、不太清楚的时候，打开蒙的状态，由于"开蒙"，然后就可以见到明，就能明白。《弟子规》中许多东西，今天有些学富五车的成年人理解起来都觉得有一定难度，当然里面有很多东西对成年人也很有指导意义。小孩也没有太多知识，他还很小，为什么那么小就可以去读？好像古代的教育方法都是从小就开始吟诵，不求甚解，诵读记忆下来即可，这有用吗？恰恰现在西方学者

---

① 根据颜爱民教授在第13期企业家国学践行研修班（2015年7月18日）讲课录音整理而成，由颜爱民教授做文字修订、审校。王德民教授、胡领、赵浩对录音速记稿进行了文字编辑和整理。

也开始研究和关注这个问题。他们研究认为：这种方法是把很多信息通过诵读的方式融入深层意识，而深层意识是支配和影响一个人思维行为的最重要因素。正是基于这种深层意识支配，每个人会有不同的思维取向，由此我们各色各样的人群形成不同的思维特质，即每个人都有自己独特的思维“空间域”。而这个“空间域”是从人出生的时候就开始打造了。比如我们中国的一些女性，很小的时候就开始受到环境的熏染，而文化是该环境的重要构成基础。以儒家为主导的中国传统文化构建的环境会形成一种很强势的氛围让女性趋向内敛一点、温润一点、不能那么野。环境熏染的时间久了，女性的温柔贤淑性格就出来了，当然不可避免也会存在少量的异类，我们称之为女汉子。国外的文化学者将该作用过程称为文化的“熏染理论”。

这样一种思维“空间域”，我们古人早就有十分娴熟的应用。我们在研究中国儒家思想的时候发现，儒家对人性把握得很准，把文化的管理功能运用得很到位。它把“治国平天下”这一宏观战略目标的实现落脚在“修身”上。因为社会的每一个个体之“身”，都是社会的基础细胞；如果每一个细胞是健康的，整个社会就会是健康的。“修身”在儒家学说中成为安身立命和“治国平天下”之本。其次，儒家思想告诉你如何处理好家庭关系——“齐家”。家庭是社会的基本组织单元，家庭关系怎样处理呢？首先要解决好夫妻的关系。如果我们从人力资源管理的角度来理解，人与人之间如何达到一种最有效的协作，这恰恰是人力资源管理的实质所在。如果能理解当时的家庭功能、特征和社会背景，我们就可以真正理解当时儒家设置的“夫为妻纲”这一家庭组织设置原则：当时社会是男性主导的社会，一个家庭的职能分工中，男性占主导地位，女性在家庭中的主要职责和贡献是养育后代，进行人力资源的“自我再生产”。繁重的养育后代职责使女性的人生过程主要集中在每个家庭内部，社会化程度极低，而男性才是真正的“社会人”。另外，当时社会的主要生产动力是人力，而人力又主要指男性劳动力。在这种社会背景下，“夫为妻纲”是当时社会背景下制度设计的一种“合理”选择。更深一步讲，在中国社会的家庭构建制度和伦理规则中，“一夫多妻”也有它的时代客观合理性。我们研究发现，中国许多次改朝换代伴随的是长期战乱，然后是一个人口低谷期，人口总数锐减到20%以下。当时战争的主要动力也是人力，当然也是以男性劳动力为主，长期战乱后死得最多的自然也是他们，每当战后男女人口比例严重失衡，国家重建的重要基础就是鼓励生育，有条件的人“一夫多妻”成为提高人口生产率的有效制度性选择。如果是这种“一夫多妻”的家庭组织结构，那以夫为主、“夫为妻纲”成为合理的制度设计。一旦这种制度和规则形成并留存一段时期，被群体社会所认同，这种制度规则蕴含的价值观念自然就成为社会所认可的道德伦理规则。我想，“男尊女卑”这种价值理念也是当时家庭组织建设的自然选择结果。这是讲的家庭关系中夫和妻的关系规则。同样的，“父慈子孝”决定了长幼关系，“悌”确立了兄弟姊妹之间相处的原则，其形成过程及其合理性就不展开阐述了。

请大家注意，古代的管理是这样说的：“礼乐之道”谓之“达道”，“礼者止于外，乐者悦于内”。这“礼”和“乐”是天下的“达”道，“达”即是通达的意思，“达道”是最高层次的一种道，而且，是已经运用得非常好的一种道。“礼者止于外”，“礼”在外部约束人的行为。恰如我们刚刚讲的，儒家规定的“忠贞”“孝悌”“慈爱”等“礼”的规则成为夫妻之间的关系、父子之间的关系、兄弟之间的关系的重要协调和约束机制，成为人们行为的一种规范，呈现出有效的管理功能。这就是“礼”的管理机制。

“乐”指的是音乐，我们可以将它拓展理解成为“艺术”。“乐者悦于内”，就是运用音乐等艺术从内心里面调和人心，使人处于愉悦的状态，“心安才能行范”，“调治人心”是中国古代在根源上约束和管理人的重要思想，“悦于内”是治本，“止于外”是治标，标本兼治，才使“礼乐之道”成为天下之“达道”。

那么这两者，一个从外部约束人的行为，一个从内部调和人的心境。实际上，这就是古代的管理，有点类似于西方管理学里面的**心理契约和组织承诺**。人和人相处的行为规范不全是刚性化的制度，更多的是一种心理契约，即双方在心理上默守着一些行为规范，一旦有违背也是一种毁约。如一对年轻情侣谈恋爱，并没有签一个文字协议，一旦其中一个在同一时期又私下里跟其他异性约会，另一方会感到受到严重伤害，因为违背心理契约是一种更常见的违约行为。我们古代的源自“礼”的许多约束并没有以显性制度形式表现，但其约束力却十分有效。我们发现家里并没有设置董事会等管理机构，但是它非常有序，它纯粹是依靠每个人自我约束，这样家的问题就解决好了，这就是一个组织的基本单元。我们在经济学里面讲，社会组织的基本单元解决之后，微观经济主体就充满活力，微观经济主体是健康的话，那么宏观经济就好了。

我在这里从经济学的角度给大家讲解一下就比较好理解。早在八九十年代的时候，我们一直在反思，为什么在计划经济背景下，我们整个中国经济的效益很差？那个时候的人们思想觉悟很高、工作热情也很好，为什么整个社会经济很落后，物质极度匮乏？我思考的结果是：主要因为当时体制下的微观经济主体内部没有活力，整个社会经济发展基本动力不足。根源是，在价值层面我们完全否认个人的利益诉求，整个社会体制和机制设置里面没有个体的、企业的合理的利益空间，都吃大锅饭，干好干坏没差别，在微观个体基础层面就没有动力，导致企业组织和社会都没有活力，宏观上自然就没有效率。

所以改革开放之后，中国的活力和效益上来了，邓小平实际上就解决了一个根本问题，就是微观活力的问题。我们从文化和整个管理来看，如果你的微观基础是有活力的话，那么它的动力机制就会创建；如果微观主体出了问题，那么宏观上可以说是灾难性的伤害。大家有没有注意到《大学》里面有一段话：**“欲明明德于天下者先治其国，欲治其国者先齐其家，欲齐其家者先修其身。”**那么倒过来就是要“修身齐家治国平天下”，把一个宏观的“平天下”的重大责任落到了“修身”这个微观基础上。大家再想一下，如果每个人都把身修好了，家齐好了，微观的个体好了，微观的组织好了，天下怎么会不太平？反过来，如果我们的身没有修好，家没齐好，那么想“平天下”也是不可能的。

我曾经打了一个比方，制度管理就像一张网，这里的制度管理包括法律，法律是更刚性的制度。无论你的网织得多么细腻，网孔留下的空间以及网能够网住的面积是无穷大与无穷小的关系。什么东西才能解决制度这张网所留下的空间问题呢？这就是文化。在反腐败的问题上，也是这个道理。比如从开国皇帝朱元璋开始到明万历年间，明朝政府一直在反腐。朱元璋惩治腐败是非常严厉的，“贪污白银六十两以上者，游街杀头，枭首示众，剥皮充草”，但是到了明万历年间，整个国家已经腐败得一塌糊涂。问题出在哪里呢？还是在人心上。要做到不想腐，不想贪，这还要靠文化，靠教育。文化的约束，主要解决网留下的间隙空间问题，它能弥补制度约束的不足，二者是互补的。而文化是靠教育得来以形成并实施其影响功能的，这是我们中国古代先哲的智慧和高明之处，他们通过教育有效抑制了人的贪欲，净化了人心，约束了人的行为。教育构成中国文明传承的基础和主要载体，是中华文明得以形成和持续延续的奥妙所在。

国学精髓的核心是“天人合一”

中国文化是全人类的宝贵遗产，它支撑着中华民族的伟大复兴，犹如地球上空臭氧层，长期以来保护着我们的民族不受宇宙的辐射一样世世代代护卫着我们。现在我们来弘扬国学，学习传统文化，就是要把近代以来中国文化遭受的断裂接续起来，希望能够弥补这个臭氧层的漏洞，使中华民族在新的历史条件下生活在富裕、健康而又文明的状态之中。

依据钱穆先生所述，任何一个优秀的文化都必须解答几个根本问题：第一就是人和自然的关系，界定好我个人和大自然是什么关系；第二个问题就是要解决人和其他人的关系，即社会关系问题，就是要明确人在人类社会中行事的规则；第三个问题是解决人内心系统和谐的问题，就是我们所讲的身心关系问题。无论是哪个学派，它都必须解决这些问题。这一切的基础就是人与自然的关系，而儒释道三家在这一点上是完全相通的，人与自然的关系归结于“天人合一”。我认为儒释道三家的融合基础也在这里。从历史的角度看，儒释道三家到了中国的宋元时期就开始融汇，明清之际真正完成了三家合流。大家都知道宋明理学、陆王心学，实际上就是三家融合的结果。因为人类和自然相处的根本规律是一致的，三家的哲学基础是一样的，所以一定是可以融汇的。

我们认为“天人合一”是国学最核心的精华。什么叫国学，最早比较系统的表述是由章太炎提出的1922年章太炎在上海讲授国学的内容被整理成《国学概论》出版，该书认为国学的本体是经史、诸子、历史，国学的类别是经学、哲学、文学。章氏在其创立的国学振起社发行的国学讲义共六册，分别是诸子学、文史学、制度学、内典学、宋明理学、中国历史，这六个方面可视为章太炎的国学主体内容。

胡适则认为："中国的一切过去的历史文化，都是我们的'国故'；研究这一切过去的历史文化的学问，就是'国故学'，省称为国学。……过去种种，上自思想学术之大，下至一个字、一支山歌之细，都是历史，都属于国学研究的范围。"

什么是国学精粹呢？本人认为：国学中不具有地域性、时效性，而具有普遍实用性的部分皆是精粹，也就是说国学中不受经济、社会背景和生活方式的影响，是直指人性、通达自然、跨越时空、在今天社会仍然适用的部分内容，就是国学精粹。在这里，我们讲的国学精粹，是我们祖辈先贤在漫长的人类历史文明过程中逐步总结提取的、人类社会普遍适用的规律，它是我们人类文明的共同宝贵遗产，我们必须继承并发扬光大。比如中国文化确立了人和自然关系的基本法则就是"天人合一"，我们会发现这一规律不仅适用，而且非常契合当今社会实际需要。我甚至以为：**"天人合一"思想为国学精粹之精粹**。这个观点对不对呢？我引用国学大家的说法来论证这个观点。《中华思想大辞典》有季羡林的一段原话：**"主张天人合一，强调天和人的一致性是中国古代哲学的主要基调。"**在这里我要说明一下，此处讲的"天"不单是指我们头顶上的这个天，我们古代讲"天"时，没有特殊说明就包括"地"，只有把"天""地"放到一起讲时，才把"地"从"天"的内涵中分离出来。按照现代语境，我可以对"天"重新做个定义，"天"就是人之外的整个自然系统。由此，"天人合一"就是人和自然系统合一。"合一"的内涵很丰富，如果从三维时空角度来说，用系统论的思想，"合一"就是母子系统统一、系统兼容、和谐，包括同构、同源、同律等系统基本合和的特征。如果用爱因斯坦的四维时空思想来看，“天人合一”还包括人和自然在时空上的融合特征，相对论许多思想都可以在其中体现。如果引入暗物质、暗能量概念，把宇宙空间维次扩展到十一维度，“天人合一”的内涵就更加丰富了。古人简简单单“天人合一”四个字蕴含着非常丰富的内涵，不可小觑。我们来共同解析一下，《易经·乾卦·文言》中的这句话：**“夫大人者，与天地合其德，与日月合其明，与四时合其序，与鬼神合其吉凶。”**“大人”是什么？显然不是指成年人或者说个子长得高大的人，也不是古装戏中的被称为“大人”的官员，是有严格的定义的，就是上文提到的几个标准。首先，“大人”必须“与天地合其德”，“德”者“得”也，“德”是什么？道德的德，又是得到的意思。我们中国的文字很伟大，它有三个维度传递语言信息，既有字形，又有字意，还有字音传播信息。此处的“德”在音上和“得”相通，本来也有“得”之意，含有“德”的人才能“得”到之义。“德”字从字形上一拆分，可理解为十面四方、人人一心，“德”即“和”也，“和”为“德”，有“德”才能“和”。现在回过来看《易经》的这段文字：“大人”必须具备和“天地”相通的道德水准。日月之明本身即源自“天地”之道德，又是天地道德之彰显。这两句话可以统一理解为：只有具备与“天地”相通的道德水准、能像日月一样彰显天地之德的人才能称之为“大人”。“与四时合其序”是指时间维度的“天人合一”，看来古人早就理解并在有效应用“相对论”，古人特别看重“天时”，认为“识时务者为俊杰”，“大人”不仅要求在三维空间上合乎天地自然的根本规律，还要求在时间上与天时天运相和谐。“与鬼神合其吉凶”这句话容易产生歧义，甚至被视为迷信，因为有“鬼神”二字在其中，有点敏感。其实，我一直强调学习中国传统文化必须学会情景切换，要将自己置身于古代文化产生的社会情景之中，才能真正理解古人的思想。这和现在跨文化研究必须进行情景切换的要求是一样的。古代的科技水平不高，人们面对客观存在的诸多不可知的自然力量，只有敬畏和迎合，“敬鬼神而远之”成为儒家的理性选择。这里的“鬼神”可以理解为人们能感受到其强大的影响力而又不了解的一切自然力量，和我们今天所讲的暗物质、暗能量有点相似。成为“大人”的标准中，还包括与这些未知力量和事物的和谐相融，按照多维度空间的思想，“大人”还必须和多维度空间的运行规律相融合，由此可将“天人合一”的思想理解到多维空间。说到底“大人”就是“天人合一”的人，无怪乎季羡林先生认为“天人合一”思想是人生的最高理想境界，也就是说“大人”是古代人生的最高标准。“大人”经过了漫长的历史演变过程之后，当了官就被称为“大人”，或者说钱多了也变成“大人”了，这个是有一点世俗化了。

钱穆先生八十多岁时有一本著作《晚学盲言》，“晚学”是老先生自谦，同时也意指自己年纪很老了。“盲言”，作者自己解释为眼睛已经看不见了，文章全是自己口述，助手记录而成，也有自谦为瞎说之意。我以为，作为一个历史学家和思想家，“晚学”之言是最靠谱的，犹如成年老酒，浓香醇厚。

钱穆言：“‘天人合一’观，虽是我早年已屡次讲到，惟到最近始澈悟此一观念实是整个中国传统文化思想之归宿处……我深信中国文化对世界人类未来求生存之贡献，主要亦即在此……**我以为此下世界文化之归结，恐必将以中国传统文化为宗主。**”

在这里，钱穆老先生将“天人合一”放到了整个中国传统文化思想“归宿处”的至高地位，可以说中国传统文化的根本就是“天人合一”，“天人合一”总领中国的传统文化。而且钱老先生还将“天人合一”思想视为中国文化对世界人类未来求生存贡献的主要所在。“天人合一”实在太重要了！我们不能不了解、不能不学习。没有彻底理解“天人合一”，就不可能真正理解中国文化；真正搞懂了“天人合一”，就懂了中国文化。

现在的问题就是我们真正理解“天人合一”的人太少，更讲不清楚“天人合一”的内涵，难怪外国人对中国文化不信服，你没能把中国文化的精华弄明白、讲清楚，人家怎么会服你。“天人合一”是中国古人发现的人与自然关系的根本规律，是伟大的思想，一定不会过时，而且在当下的世界具有更加重大的意义。为什么现在生态自然环境破坏这么严重，人与自然的关系越来越失和，就是在哲学层面、在理念层面出了问题，因为西方的哲学思想把人和自然二元对立了，而西方的思想又是当今世界的主流思想，这个错误太大了，大到可以毁灭人类的前途。只有“天人合一”思想才能使人和自然长期共生发展，才能解决人类的前途问题。

按照“天人合一”的思想，人既然要和自然系统融合，与自然界其他动植物和谐相处是应有之义。我们来讨论一下人类和动植物之间的和谐相处问题：

《史记·殷本纪》中有记载：“汤出，见野张网四面，祝曰：‘自天下四方，皆入吾网’。汤曰：‘嘻，尽之矣’！乃去其三面。祝曰：‘欲左，左；欲右，右。不用命，乃入吾网’”。

这就是成语“网开一面”的来源，原典中应该是“网开三面”，后来演变成“网开一面”，讲的是商朝开国君主成汤的故事。汤以“施仁政德化天下”名传青史，他认为对禽兽都应该用仁德之心，不能赶尽杀绝，这可以说是最早的生态文明思想。史书记载中有许多虐杀动物被判重罪的故事，人类逐步认识到需要和其他物种共生共存，要维持生态平衡。其实中国古人很早就讲究敬畏天地自然，我们许多习俗中就传承了这种“天人合一”的思想。比如说，住在山上的人会敬山神、敬树神乃至敬草木石头，在海边、河边则有敬龙王的习俗，这些实际上都蕴含着人类和其他物种和谐相处的朴素思想。

美国著名人类学家玛格丽特·米德[①]在考察新几内亚的原始部落时发现，这些部落的诸多习俗完全吻合人与自然和谐相处的规律，也就是我们中国的“天人合一”思想。他们通过烧荒进行耕种，但他们每年烧荒的方位和地点是有严格的传统规则的，今年烧了东方这一片进行耕种，明年烧的是另外一个地方，一个轮回下来，刚好原有烧荒的地方又长出了茂密的植被，维持了生态的平衡。他们有很多禁忌，有些时段是不能去狩猎的，研究发现这些时候恰恰是动物孕育产子期间，同样也暗合了生态和谐的要求。

在人类文明发展过程中，可能最先需要面对和处理、也是最复杂最难处理的就是两性关系。几乎世界上各个人类文明都有禁忌近亲婚配的习俗，大体上都认为近亲婚配行为会亵渎神灵，会受到神灵的处罚。现代科学发现，这种习俗也是对人类行为的非常科学和必要的约束，因为科学已经清晰地揭示出，近亲繁殖会导致种群的恶化，这些习俗实际上是有科学道理的。同样，中国的许多习俗其实源自“天人合一”的思想，建议不要动辄斥之为迷信，予以否定。比如，道家在饮食上要求不要吃龟、蛇之类的动物，尤其是春天主生，更是禁忌这类食物。现代科学已经发现，龟、蛇、蛙之类的动物冬眠之后，春天毒素很多，人类捕杀食用不仅“有干天和”，也不利于身心健康。

古人认为人类和其他物种必须和谐相处，人类自身更应该和谐相

① 玛格丽特·米德（Margaret Mead，1901—1978），美国著名人类学家。此处选自其1929年出版的《三个原始部落的性别与气质》。

处，他们的同质性更强，关联性更密切。所以中国文化以“和”为贵，这是“天人合一”思想在人际关系中的具体应用。古人将人和自然、人和其他物种、人和人和谐融合相处的规则看得很重，认为如果违背就会遭“天谴”。“天谴”是什么呢？“天谴”就是自然规律的惩罚，你违背了“天人合一”的自然规律，自然系统会排斥你，会让你付出代价。就好比当今社会，我们人类肆无忌惮地破坏自然系统，自然系统出现异常气候、出现天灾、出现生态危机来惩罚人类。我们在大自然中是非常渺小的，我们是系统中的有机分子，我们必须与系统和谐相处，我们必须遵守“天人合一”的规则，这是我们的祖训，也是我们祖宗留给我们的宝贵文化遗产。

国学宇宙观的现代科学诠释

爱因斯坦认为宇宙中的时空由多个维度构成，任何一个有质量的天体都会导致周围时空发生扭曲。按照广义相对论的思想推断，我们每个人自身也会造成周围时空的异样，只是我们的质量太小，导致的时空变化难以察觉。美籍德裔心理学家K.勒温将拓扑学和物理学导入心理学领域，构建了心理场和社会场理论，认为个人活动的社会空间是一个心理场，该场的状况深刻影响着其中的个人行为。如果通过情景切换，从现代多维时空角度，用场论来重新解析和认识中古代的“天人合一”思想，我们会惊奇地发现，早在几千年前的中国“天人合一”宇宙观，竟然与现代最前沿的理论物理学理论高度吻合，浑然一体。下面我们阅读几份科学研究成果资料：

资料一　量子纠缠实验报告

1997年，在面向世界四十多个国家的三千四百位记者、学者、科学家和工程师们的科学杂志里，刊登了传统物理学家们都认为不可能发生的一个实验结果。实验在瑞士日内瓦大学完成，实验对象是组成我们世界的物质——光之粒子，即光子。这个实验结果持续撼动着传统学术知识的根基。

其过程具体来讲就是，科学家们将一个光子一分为二，创造出具有相同特性的“双胞胎”。接着，他们将两个微粒朝相反的方向发射出去。孪生粒子被放置在特别设计的装置之中，其中有两条类似传输电话的光缆通道，它们在装置两端朝相反的方向延伸到七英里之外。当两个粒子到达各自的目标时，它们之间相聚十四英里远。在通道的末端，孪生粒子被迫在两个路径中随机“选择”一个。这个实验的有趣之处在于：当孪生粒子不得不选择其中一个路径时，它们总是精确地选择并穿越同一条路径。在每次实验中，孪生粒子的选择都始终一致，从无例外。

尽管在传统的认知中，被分离的孪生粒子不会与对方进行沟通，但现在，它们却表现得仿佛一直存在着联系！物理学家将这种神奇的联系称为“量子纠缠”。这个实验项目的人尼古拉斯·吉辛解释说：“令人惊奇的是，纠缠的光子构成了同一个物质。尽管在地域上孪生光子被迫分离，但只要其中一个发生变化，另外一个光子也会自动产生相同的变化。”值得一提的是，在传统物理学当中没有任何理论可以支持这一试验结果。

处于量子纠缠的两个粒子，无论分离多远，它们之间都存在一种神秘的关联，这种神秘的关联无论如何都无法用经典观念去理解，被爱因斯坦称为“遥远地点间诡异的互动”。量子信息科学家发现，量子纠缠除了神秘之外，还是一种可资利用的超经典力量，它可以成为具有超级计算能力的量子计算机和“万无一失”的量子保密系统的基础。

多体系的量子态的最普遍形式是纠缠态，而能表示成直积形式的非纠缠态只是一种很特殊的量子态。历史上，纠缠态的概念最早出现在1935年薛定谔关于“猫态”的论文中。纠缠态对于了解量子力学的基本概念具有重要意义，已在一些前沿领域中得到应用，特别是在量子信息方面（例如，量子远程通信）。我国科学家潘建伟已经成功地制备了8粒子最大纠缠态。[根据《nature photonics》4，376-381（2010）摘译]

资料二　发现引力波

2016年2月11日，LIGO（激光干涉仪引力波天文台）科学合作组织在华盛顿召开了新闻发布会，向全世界宣布：人类有史以来第一次直接探测到引力波（Gravitational waves），并且首次观测到双黑洞碰撞与合并。

这个被命名为GW150914的引力波事件，发生于距离地球13亿光年之外的遥远星系。它于2015年9月14日被LIGO的两个堪称人类有史以来最灵敏的科学仪器的引力波探测器观测到。通过分析LIGO得到的数据，科学家们计算出两个分别为29和36太阳质量的黑洞，合并为62太阳质量黑洞，双黑洞合并最后时刻所辐射的引力波的峰值功率比整个可观测宇宙的光度还高10倍以上。这个令人振奋的发现意味着天文学新时代的到来，人类从此开启了一扇观测宇宙的全新窗口。

引力波产生于剧烈天体物理过程，蕴含着关于其源头和关于引力的独一无二的信息。双黑洞并合这一现象长久以来就被理论预言，然而却从未被观测到。这是一个令整个科学界都振奋的消息。这个信号的致信度达到5.1倍标准差，符合整个科学界关于发现的认定。这项成果将发表在《物理学评论快报》（Phys. Rev. Lett.）上。

首次发现引力波的消息传出时，一些科研人员认为那可能是孤例，下一次发现要等到“猴年马月”。没想到中国农历的猴年马月又传来再次发现引力波的消息。美国和欧洲的两个引力波探测项目的研究人员2016年6月15日宣布，2015年12月25日22时38分53秒（北京时间26日11时38分53秒），他们“非常清晰”地再次探测到“时空涟漪”——引力波的存在。

再次探测到的引力波信号编号为GW151226，科学家说，这两个14亿光年外的黑洞，在合并前的质量分别相当于8个太阳质量和14个太阳质量，合并后的总质量是21个太阳质量，其中1个太阳质量的能量在合并过程中以引力波的形式释放。

和LIGO的第一次探测相比，此次探测到的信号频率更高，持续时间更长。在首次引力波探测信号中，科学家们只观测到两个黑洞碰撞合并之前的最后一圈或是两圈绕转过程，而此次科学家们共追踪到两个黑洞合并之前的二十七圈相互绕转。

这个发现不仅意味着我们探测到引力波，而且还发现大爆炸时期的引力波，更令人惊讶的是，根据这个理论我们甚至可以推出平行宇宙的存在。

引力波的发现验证了广义相对论最后一个未被实验直接检测的预言，但引力波带来的认知革命绝不止步于此。引力波为我们打开了除电磁辐射（光学、红外、射电、X射线等）、粒子（中微子、宇宙线）之外一个全新的窗口——我们从未能够以这样的方式观察宇宙。在这个新窗口中，我们不再是以电磁场、物质粒子作为观察宇宙的凭借——我们感受的是时空本身的颤动！因为引力波是一个闪闪发亮的崭新窗口，我们得以看到（或可能将会看到）很多以前极难观测的天体和现象。（根据新华网2016年2月12日《科学家宣布发现引力波》和2016年06月16日《科学家宣布再次“清晰”探测到引力波》文章组编而成）

资料三　情绪对远距离DNA的影响实验

1993年《前卫》杂志发表的研究报告中，描述了军方用此实验以探测情绪/DNA在离体后是否与身体依然保持着联系。研究人员首先在受试者的口腔中收集了DNA和组织样本。这个样本被带到同一幢大楼的另外一个房间，他们在那里开始了对现代科学认为本不该存在的现象的研究。

在受试者所在的房间里播放着一系列影片，内容包括战争场景、恐怖和喜剧等，旨在让受试者在短时间内产生不同类型的情绪。当受试者看影片时，在另外一个房间里，同时检测他的DNA是否产生相应的反应。

当受试者体验到情绪的“高潮”和“低谷”时，他的细胞和DNA几乎在同一时间也产生了一个强烈的电流反应。尽管测试样本和受试者相隔数百英尺，但DNA却表现得好像它依然在受试者体内一样。

在这个初步试验之后，巴克斯特博士和他的研究小组在更远距离的条件下继续这一实验。某次，受试者和他的细胞居然相隔了480公里的距离。但在每次实验中，情绪和细胞的反应时间间隔都是零——其效应是同步发生的。（摘自The Divine Matrix作者Gregg Braden）

资料一中我们关注的重点是，一个光子一分为二后它们相距的距离已经很远，但是它们之间存在一种被爱因斯坦称为“遥远地点间诡异的互动”，这种互动让人们感觉到它们并没有分离，它们还是一体的。是什么神秘的力量将它们连在一起，现代的物理学理论体系中无法找到答案，有趣的是，古代的“天人合一”思想却能给出圆满的解释。

资料二关于引力波的实验报告材料就是最近最火热的科学重大发现内容之一，我们关注的是该实验能证明“平行宇宙”的存在，看来这个世界远比我们感知的丰富得多。

资料三的实验非常好理解，也很有趣，各位请注意，按照该实验研究的结论：你今天早晨离开家，和你的妻子吻别，来到这个课堂，你吻别时留在你妻子身上的DNA和你现在的DNA会发生着同步效应，你激动，它也激动，你兴奋它也兴奋，所以提醒各位注意，千万不可妄为，你的DNA会泄密，你妻子能够随时感知到你的状态。

如何更好地理解和解析上述研究资料，也为了真正能从理论上解析现代科学前沿理论和“天人合一”思想的融合特征，我们需要重新理解经典的物质和能量概念，在我们的思维体系中建立起暗物质和暗能量的概念。现代物理学研究发现，除了现代科学能够测知的物质和能量外，整个宇宙还存在大量的**暗物质**和**暗能量**，我们认知的部分宇宙只4%，暗物质占宇宙的23%，暗能量占了宇宙的73%，整个暗物质和暗能量加起来占了整个宇宙的96%，我们认识的世界，现代科学能够测度、理解、说明的事件占4%，说明我们的认识是多么有限，我们的局限性有多大。而我们常常陷于一种“科学迷信”：凡是符合我所理解的科学常识的东西就是科学的，否则一概斥之为“迷信”，这种“科学迷信”才是最可怕的思维障碍。一定要用开放的思想、发展的眼光来看待这个世界，我们不能囿于自己的一点点已知，来面对浩瀚无边的自然界，这恐怕就是佛家讲的“着相”吧。这也是我们要给学员们上改变心智模式这一课的根源所在。

现在我们再回到前面三个科学研究材料中，如果用多维度空间的思想，在包括暗物质、暗能量的宇宙空间体系中来思考问题，我尝试着对三个研究资料重新做一下解析，作为思维模式转换的抛砖引玉案例，供大家参考。量子纠缠实验中的两个分离的光子，在4%的宇宙空间体系中是分离了，在经典物理理论中也找不到相互作用的力所在，但在96%的暗物质、暗能量上，它们完全有可能是息息相关的，它们有足够多的方式可以相互作用，从而达到同步。引力波实验证明了平行宇宙的存在，这和多维度空间理论完全相一致呀。而DNA远程作用，我们可以认为这种形式上的分离并没有构成真正的分离，在能量场层面，每个人的DNA也有压根就不可能分离，所以它们能同步作用。

那么，在回过头来看古代的“天人合一”思想就更丰富了，它可以拓展到四维空间乃至多维空间，我们尝试在现代多维时空和暗物质暗能量来解析《易经》中的这段话：“**夫大人者，与天地合其德，与日月合其明，与四时合其序，与鬼神合其吉凶。**”

前面也提到过，我们不要将“鬼神”视为迷信，因为古人将他们认为客观存在但又看不见、摸不着、难以理解的神秘力量统称为“鬼神”，我们可将是理解为“暗物质”“暗能量”，也可以理解成我们生存空间之外的其他维度空间的事物。这样的话，古人讲的“大人”不仅要求三维次空间实现“天人合一”，而且还要求在多维度空间中达到“天人合一”，这样的人能量肯定很大、智慧肯定很高，确实不愧为“大人”。

国学宇宙观对企业家心智模式的改善

现在我们来谈谈应用问题。企业家，甚至任何一个人，他的成功与失败取决于思考和处理问题的方式，归根结底是其心智模式，所以我们集中来讲讲企业家心智模式改善问题。

“心”在中国文化中是非常重要的概念。国学大师钱穆在《中国文化特质》指出：“中国人言心，非指脑，亦非指胸腔内之心，乃一抽象名词。人心相同，己之心，则必同于他人之心，并能同于古今后世人之心，又通于万物天地以为心。”隋朝智者大师在《妙法莲花经玄义》有言：“心是诸法之本，心即总也。”心智模式的概念则来自认知心理学，指的是个体对环境及其所期望的行为的心理表征，简单地理解就是个体的认知结构、知识结构或知识库。彼得·圣吉[①]在《第五项修炼》中将心智模式定义为：根深蒂固于心中，影响我们如何了解这个世界，以及如何采取行动的许多假设、成见、图像或印象。

基于人类对外部世界的认识，根据个人的心理感受，每个人的心智模式可能处在三种不同状态中（如图）：舒适区（comfort zone）、发展区（stretch zone）和恐慌区（stress zone）。

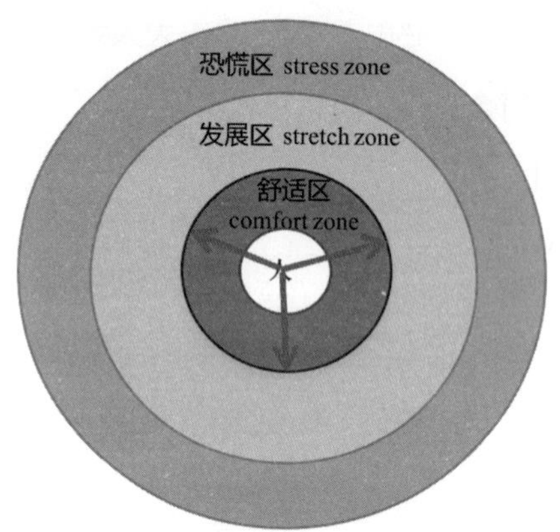

个体心智模式层次

如果你感觉生活很轻松，工作上没有压力，处于舒适的生活状态中，并且不想做出改变，你可能处于舒适区中。如果你感觉每天都很充实，经常花时间来学习，觉得自己在不断地成长和进步，你可能处于发展区中。如果你感觉忧虑、恐惧、不堪重负，那么你可能处于恐惧区中。

那么，心智模式如何影响人的思维和行为呢？我们怎么样在现实生活和工作中把控心智模式的作用，进而改善自己的心智模式，做出

① 彼得·圣吉是美国麻省理工大学斯隆管理学院资深教授，国际组织学习协会（SoL）创始人、主席。著有畅销书《第五项修炼：学习型组织的艺术与实务》《第五项修炼·实践篇》《变革之舞》《学习型学校》等书。

更好更正确的决策呢？

由于我们的思维模式的差异性，看待事物的角度会有很多差别，对待同样的事物，有人会感到幸福，有人会感到平平，也有些人会感到痛苦，这种现象在心理学中叫作知觉的选择性，而我们认为这也是一种思维模式的局限性。每个人的经历、背景、知识和性格都会影响他的心智模式，心智模式是决定一个人成败的关键因素。我曾经写了一篇博文告诫那些企业家，不要总是努力阻碍自己企业的发展。因为我发现很多企业业主在企业发展过程中，由于自己心智模式的局限性，自己的思维和企业发展所需要的正确方式不匹配，企业家的努力和作为违背了企业发展的内在需求，企业家自己反而成为企业发展的最大障碍。这种问题往往是旁观者清，当局者迷，许多时候要想改变它还真是很不容易。这实际上就是心智模式的改变问题，它是一种认知上的改变，一定要靠自我调整实现，外力的作用往往很有限。大家千万不要过分自信，认为自己的心智模式一定是最优的，因为任何人都有局限性，在人生历程中即便许多时候是正确的，也不排除有心智模式与现实状况脱节的时候，就像开汽车一样，只要在路上就不能说不会犯错误。

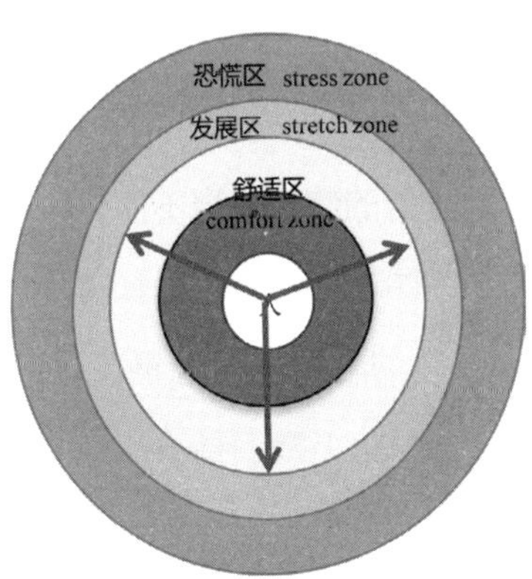

个体心智模式改善

心智模式决定行为模式，我们每个人都会遇到障碍，不断突破自己思维模式的障碍实在是有必要。大家看着图中的红箭头，每个人都要不断地挑战自我，突破自己思维模式的障碍。突破一点点，得到一大片。我这里是个平面图，突破一点点是个面积；那么是一个三维图的话呢，是一个立体空间；那假设是十一维的呢？那就不得了了。在企业家国学践行研修班，我们把改变心智模式这个课程设计在最前面，就是希望大家从时空维度、物质能量角度重新界定自己的心智模式，放下成见，以开放的心态、以实事求是的态度来研习中华民族的文化瑰宝，而不是一开始就按“左”的思想，把国学一概斥为封建糟粕、斥为迷信，以排斥的心态、以封闭的思想来对待下面的课程，我们的班就开不下去了，我今天的课程主要的目的就是和大家一起共同来调整心性，一起以积极健康的心态来看待国学。我们不要去迷信什么东西，在不了解前也不轻易去排斥它，我觉得这才是科学的态度。什么叫迷信，我认为没有真正理解盲目的信从就是迷信。有些人根据自己的固有经验，合乎他经验的东西他就信，不合乎他经验的东西他就不信，这可以叫作“经验迷信”。还有一种，以他所知道的一点点科学知识作为参照系，凡是能被他所知的科学知识解释的东西他就信，反过来就不信，这可以叫作“科学迷信”。“迷信”很可怕，阻碍发展，也阻碍自己的进步。历史的长河总是不断在创新中前行，“相对论”的发展、原子能的使用阻挡不住，中国化的马列主义——“毛泽东思想”指导了中国革命的成功。其实我们国家改革开放到今天，很多方面都要面对新的思维，习近平总书记在讲到创新的问题时，强调创新首先是在思想上。我们是改革开放过程的经历者，那个时候我们的思想多么僵化，“宁可要社会主义的草，不要资本主义的苗”，也觉得理当如此。邓小平带领大家解放思想，实际上就是改善心智模式，迎来了中国经济翻天覆地的变化。中国要进一步大发展，要实现中华民族的伟大复兴，必须要依赖中华文化的伟大复兴。人类历史上，没有一个民族的强大不是依靠其文化的伟大为基础的，中国的大唐、大汉都是由文化的繁衍支撑起国家的强盛，古罗马、古埃及、古巴比伦、古印度也都是因文化而经济繁荣、国家强大。我个人认为，现在的欧美之所以能处于世界领先地位，也是因为其文化和制度与工业文明的有效契合先行一步，从另外一个角度也反证了我们伟大中国的心智模式没有及时改善而导致了短期的落后。我们必须以开放的心态，继承和弘扬中华文化之精粹，同时迎接融合世界文明的最新成果，在继承中创新，在创新中继承，在发展中完善，一直保持我们的理性和活力，不断改善我们的心智模式，我们就一定能实现我们个人的成就，也一定能实现我们伟大的中国梦。

提问互动环节（摘选）

问：请教颜教授，上午王守常院长[①]提到中华文化要返本，你预测中国将国学广泛运用于政府管理和企业运营需要多长的时间才能实现，谢谢！

答：首先讲政府管理这一块。我认为中国的体制有独特的优势，现在很多年轻的学员总是在说西方的体制好，大家如果去西方研究了解就会知道，如果中国不是现在的体制，我们这三十几年的高速发展绝不可能实现。在英国和德国，修很短的一段路，有的时候要花个两三年时间，可能某五十米一百米，涉及的每个住户都要签字同意，实际上强调个人民主的同时牺牲了很多人的利益，有很大局限性。记得

① 王守常，满族人，北京大学教授、中国文化书院院长，湖南践行国学公益基金会专家，本期国学班授课教授之一。著名学者，中国哲学史、思想史与宗教学知名专家，作为影响20世纪80年代“文化热”的三大团体之一“中国文化书院”的早期参与者与现任“掌门人”，是中国新时期国学教育的倡导者与实践者。

我到英国剑桥去的时候正临近圣诞节，当地的朋友告诉我应该买一点速食食品放在家里，因为所有的店都会关门。我说圣诞节没事，我坐火车去伦敦去看看行不行？朋友们告诉我圣诞节火车也停运。在国外生活确实远没有国内方便。我们的服务业多好啊，你走到门口有米粉吃啊。国外政府办事效率非常低，我为什么要谈这一点呢？我觉得我们中国一定是立足于自己的体制下面，把优势不断地释放出来，把弱点不断地克服掉。现在确实有必要强调“不崇洋媚外”，千万不要把我们的优势丢掉了，比如说我们的效率很高，人家国外还羡慕得不得了呢。再者，中国人的家庭伦理，儿孙满堂、父慈子孝、其乐融融，都是我们的优势，都是外国人应该向我们学习的地方，切不可妄自菲薄。但是，我们也有许多要向国外学习的地方，西方的制度管理比中国古代要更进了一步，现在的人心面对的考验也不同了，现在的市场经济相比古代而言利益的诱惑大多了，所以必须要学习西方的制度和法律管理，但是一定要借鉴古代，强化传统文化对人心的约束，“道之以德，齐之以礼，有耻且格”，这是《论语》上的话，要用道德在心性层次上去教化，再用礼去约束人。多长时间才能够将国学有效应用，我相信只要大家在思想上认识到了，尤其是政府重视了，这个时间可以很短，效果也会很好。大家注意到没有，习总书记上任之后，短短几年中国文化就在各个方面引起重视，呈现出快速复兴之势。尽管“文革”对中国传统文化的破坏很大，但根还在，正所谓“野火烧不尽，春风吹又生”，中国文化会快速复兴的，不仅对中国产生极大影响，还会引领整个世界。我们这个年龄段的人，经历了“文化大革命”到改革开放的历程，那个过程回过头看来也是转变很快的，邓小平复生之时还在搞阶级斗争为纲，很快就恢复高考。接着就是大规模的经济建设和改革开放，很快我们从吃不饱饭到小康，变成了世界第二大经济体，这个速度多快啊！我相信中国文化的复兴比这个速度还快，而且会带动中国经济的进一步发展，中国必将再现盛世中华的伟大景象。

问：如何发现了解自己的心智模式，怎么样突破自己的心智模式，怎样才是一个相对比较好的心智模式？

答：心智模式受制于你的经历背景，你的知识素养，甚至于你的性格特征，它是一个非常复杂的多元函数。其实古人很早就提出这一点，只是知识运用的语言不同，心智模式是现代语言，是我们的这个专业里面的语言。曾子有句话，**吾日三省吾身**，他会经常审视自己，让自己不至于陷入一个不利的状态。如果你读《道德经》读得多了，里面很多地方都会提醒你这一点，《论语》也是一样。那么到底应该怎么做，我有一个建议，从一个处事的方法去做，古代也有，这有一个词叫作**兼听则明，偏听则暗**。其实你的状态，你周围的人，你的上级你的下级是看得清清楚楚、明明白白，问题是你自己很难接受，甚至是别人给你提出一点点，你也会有一种本能的保护把他挡回去，你要想自己有所改善，就要做到像唐太宗讲的：**以人为镜，可以知得失**。那么你可以经常听听一些朋友的意见，要把自己放低一点。想想容易，做到确实不容易，这是一个漫长的过程。

问：您作为高等教育工作者，您认为现在的教育从小学开始，主要缺失了什么，如何将中国优秀文化融汇进去？

答：我谈谈个人的一点浅见，我觉得就是中国的教育受西方的影响太深，把中国自己优秀的教育传承弄丢了，失去了自我。中国几千年的教育其实有非常精湛的东西，首先教你怎么“做人”，整个中国的教育都是围绕着实现完美人格展开的，是“做人”的教育，真正的“以人为本”的教育。教育的核心是帮助受教育者成为一个人格完美的、积极向上的人。我觉得这种教育模式非常适应当时的自然经济背景，因为当时中国社会生产和生活所需的技术和技能并不太复杂，社会面临的最大问题是人际关系和社会秩序问题，当时的教育很好地解决了这两大问题，也就解决了主要的社会效率问题，教育促成了中国社会价值观的高度统一和社会的有序程度达到相对的高度，也促成了中国封建社会的繁荣和先进。现在看来，在人格塑造和价值观教育上，中国古代社会的经验仍然是十分宝贵，至今还是很先进的，完全可以借鉴，也是我们今天教育所严重缺失的。

为什么现代西方教育似乎很先进，我们中国的教育基本上西式化了？我以为，现代社会是工业文明时代，技术技能越来越多，西方的教育模式是迎合了这种知识爆炸的时代特点，符合工业文明和市场经济社会分工的有效教育模式，它能够快速培养“工具人”“经济人”，满足社会经济发展之需，但它不是培养完整人格的人，这种西方教育模式的问题已为西方的学者所认知，他们也在试图探索改善，可惜的是我们对这种“西毒”却中毒很深。现在我们有很多人一辈子主要是学技术技能，从小学到初中、高中、大学一路考试过来，有的人大学学数学，硕士学数学，博士学数学，以后工作和教学还是数学，一辈子都是数学，但他去买菜连秤都不会看，缺乏基本的生活和生存能力，闹出很多笑话。可以说这是一种人格分离的教育模式，这种教育培养的不是全面发展的人，培养的是一种生产工具，这种教育模式肯定是有问题的。我并不否定西式教育的优势，而且应该保持其优势，关键是我们应该在现代教育中补上人格教育这一基础面，甚至我建议将中小学教育的70%的内容侧重在人格教育方面，而到大学阶段才将科学和技能型教育作为主要内容。因为人做不好，学这么多技能是很可怕的，比如说化学学得好的人，他就有可能去生产毒品；计算机学得很好的人，他也会去做网络的黑客，做现代的网络高级骗子，学得越多越恐怖。教育还是应该以人格教育为本，以技能教育为用，不能本末倒置。

我觉得教育最大的问题就是教师队伍问题，教育一定是“以师为本”，应该要把教师的地位摆得很高。所谓“天地君亲师”，这个“师”是上神龛的，这是随便可以上的吗？在古代“师”确实是能上神龛的，是因为当时的“师”承担的是培养他人形成健康人格伟大职责的，这和父母给予肉体生命是同样重要的。但是现在教师队伍有多少人用心在帮助学生造就完美健康的人格？如果教师是培养学生的优秀人格，那对教师的品格和修为要求也非常高，教师当然地位也很崇高。所以教育之道，以师为本，而师之道，以德为本，这是当今教育部门亟待解决的大问题。

问：我是一个专业工作者，博士毕业，您讲到心智模式往往受教育背景和经历的影响很大，我会有这种障碍吗，如何破解？

答：我很喜欢看武侠小说，金庸的武侠小说我几乎都看了，我在这里用金庸的武侠小说中的故事来回答你的问题。这个武侠小说叫《侠客行》，书中的主角叫石破天，他是个一事无成却心地淳厚的孩子，小时候被他母亲的情敌偷走带大，他没有读过书，受过任何教育，但天资聪颖。他稀里糊涂地到了侠客岛，发现整个中原武林各大门派的高手都在那里钻研石壁上的武功秘籍，三十多年都没有人参破，石破天不识字，大家所钻研的石壁上的字他不认识，只能看到图画，他就按照这个线路图修炼，很快就参悟了，阴差阳错变成了天下武功第一。金庸在1977年修订该书时写下如下文字：“《侠客行》写于十二年之前，于此意有所发挥。近来多读佛经，于此更深有所感。大乘般若经以及龙树的中观之学，都极力破斥烦琐的名相戏论，认为各种知识见解，徒然令修学者心中产生虚妄念头，有碍见道，因此强调‘无着’‘无住’‘无愿’。邪见固然不可有，正见亦不可有。《金刚经》云，‘凡所有相，皆是虚妄’，‘法尚应舍，何况非法’，‘如来所说法，皆不可取，不可说，非法，非非法’，皆是此义。写《侠客行》时，于佛经全无认识之可言，《金刚经》也是在去年十一月间才开始诵读全经，对般若学和中观的修学，更是今年春夏间之事。此中因缘，殊不可解。”

请注意，金庸确实是大学问家，经史都很通达，我读他的武侠小说，我觉得不仅是个武侠小说，里面有很多国学智慧。我认为金庸在这里面讲出了一个道理，就是不要用我们现有知识构成的固有思维模式阻碍自己，把自己打开吧！

谢谢大家！

【作者简介】

- 中南大学教授、博士生导师
- 中南大学人力资源研究中心主任
- 湖南省人力资源管理学会执行会长
- 湖南践行国学公益基金会理事长
- 湖南人极书院执行院长